비고츠키 선집 5
어린이의
상상과 창조

비고츠키 선집 5
어린이의
상상과 창조

초판 1쇄 인쇄 2014년 1월 6일
초판 1쇄 발행 2014년 1월 11일

지은이 Л.С 비고츠키
옮긴이 비고츠키 연구회
펴낸이 김승희
펴낸곳 도서출판 살림터

기획 정광일
편집 조현주
북디자인 시아

인쇄·제본 (주)현문
종이 월드페이퍼(주)

주소 서울시 마포구 서교동 395-27
전화 02-3141-6553
팩스 02-3141-6555
출판등록 2008년 3월 18일 제313-1990-12호
이메일 gwang80@hanmail.net

ISBN 978-89-94445-53-3 93370

비고츠키 선집 5

어린이의

살림터

현실과 상상의 분리를 넘어
잠재적 상상이 창조로 실현되는 하나의 세계

이 책은 『어린이의 상상과 창조』라는 제목의 단행본으로 출간되지만 사실은 상상과 창조를 주제로 비고츠키가 저술한 세 가지의 서로 다른 텍스트를 합한 모음집이다. 시기적으로 가장 일찍 저술된, 그리고 이 책의 처음에 소개되는 『유년기의 상상과 창조』는 비고츠키 생전에 그 자체로 하나의 단행본으로 출간된 완성된 책이다. 그러나 텍스트가 저술된 연대기적 순서에 따라. 이 책에서 잇따라 제시되는 '청소년의 상상과 창조'와 '유년기의 상상과 발달'은 『유년기의 상상과 창조』와는 그 성격이 다르며, 논의 전개 방식도 매우 다르다. 역자들은 같은 주제에 대해 이와 같이 상이한 접근법을 보여 주는 텍스트를 한데 모음으로써 '상상과 창조'에 대한 비고츠키의 생각을 더욱 입체적으로 이해할 수 있을 것으로 기대하였다.

『유년기의 상상과 창조』에서 비고츠키는 크게 두 가지 과업을 수행한다. 가장 주요하게 설정된 과업은 독자들에게 주제와 관련된 당대의 심리학 연구들을 자세히 소개하는 것이다. 여러 언어를 자유롭게 구사하던 비고츠키는 외국 학자들의 이론을 두루 소개하는 것을 중요한 사명으로 삼았던 것으로 보인다. 대중 독자를 대상으로 하는 텍스트의 특성상 비고츠키는 스스로의 목소리를 내기보다는 담담한 전달자의 역할을 충실히 한다. 이는 『유년기의 상상과 창조』(1930)가 비고츠키 생전에 '공식적'으로 출간된 몇 안 되는 원고라는 점과도 연관이 있을 것이다. 따라서 본문을 읽으면서 비고츠키의 목소리를 구분하기 위해서는 세심한 주의가 필요하다. 비고츠키가 주로 인용하고 있는 프랑스 심리학자인 리보는 매우 강한 연합주의적 관점을 상상과 창조라는 주제에 반영하고 있으며 심지어 피아제적인 관점이 만연한 바쿠신스키의 진술이 무비판적으로 인용되는 경우(1-8-23)도 있기 때문이다.

다른 하나의 과업은 상상과 창조가 특별히 재능을 타고난 일부의 능력이 아니라 개체발생과 계통발생 모두에 있어 가장 원시적인 시기부터 문화적 발달의 통합적 일부로 존재해 왔다는 사실을 보이는 것이다. 『유년기의 상상과 창조』의 절반은 연극, 문학, 그림 등 구체적 창조 분야가 어린이의 문화적 발달 과정과 더불어 발달하는 모습을 보여 주는 사례들로 채워져 있다. 어린이의 연극은 어린이의 혼합주의와 가장 잘 어울리는 표현 방식이며 그림 그리기는 즉각적 상황과 외적 관계에 종속되는 어린이의 성향을 잘 반영하고, 글쓰기는 사춘기로 접어들면서 미묘하게 분화되는 감정과 사고, 관계를 표현하는 데 더욱 유용한 도구가 되는 것이다. 물론, 각각의 창조 양식은 어린이의 객관적 사고의 발달과 더불어 점차 소멸하는 운명을 겪는다. 그러나 비고츠키는 창조의 동력은 계속 이어져 어린이의 성장과 함께 다양한 분야로 퍼져 나가야 한다고 주장한다. 따라서 비고츠키에게 상상력을 기른다거나 창의력을 키운다는 말은 '발음을 연습한다'거나 '낱말을 외운다'는 말과 유사하다. 상상력이나 창의력은 전체 어린이의 인격 발달에 중요한 일부이지만 그들만을 따로 떼어 내서 유창성, 독창성, 융통성 등등의 구성 요소로 분해한 후 이를 연습시킴으로써 발전시키려고 하는 것은 마치 발음, 문법, 어휘를 각각 연습시킴으로써 외국어를 체득하도록 하려는 시도와 다르지 않다.

『유년기의 상상과 창조』가 창조의 특정 양식과 어린이의 발달이 맺는 관계를 탐구함으로써 '창조'에 논의의 강조점을 위치시켰다면, 뒤이어 제시되는 '청소년의 상상과 창조'(1931)와 '유년기의 상상과 발달'(1932)은 '상상'이 어린이의 인격과 통합적으로 맺는 관계와 발달의 과정을 탐구하는 데 강조점을 둔다. 비고츠키의 1931년 작품인 『청소년 아동학』의 12장인 '청소년의 상상과 창조'에서는 '기억'의 영역에서 봉사하던 심상적 사고가 사춘기의 언어적 발달과 더불어 개념적 사고 발달의 추상화 과정에 기여하는 역할을 맡게 되는 과정을 차근차근 풀어 놓는다. 비고츠키가 헤르첸 교육대학에서 사용한 『심리학 강의』 노트 중 5번 강의인 '유년기의 상상과 발달'에서 비고츠키는 상상이 독립적 기능이 아니라 복합적인 기능체계임을 강조한다. 상상은 현실적 생각과 대비되는 독립적 개념이 아니라 현실적 생각과 보완적인 관계를 가지면서 현실을 더욱 심도 깊게 이해하는 데 필수적인 기능의 '체계'인 것이다. 따라서 상상은 생각의 발달과 더불어 발달한다.

비고츠키에게 있어서 발달은 객관적인 방향성을 갖는다. 따라서 그러한 방향에 뜻을 같이하는 종류의 학습만이 발달에 기여할 수 있으며 골프나 자전거 타기와 같은 것을 배우는 것은 고등정신기능의 발달과 무관하다. 그러한 의미에서 비고츠키가 상상을 어린이의 놀이의 연장으로 생각해야 한다(2-3-7~2-3-8)고 한 것은 매우 큰 시사점이 있다. 놀이는 상징적 사고를 위한 디딤돌이 되어 준다. 어린이는 놀이를 통해 어떤 대상을 이용하여 다른 무엇인가를 나타내는 것을 연습하게 된다. 물론 처음에는 '행동 가능성'이 발판의 역할을 해야 하지만 점차 그러한 발판 없이도 자의적이고 무작위적인 연결이 가능해진다. 상상은 두 대상의 연결을 위해 필요했던 즉각적인 시각적 자극을 대체함으로써 이 연결을 더욱 자의적이고 따라서 자유롭게 만들어 준다. 상상은 구체성, 지각성의 발달을 통해 더 많은 심상을 떠올리는 것이 아니라 추상성, 언어성의 발달을 통해 더 많은 조합의 가능성을 넓히는 방향으로 나아가면서 개념과 뒤얽혀 발달하는 것이다.

3살짜리 동생(호연)과 3학년인 언니(연휘) 그리고 그들의 아빠가 나누는 대화를 살펴보자.

호연: 아빠, 난 토끼예요. 이것 봐요. 깡총깡총!
아빠: 아, 정말 귀여운 토끼가 우리 집에 왔네~
연휘: 니가 무슨 토끼야.
호연: 언니, 못생겼어!
아빠: 어휴…… 또 시작이다. 언니가 왜 그러니.
연휘: 나, 쟤 언니 하기 싫어.

이 짧은 대화에서 주제가 되고 있는 '나'라는 낱말은 화자에 따라 그의미가 크게 다르다. 토끼를 자처하는 유아의 '나'는 수많은 역할극의역할 중 하나이며 이 유아가 다른 역할극을 할 때 채택하는 '쥐'나 '호랑이' 혹은 놀이 밖의 '막내딸' 역할과는 어떠한 연관도 맺지 않는다. 그러나 내적 욕구와 이 내적 욕구의 외적 발현이 분화되기 시작한 언니는 다양한 역할들을 비판적으로 비교하고 유치한 표현 방식과 그렇지않은 방식을 통합적 시각으로 평가하는 인지적 층을 형성하기 시작한다. 물론 언니는 아직 '나'라는 것은 오직 부모와 막내 동생과의 관계를 통해서만 형성된 사회적 개념이라는 것은 알지 못한다. 그러나 곧 자신의 부모도 누군가의 아들과 딸이며, 형이자 오빠이고, 언니이자 동생이라는 관계를 통해 형성되었으며 지금의 그들 각각이 '나'라는 것을 이루는 데 딸인 자신이 중요한 부분을 이루고 있음을 깨닫는 때가 오게 될 것이다.

우리는 각 발달의 과정이 일반화와 추상화를 동시에 포함하는 것을 볼 수 있다. 역할극은 다양한 역할들을 일반화하는 동시에 또한 각 역할의 특징을 추출하는 추상화의 과정을 요구한다. 내적 욕구와 외적 발현의 분화는 욕구의 일반화와 역할로부터 욕구의 추상화를 동시에 요구한다. 개념적 '나'를 형성하기 위해서는 '나' 아닌 수많은 '나'들의 일반화와 더불어 구체적 특성을 추상화하고 관계적 관련성을 추출하는 과정을 밟아야 한다. 그리고 이 각각의 단계는 상상을 필요로 한다. 물론 역할극에서 발현되는 상상은 실천적이고 현실적인 성격을 띠는 반면 개념적 사고에서의 상상은 비현실적인 지성의 성격을 띤다. 이는 낱말의 의미가 상상과 더불어 발달하는 것을 아주 명확하게 보여 준다.

'나'에 대한 개념의 형성은 세상을 보는 관점에 혁명적인 변화를 가지고 온다. 이전까지의 환경이 '나'와 '배타적인 타인들'로 이루어져 있었다면 이제 세상은 수없이 많은 '나'들로 이루어진 관계의 망으로 바뀌는 것이다. 물론 비고츠키는 개념은 평가들이 응축된 것이며 이러한 평가는 정서적 경험과 개념을 통해 이루어진다는 점을 지적한다. 따라서 모든 개념은 역사의 산물이며 문화에 따라 다를 수밖에 없다. 그러나 문화에 따라 예의범절의 양식은 다를 수 있어도 그 근본정신은 동일하듯이, 특정 개념이 조직되는 방식은 문화마다 다를 수 있어도 그 개념이 지향하는 방향은 모두 부수적인 것을 깎아 내고 본질적인 것을 추상화하여 그들 사이의 관계를 약속함으로써 인간들이 서로 정확하게 소통하고 사고함으로써 평화로운 공존의 장을 만들어 내는 것이라는 점에서 공통적이다. 인간의 발달은 문화를 막론하고 그러한 방향을 지향해야 하는 것이다.

따라서 비고츠키에게 상상과 창조 교육은 결코 아이폰을 능가하는 혁신적인 기기를 만들 수 있는 인물을 키우는 일도 아니며, 수만 명을 먹여 살리는 천재를 기르는 일도 아니다. 비고츠키에게 창조는 즉각적인 상황과 지각으로부터 자유로운 상상력을 토대로 눈에 보이지 않는 관계를 파악하고 정서적으로 경험함으로써 스스로가 소유한 기능적 원천을 이용하여 그러한 정서적 경험을 표현하고 타인들과 공유하는 역량을 발휘하는 것이다.

교육의 다른 모든 분야처럼 상상력과 창조성 교육의 담론 역시 기업의 필요와 경제적 부가가치라는 비본질적인 잣대를 중심으로 논의가 모아지는 경향이 있으나, 비고츠키에게 상상과 창조는 자유롭고 비판적인 인간의 본질적 자질이며 이는 삶의 주체성을 포기하지 않고 불합리한 사회 속에서 공정과 정의를 당당히 요구하는 그 누구나가 겸비하는 특성이다. 그리고 이러한 특성은 오직 진정한 문화화, 즉 과학적 개념과 일상적 개념의 끊임없는 협력과 혁신을 통해서만 길러질 수 있다.

우리 교육이 당면하고 있는 문제는 궁극적으로 교육의 산업화, 비본질화로 귀결된다. 외국어 교육이 인간 언어의 본질적 기능인 내적 의사소통의 기능, 즉 생각의 기능을 무시한 채 동물들과 공유하는 외적 의사소통의 도구적 가치에만 전도됨으로써 헤아릴 수 없는 사회적 자원을 낭비하고 있는 것과 마찬가지로 창의성 교육도 영재 교육 시장의 경제 논리와 입시 관련 논의에 휩싸여 길을 잃은 지 오래다. 그러나 기만을 통해 정직을 가르칠 수 없고 억압을 통해 자유를 가르칠 수 없으며 폭압을 통해 평화를 가르칠 수 없듯이 수동을 통해 창조와 능동이 발현되는 것은 불가능하다. 창조는 본질적으로 오류에 대한 차별적 파악이다. 혹은 주관적인 상상의 산물을 객관화하는 과정이라고도 할 수 있다. 헤겔의 논리에 따라 말하자면, 즉자적 오류는 대타적 오류를 거쳐 비로소 진정한 창조인 대자적 오류의 단계에 이를 수 있는 것이다. 따라서 진정한 창의성 교육은 오류의 장을 펼치는 교육이며 개념 학습과 함께 기존의 틀을 의도적으로 깨는 능력을 배양하는 교육이라고 할 수 있다. 창의성 교육은 궁극적으로 학생들이 바르게 생각하는 방법을 가르치고 마음껏 표현할 수 있는 수단을 전수하는 교육이다. 이는 기존의 개념에 대한 의식적 파악 없이는 한 걸음도 앞으로 나아갈 수 없으며, 상상과 창조는 개념의 통합적 일부이므로 상상과 창조의 교육은 학교 일반 교과의 교수-학습과 결코 분리되어 실시될 수 없다.

요컨대 이 책은 다른 비고츠키 선집과는 달리 한 권 안에 세 가지의 서로 다른 텍스트를 모아 두었으며, 앞에서 밝혔듯이 역자들은 그렇게 함으로써 창조와 상상 그리고 사실적 자료와 심리적 분석에 대한 비고츠키의 균형 잡힌 논의를 소개하고자 하였다. 그러나 세 텍스트를 한 권의 책에 묶으면서 편의상 문단에 번호를 붙이고, 본문에서 이해가 어렵거나 인물 소개 등이 필요한 부분에 대해서는 설명을 위한 글상자를 삽입하여 원래의 텍스트와는 다소 다른 형태로 편집된 점을 독자들이 양지하기 바란다. 1번 텍스트인 『유년기의 상상과 창조』는 8개의 장으로 이루어져 있으므로 1장의 두 번째 문단은 **1-1-2**와 같이 표시하였다. 2번 텍스트인 '청소년의 상상과 창조'는 7개의 절로 이루어져 있으므로 예컨대 **2-5-3**은 '청소년의 상상과 창조' 5절의 세 번째 문단을 지칭한다. 3번 텍스트인 '유년기의 상상과 발달'은 절이 나뉘어 있지 않으므로 텍스트 번호 바로 뒤에 문단 번호를 넣었다. 예를 들면 **3-10**은 '유년기의 상상과 발달'의 10번째 문단을 지칭한다. 문단에 이어 나오는 설명

글상자들은 이제 비고츠키 선집의 전형적 편집 형태로 자리 잡았으나, 역자 입장에서는 이들이 문단을 가로막는 벽이 아니라 각 문단을 이어 주는 교량 역할을 하기를 항상 염원하게 된다. 때때로 본문에 포함되는 '(-K)' 형태의 괄호는 한국인 역자들이 삽입한 것으로 본문에는 없으나 독자들의 이해를 도울 만한 짧은 내용들이 포함되어 있다. 『유년기의 상상과 창조』에는 다른 비고츠키 선집과 마찬가지로 매 장이 끝날 때마다 간단한 주해를 첨부하였으나 그 자체로 하나의 장章인 '청소년의 상상과 창조'와 짧은 강의 노트인 '유년기의 상상과 발달'은 전체 본문 뒤에 주해를 넣었다. 덧붙여, 『유년기의 상상과 창조』 8장의 본문에 포함된 어린이 그림 작품들은 원래 러시아어판에는 부록으로 첨부되어 있으나 이들을 본문에 포함시키는 것이 오히려 비고츠키의 본래 의도와 가까울 것이라 생각하여 본문에 넣었음을 밝힌다.

교육 현장에서는 항상 이론에 대한 불신의 목소리를 듣게 된다. 그럴 수밖에 없는 것이 매우 예리한 안목을 가진 경험 많은 현장 교사들의 신뢰를 얻을 만한 진단과 분석을 내놓는 이론이 교육학 분야에서는 매우 희귀하기 때문이다. 비고츠키 이론 역시 단순히 어려운 말로 점철된 현학적 유희의 일종으로 의심을 받는 것은 예외가 아니다. 그러나 비고츠키의 글을 이해하기 어려운 것은 사실이지만, 이는 포스트모더니즘의 특성인 난해함을 위한 난해함이 아니라, 비고츠키가 우리에게 제시하는 근접발달영역으로 이해하는 것이 더 올바를 것이다. 이 책은 우리의 현재적 발달 수준에서 가장 가까운 근접발달영역에 존재하는 비고츠키 텍스트라고 할 수 있다. 이 책을 통해, 상상과 창조라는 커다란 중요성을 가진 주제에 대한 심도 있는 이해는 물론, 비고츠키 고유의 변증법적 논리 전개와 『생각과 말』에서 전개되는 사회적 말로부터 자기중심적 말을 거친 내적 말로의 발달에 대한 논의라든지, 발달의 궁극적인 방향인 자유의지와 의식적 파악에 대한 『역사와 발달』의 논의 내용에 더욱 가까이 다가갈 수 있는 발판이 마련되기를 기원한다.

2014년 1월

비고츠키 연구회 일동

차례

유년기의 상상과 창조

바바 요가의 닭다리 오두막집

1장
창조와 상상

1-1-1] 새로운 것을 만들어 내는 모든 인간의 행위는 만들어진 그것이 물리적 대상이든, 그것을 만든 이의 마음속에 존재해서 그 자신에게만 알려진 정신적, 정서적 구성물이든 상관없이 모두 창조적 행위라고 불린다. 모든 활동 중에서 인간 행동을 고려해 보면 기본적으로 두 가지 유형을 쉽게 구분할 수 있다. 첫 번째 유형의 활동은 재생산적인 것이라고 부를 수 있을 것이며, 이는 기억과 매우 밀접하게 연결되어 있다. 본질적으로 그것은 이전에 발전되고 숙달된 행동 패턴이나 이전 인상들의 흔적을 되살리거나 반복하는 것으로 이루어진다. 자신이 유년기를 보냈던 옛집이나 과거에 방문했던 먼 지역을 회상할 때 우리는 유년기나 여행에서 형성된 인상의 흔적들을 끄집어낸다. 이와 동일하게, 대상을 관찰하여 그림으로 나타낼 때 혹은 어떤 형식에 따라 글을 쓰거나 무언가를 할 때 우리는 우리 앞에 존재하는 것이나 과거에 숙달하고 발전시켰던 것을 단순히 재생산한다. 이 모든 사례의 공통점은 우리의 행위가 이미 존재하는 것을 그대로 반복하는 것 이상의 새로운

무엇인가를 만들어 내지 않는다는 것이다.

이 책의 제일 첫 문장에서 비고츠키는 도구를 이용해 환경을 변형시키는 조형적 활동의 일부인 창조적 행위와 창조자 자신만이 알고 있는 창조적 행위를 구분하고 있다.

외적 활동과 내적 생각을 역사적으로 구분하는 동시에 또한 변증법적으로 연결하는 것은 이 책의 주요 주제이자 사실상 비고츠키의 역사적 변증법의 트레이드마크이다. 이는 한국어로 번역된 비고츠키 대표 저작(『생각과 말』, 『도구와 기호』, 『역사와 발달』) 모두에 공통적으로 적용된다.

1-1-2] 이와 같은 기존의 경험에 대한 기억은 그것이 특정한 조건들의 집합 아래 반복되는 습관을 발달시키고 정착시킴으로써, 어떤 사람이 주위의 세계에 적응하는 것을 도와준다면, 그 사람의 삶에 엄청나게 중요하다는 것을 쉽게 이해할 수 있다.

1-1-3] 그와 같은 재생산적 활동 혹은 기억의 유기체적 토대가 되는 것은 우리 뇌 물질의 가소성이다. 가소성은 어떤 물체가 변화를 수용하면서 그 변화의 흔적을 간직하는 속성을 일컫는 용어이다. 따라서 이런 의미에서 밀랍은, 예컨대 쇠나 물보다 더욱 가소성이 높다고 할 수 있다. 밀랍은 쇠에 비해 훨씬 변하기 쉽고 그 변화의 흔적을 물보다 더 잘 보존하기 때문이다. 인간 뇌 체계의 가소성은 이 두 가지 속성을 모두 합한 것에 의존한다. 우리의 뇌와 뇌신경은 엄청난 가소성을 가지고 있어서, 여러 가지 유형의 자극의 영향을 받아 즉각 그 가장 정교한 구조를 바꾸며, 자극이 충분히 강력하거나 충분한 횟수만큼 반복될 경우 이러한 변화의 기억 흔적을 보존한다. 우리가 종이를 반으로 접을 때 일어나는 것과 유사한 일이 뇌에서 일어난다. 종이를 반으로 접으면 접힌 자국이 남으며, 종이에 일어난 변화로 인해 생긴 이 흔적은 이후에

같은 변화가 쉽게 반복되도록 한다. 이 종이는 입으로 불기만 해도 접힌 자국에 따라 반으로 접힐 것이다.

1- 1-4] 이와 동일한 일이 부드러운 땅 위에 바퀴가 남긴 흔적에서도 일어난다. 바퀴가 남긴 변화의 흔적을 지닌 길이 형성되며, 이는 앞으로 이 길을 따라갈 바퀴의 움직임을 쉽게 만들어 준다. 이와 유사하게, 강력하거나 빈번히 반복된 자극은 우리의 뇌 속에 새로운 길을 놓는다.

19세기 말에 이미 알렉산더 베인과 윌리엄 제임스는 기억이 두뇌의 신경 조직 패턴에 의해 형성되며 발생 빈도가 연결 강도를 결정한다는 입장을 견지하고 있었다. 당시에는 베인의 이론이 수용되지 않았다. 신경 연결의 수가 너무 적다고 생각되고 있었기 때문이다.

1920년대에 이르러 프로이트는 기억에 대한 비유로 'mystic writing pad(밀랍 판 위에 투명한 플라스틱 필름을 씌운 것으로 그 위에 글을 쓰고 필름을 제거하면 필름 위의 글은 사라지지만 밀랍 판 위에는 글자가 남는다)'를 사용하였다.

이러한 관점에는 두 가지 문제점이 있다. 첫째, 이는 망각을 설명하지 못한다(사실 프로이트는 마음속에 글을 쓰면 절대로 완전히 지워지지 않으며 기억은 단지 억압될 뿐이라고 믿었다). 그러나 기억의 한계는 매우 중요한 창조의 근원이 된다. 기억을 하지 못할 경우 우리는 무언가를 새로 만들어 내야 하기 때문이다. 둘째, 이는 창조적 활동을 재생산적 활동과 조합적 활동으로 나누어 파악하는 이원론으로 인도한다.

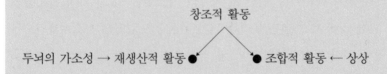

창조적 활동

두뇌의 가소성 → 재생산적 활동 ●　　　● 조합적 활동 ← 상상

위 그림에서 재생산적 활동은 생물적 질료에 저장된 물질적 경험에 직접적으로 의존하는 반면, 상상과 조합적 활동은 그렇지 않음을 알 수 있다. 이러한 이원론을 극복하는 것은 다음 장의 과업이다.

Draaisma, D, (1995), *Metaphors of Memory*. Cambridge: Cambridge University Press 참조.

1-1-5] 따라서 우리의 뇌는 기존의 경험을 간직하고 이러한 경험을 재생산하는 것을 촉진시키는 기관인 것으로 판명된다. 그러나 뇌의 활동이 단순히 기존 경험을 보존하는 것으로 제한된다면 인간은 주로 친숙하고 안정적인 환경 조건에 적응하는 존재가 되었을 것이다. 기존 경험에서는 마주치지 못한, 전혀 새롭고 예측할 수 없는 환경의 변화는 인간으로부터 적합하고 적응적인 반응을 도출해 내지 못할 것이다.

1-1-6] 기존 경험의 저장이라는 기능에 더해서 뇌는 그에 못지않게 중요한 또 다른 기능을 가지고 있다. 재생산적 활동과는 별도로 인간 행동에서 또 다른 활동 유형이 쉽게 관찰되며, 우리는 이를 조합적 혹은 창조적 활동이라고 부를 수 있을 것이다. 내가 상상으로 사회주의하의 인류의 미래 삶이나, 먼 과거의 삶, 즉 선역사先歷史 시대 인류의 고단함을 마음속에 그려 본다면, 이 두 경우 모두에 있어 나는 이전에 경험해 보았던 인상을 재생산하는 것 이상의 일을 하고 있는 것이다. 나는 이 오래전 과거의 일이나 미래의 일을 실제로 본 적이 없다. 그러나 나는 여전히 그 사건들이 어떠했는지에 대한 나 자신의 관념과 심상 혹은 그림을 가질 수 있다.

1-1-7] 이전에 경험했던 인상이나 행위를 재생산하는 것이 아니라 새로운 심상이나 행위를 창조해 내는 이러한 유형의 인간 활동은 모두 두 번째 행동 유형인 창조적 혹은 종합적 행동의 사례이다. 뇌는 우리의 기존 경험을 저장하고 인출하는 기관일 뿐 아니라 이러한 기존 경험의 요소를 결합하고 창조적으로 재작업하여 이를 이용해 새로운 명제와 행동을 발생시키는 기관이기도 하다. 미래를 창조하고 그럼으로써 스스

로의 현실을 바꿀 수 있는 미래 지향적 존재로 인간을 만드는 것은 바로 인간의 창조적 활동이다.

1-1-8] 요소들을 결합하는 두뇌의 능력에 기반을 둔 이러한 창조적 활동은 심리학에서 상상이나 환상이라고 불리고 있다. 상상이나 환상이라는 말은 이것이 과학에서 의미하는 바와는 사뭇 다르게 일상적 용법으로 사용된다. 일상적 삶에서 환상이나 상상은 사실이 아닌 것, 현실에 부합하지 않는 것, 따라서 진지한 실천적 의미를 전혀 가질 수 없는 것을 의미한다. 그러나 사실 상상은 모든 창의적 활동의 토대로서, 문화적 삶의 모든 측면을 담당하는 중요한 구성 요소이며 예술적, 과학적, 기술적 창조를 모두 가능하게 만든다. 이러한 의미에서 인간의 손으로 만들어진 우리 주변의 모든 것, 자연의 세계와는 구분되는 인간 문화의 전체 체계, 이 모든 것들은 인간 상상의 산물이자 이러한 상상에 토대를 둔 창조의 산물이다.

1-1-9] 리보는 다음과 같이 말한다.

"모든 발명품은 크건 작건 간에 그것이 적용되기 전, 현실에 나타나기 전에는 오직 상상에 의해서만 조합된다. 그것은 새로운 조합과 새로운 관계를 통해 마음속에 세워진 구조였다. (……) 발명품의 거의 대부분은 무명의 발명가에 의해 만들어졌다. 이름이 남아 있는 위대한 발명가는 몇 되지 않는다. 개인을 통해 드러나든 집합적으로 드러나든, 상상은 영원히 그 본성에 충실한 채로 남아 있다. 불로 달구어 끝을 날카롭게 한 나무 막대의 모양으로 시작된 쟁기가 단순한 손 도구로부터 이 대상에 쏟아부은 노력을 통해 만들어진 오랜 변화의 연쇄를 겪은 후에 갖게 된 지금의 모습에 이르기까지 얼마나 많은 상상의 작업이 행해졌는지는 아무도 모른다. 이와 동일하게, 최초의 조악한 원시적 횃불이었던, 관솔 뭉치를 태워 만든 흐릿한 불길은 긴 발명의 연쇄를 거쳐 가스나 전기를 이용한 불빛으로 바뀌었다. 우리가 일상생활에서 사용하는 물건들은 가장 간단하고 가장 일상적인 것을 포함해서 모두 요컨대 결정화_{結晶化}된 상상이다."

이는 전형적인 비고츠키식 글쓰기 방법이다. 즉, 먼저 다루고자 하는 주제를 논하는 (그릇된) 책들 중 최선의 것을 선택하여 다른 문헌은 배제한 채 그 텍스트 자체에 대한 면밀한 검토를 토대로 한 '내재적 비판'을 통해 비고츠키 자신의 이론을 공식화하고 실제 데이터를 제시하는 것이다(이 책 마지막 장에는 어린이의 그림들이 제시된다). 비고츠키는 이러한 방법을 『생각과 말』에서도 사용하며 『역사와 발달 I』의 모든 장에서도 사용한다.

오늘날의 관점에서 볼 때, 논의의 시작점을 리보로 삼은 것은 그리 좋은 선택이 아닌 것으로 보인다. 리보는 극단적인 실증주의자이자 기계적 유물론자이고 창조적 상상에 대한 그의 책은 여러 가지 일화를 모아 놓고 창의성의 여러 측면을 나열한 것에 지나지 않는다. 그러나 비고츠키는 이러한 속된 유물론이 더욱 변증법적인 관점으로의 진전을 위한 유용한 출발점이라고 생각한다.

본문에 제시된 리보의 인용은 마르크스의 생각과 매우 유사하며 또한 다음의 마르크스의 인용은 비고츠키 자신도 여러 번 사용했음(특히 "Consciousness as Problem for the Psychology of Behavior" 영문판 비고츠키 선집 3권, p. 63)을 주목하자.

"거미는 직공과 유사한 조작을 하며, 밀랍 집을 만드는 벌은 건축가를 부끄럽게 한다. 그러나 최초부터, 최악의 건축가는 최고의 벌과 다르다. 밀랍으로 된 집을 만들기 전에 그는 이미 그것을 자신의 머릿속에 건축하였기 때문이다. 작업의 최종 결과물로 획득되는 것이 이 과정의 최초부터 이 사람의 표상 속에 이상적인 형태로 이미 존재한다. 사람은 자연으로부터 주어진 형태를 변화시킬 뿐 아니라 동시에 자연에서 주어진 것은, 사람의 행위의 특성과 방식을 규정하며 그의 의지를 종속시켜야 하는 의식적 목적을 실현한다."
Capital, Vol. I, chapter 7, p.284, Pelican Books 1976.

* T. 리보(Théodule-Armand Ribot, 1839~1916)는 심리학 전체를 기계적 '연합'을 통해 생리학으로 환원하고자 한 연합주의 심리학자이다. 이 책의 첫 부분은 대부분 리보(1908)에 대한 비고츠키의 노트로 이루어져 있다. *Essai sur l'imagination créatrice*. Paris: Félix Alcan. 참조

1-1-10] 위의 인용은 창의성에 대한 우리의 일상적 관념이 이 낱말의 과학적 이해와 완전히 일치하지 않음을 명확히 보여 준다. 일상적 이해에 따르면 창의성은 소수의 선택받은 개인, 천재, 재능 있는 사람, 위대한 예술 작품을 생산해 내는 이들의 영역이며, 중대한 과학적 발견이나 진보한 테크놀로지의 발달 수단이다. L. 톨스토이나 T. 에디슨 그리고 Ch. 다윈의 성취에서 창의성의 역할을 금방 인정하고 쉽게 알아차릴 수 있지만, 우리는 흔히 그러한 창의성이 평범한 사람의 삶에는 전혀 존재하지 않는다고 생각한다.

1-1-11] 그러나 이미 앞에서 말했다시피 이러한 관점은 옳지 않다. 어떤 러시아인 학자가 사용한 비유를 들자면, 우레와 같은 천둥과 눈이 멀 듯한 번개를 동반하는 폭풍 속이나 주머니 속, 전등 속에 동일하게 전기가 존재하듯이, 위대한 역사적 작품이 태어나는 경우뿐 아니라 우리가 상상하고 결합하여 무언가 새로운 것을 만들 때면, 그것이 천재들의 작품에 비하여 아무리 새 발의 피처럼 느껴질지라도 언제나 창의성이 존재한다. 흔히 그 혼자로는 사소한 개인적 상상력의 작은 방울방울이 결합된 집합적 창의성의 현상을 고려할 때, 우리는 인류에 의해 창조된 것의 어마어마한 부분들이 무명의 발명가들에 의한 익명의 집합적인 창조적 작업의 산물임을 쉽게 알 수 있다.

1-1-12] 리보가 옳게 말한 바와 같이 발명품의 절대 다수는 무명의 개인들에 의해 만들어졌다. 따라서 이러한 현상에 대한 과학적인 이해에 따르면 우리는 창의성을 예외가 아니라 규칙으로 간주하지 않을 수 없다. 물론 최고의 창의성 발현은 선택된 소수의 천재들에게만 가능한 채로 남아 있지만, 우리를 둘러싼 일상생활에서 창의성은 생존을 위한 필수적 조건이며, 일상적 반복의 길을 벗어나 티끌만큼이라도 혁신을 포함하는 것들은 모두 인간의 창조적 과정에 의해 존재하는 것이다.

1-1-13] 창의성을 이와 같이 이해한다면 창의적 과정이 초기 유년기부터 완전히 나타난다는 것을 쉽게 알 수 있다. 아동 심리학과 교육 심리학의 가장 중요한 분야 중 하나는 어린이의 창의성에 대한 문제와 이 창의성을 발달시키는 문제, 그리고 어린이의 전반적 발달과 성숙에서 창의성의 의미에 대한 문제이다. 우리는 어린이의 창의성을 매우 어린 연령에서부터, 특히 어린이의 놀이에서 확인할 수 있다. 막대를 다리 사이에 끼고 말을 타는 척하는 어린이와 인형을 엄마라고 상상하면서 노는 여자아이, 놀이를 하며 해적, 군인, 선원의 역할을 하는 남자아이- 놀이를 하는 이 어린이들은 모두 가장 진정하고 진실된 창조의 사례를 보여 준다. 어린이들의 놀이에서 모방이 얼마나 커다란 역할을 하는지는 누구나 알고 있다. 어린이의 놀이는 어른들의 행동에 대하여 그가 보거나 들은 것의 반향에 불과한 경우가 흔하다. 그럼에도 불구하고 어린이가 이전에 경험한 요소들은 결코 현실에서 일어났던 것과 똑같이 놀이에서 단순 재생산되지는 않는다. 놀이는 자신이 겪었던 것을 단순히 재생산하는 것이 아니라 자신이 느낀 인상을 창조적으로 재처리한

것이다. 어린이는 인상들을 결합하고 그들을 이용해 자신의 필요와 욕구에 부합하는 새로운 현실을 구성한다. 그림을 그리고 이야기를 만들어 내고자 하는 어린이의 욕구는 바로 상상과 놀이의 유형을 보여 주는 또 다른 사례이다.

1-1-14] 리보는 다리를 저는 사람을 길거리에서 보고 "엄마, 저 불쌍한 아저씨 다리 좀 보세요."라고 외친 세 살 반 된 어린이의 일화를 제공한다. 이 어린이는 소리 지른 후 다음과 같은 이야기를 만들어 낸다. 그 사람은 커다란 말을 타고 가다가 큰 바위에서 떨어져서 다리를 심하게 다쳤다. 그래서 그를 낫게 하려면 어떤 약이 필요하다.

1-1-15] 이 경우 상상이 하는 조합적 조작은 매우 명백하다. 우리는 여기서 어린이가 창조해 낸 상황을 보게 된다. 이 상황의 모든 요소는 물론 어린이의 이전 경험으로부터 획득된 것들이다. 그렇지 않다면 어린이는 그런 생각을 해낼 수 없었을 것이다. 그러나 이 요소들의 조합은 새롭고 창조적인 것으로서 어린이 자신만의 것이며, 어린이가 보고 들은 것이 재생산된 것이 아니다. 요소를 조합하여 구조를 생산하고 기존의 것을 새로운 방식으로 조합하는 능력이 창의성의 토대이다.

1-1-16] 매우 합당하게도, 많은 저자들은 창의적 조합의 근원을 동물들의 놀이에서 찾아볼 수 있다고 제안했다. 동물들의 놀이가 운동 상상의 산물을 나타내는 경우는 매우 흔하다. 그러나 동물에서 나타나는 이 같은 창의성의 조짐들은 그들이 살고 있는 환경의 안정적 발달이나 획기적 발달을 이끌지 못한다. 인간만이 그러한 형태의 활동을 그 진정한 고도까지 발달시켰다.

●창조와 상상

비고츠키는 새로운 현상을 낳는 행위라면 그것이 공적인 것이든 사적인 것이든(심지어 혼자만 알고 있는 것이라 하더라도) 창조적인 것이라고 불린다는 문장으로 시작한다. 따라서 외적인 창조성과 내적인 상상은 단지 창조적 활동의 외적, 내적 노선일 뿐이다. 이는 『도구와 기호』에서 말과 그리기, 수 세기, 문해가 고등정신기능의 외적 상징적 형태로 제시된 것과 같다. 이어지는 세 개의 장(창조와 상상, 상상과 현실, 창조적 상상의 메커니즘)은 내적, 외적의 두 노선을 일원론적이고 유물론적으로 그러나 동시에 역사적이고 변증법적으로 연결한다.

I. 비고츠키는 이례적으로 뇌에 대한 설명으로부터 시작한다. 먼저 두 가지 기능이 제시된다. 하나는 재생산적 기능으로 지각과 기억에서 발휘되는 것이다. 비고츠키는 이 기능이 뇌와 신경조직의 '가소성'으로 설명된다고 말한다. 이는 뼈 조직에 골절이 일어나면 신체가 이 변화를 보존하는 것이 아니라 회복하려 하는 것과는 달리, 신경체계가 변화하면 몸은 이러한 변화를 보존한다는 것을 다르게 표현한 것에 지나지 않는다. (1-1-1~1-1-5)

II. 뇌의 두 번째 기능은 창조와 상상에서 발휘되는 조합적 기능이다. 조합적 기능은 이전에 지각되거나 기억에 저장된 적이 없는 방식으로 지각과 기억을 조합한다는 의미에서 재생산적 기능과 내적으로 연결되어 있다. 조합적 기능은 인간의 발명품을 통해 재생산적 기능과 외적으로 연결된다. (1-1-6~1-1-8)

III. 비고츠키는 J. 밀과 H. 스펜서의 제자였던 프랑스 심리학자 리보의 연구를 인용한다. 마르크스가 자본론에서 언급한 바와 같이, 리보는 모든 발명품이 현실에 나타나기 이전에 먼저 상상으로 구성된다고 말한다. 또한 마르크스와 유사하게 리보는 발명품들이 단일 발명가에 의해 갑작스럽게 출현한 경우는 거의 없으며 이들이 일단 문화적 인공물이 되면 공동의 재산이 되며 수없이 많은 공동 작업자들에 의해 점차적으로 향상된다고 주장한다. 이를 통해 비고츠키는 창조가 소수에 의해 독점되는 것이 아니라 인간의 보편적인 특성이라는 주장을 도출한다. (1-1-9~1-1-12)

IV. 비고츠키는 이것이 의미하는 바는 어린아이들의 놀이에도 이미 창조성이 존재하고 있다는 것이라고 결론을 내린다. 물론 비고츠키는 모방, 즉 재생산적 기능 역시도 놀이에서 핵심적인 역할을 한다는 점을 지적한다. 그러나 이 자체는 뇌가 가지고 있는 두 가지 기능들의 복합체적 통일성을 보여 준다. 어린이는 놀이에서든지 이야기하기에서든지, 무엇인가를 정확하게 재생산, 모방하지 못한다. 비고츠키는 많은 저자들이(여기서는 그로스를 염두에 두고 있다) 창조성이 동물에게서도 발견된다고 했음을 지적하며 1장을 마무리 짓는다. 그러나 비고츠키는 인간만이 자신의 환경을 안정적이고 지속적으로 변화시킬 수 있는 능력을 가지고 있음도 역시 지적한다. 인간만이 자연 자체를 가소성 있게 만드는 데에 자신의 신경적 가소성을 사용해 왔다. (1-1-13~1-1-16)

2장
상상과 현실

1-2-1] 그러나 이러한 조합적인 창조 활동이 어떻게 생겨나는가 하는 질문이 솟아난다. 그것은 어디서 유래하며, 그것을 일으키는 것은 무엇이고 그 전개 과정을 인도하는 법칙은 무엇인가? 그러한 활동에 대한 심리학적 분석은 그것이 대단히 복잡하다는 것을 나타낸다. 그것은 단번에 발달하지 않으며 보다 기초적이고 단순한 형태에서 더 복잡한 형태로 매우 느리고 점진적으로 진화한다. 발달의 각 단계에서 그것은 나름의 표현을 가진다. 아동기의 각 단계는 그 나름의 독특한 창조적 형태를 갖는다. 더욱이 그것은 인간 행동에서 분리된 위치를 차지하는 것이 아니라 인간 활동의 다른 형태, 특히 경험의 증가에 직접 의존한다.

1장에서 비고츠키는 두 가지 유형의 창조(재생산적 창조와 조합적 창조)를 구분하였다. 하나는 신경적 가소성을 매개로 한 경험에 의해 직접 설명 가능하며 다른 하나는 경험과는 직접 연결되지 않은 상상에 의해 설명이 가능하다. 2장에서 비고츠키는 두 가지 유형의 창조적 활동이 연결되어 있음을 보여 준다. 그러나 그가 가장 먼저 하는 일은 상상과 현실을 묶는 다음 네 가지 유형의 연결을 구분하는 것이다.

a) 실제 경험-상상. 예: 닭다리집을 가진 오두막
b) 상상-실제 사건. 예: 프랑스 혁명 상상하기
c) 정서적 연결(정서-상상, 상상-정서) 예: 푸른색을 차가운 느낌과 연결하기. 혹은 반대로 차가운 느낌을 푸른색과 연결하기
d) 구체화된 상상(상상-발명) 예: 상상하고 새로운 책을 쓰는 것

이러한 유형들은 상상이 실제 경험에 의존함을 보여 주는 다음 네 가지 법칙에 상응한다.

a) 창조적 활동은 경험의 풍부함에 의존한다. (1-2-8)
b) 신문 보기나 편지 읽기와 같은 경험을 공유하는 능력은 상상과 상호적으로 의존한다. (1-2-17)
c) '일반 정서적 기호의 법칙.' 이 법칙에 의하면 공통된 정서를 만들어 내는 경험은 객관적으로 전혀 공통점을 갖지 않는 경우에도 서로 연결된다. 예를 들어 어두운 색은 두려움과 붉은색은 따뜻함과 연결된다. (1-2-20)
d) 이 법칙은 또한 반대로도 가능하다. 상상 속에서 경험들을 결합함으로써 실제의 감정을 불러일으킬 수 있다. 예컨대 어둠 속의 강도를 상상함으로써 공포를 만들어 낼 수 있다. (1-2-23)

법칙 b)와 d)는 관념론적이라고 간주될 수도 있을 것이다. 상상이 현실에 대해 가지는 의존성을 보이는 것이 아니라 그 반대의 관계를 보이고 있기 때문이다. 그러나 법칙 b)와 d)의 상상은 궁극적으로 법칙 a)와 c)에 의해 경험으로 환원될 수 있다. 따라서 이 네 가지 법칙들은 유물론적이며, 오직 변증법을 통해서만 유물론적으로 해설될 수 있음을 이해해야 한다.

1-2-2] 상상과 그에 연관된 창조적 활동의 기저에 놓인 심리적 기제를 이해하기 위해서 인간 행동에서 환상과 현실의 관계를 조망하는 것으로 시작하는 것이 가장 좋을 것이다. 우리는 환상과 현실 사이에 엄

격한 경계선을 긋는 일상적 관점이 옳지 못하다는 것을 이미 지적했다. 이제 우리는 상상의 조작이 현실과 연합되는 네 가지 기본적 방식을 설명하려 할 것이다. 이 설명은 상상이 단순히 게으른 정신적 유희로 현실에 파급을 미치지 않는 활동이 아니라 삶에 핵심적인 기능이라는 것을 이해하게 해 줄 것이다.

1-2-3] 상상과 현실 사이의 첫 번째 유형의 연결은 상상이 창조하는 모든 것은 언제나 현실과 과거의 경험으로부터 취해진 요소에 기반을 둔다는 사실에서 기인한다. 사실 상상이 완전히 무로부터 무언가를 창조해 낼 수 있다거나, 기존 경험 이외에 무언가를 창조의 근원으로 갖는다면 그야말로 기적일 것이다. 인간 본성에 대한 종교적, 신화적 관념만이 상상의 산물이 우리의 기존 경험이 아니라 모종의 외적이고 초자연적인 힘으로부터 유래한다고 주장할 수 있을 것이다.

1-2-4] 이러한 관점에 의하면 사람의 머릿속에 꿈을 집어넣고 시인에게 작품의 영감을 불어넣으며, 입법자들에게 십계명을 준 것은 신들이나 귀신들이다. 동화나 신화, 전설, 꿈 등과 같이 현실과 극단적으로 동떨어진 환상의 성격을 지닌 상상의 산물에 대한 과학적 분석은 가장 환상적인 창조는 궁극적으로 현실로부터 추출되어 단지 상상의 변형 혹은 왜곡 작용을 거친 요소들의 새로운 조합 이상이 아니라는 것을 설득력 있게 주장한다.

1-2-5] 닭다리를 가지고 있는 오두막집은 물론, 동화 속에만 존재하지만 이 동화의 이미지를 구성하는 요소들은 실제 인간 경험으로부터 취해진 것이며 오직 이들의 조합만이 환상, 즉 현실에 부합하지 않는 것의 흔적을 지닐 뿐이다. A. 푸시킨이 그려 내는 동화 속 나라의 한 장면을 예로 들어 보자.

활 모양의 해안 옆에는 황금사슬로 둘러진 푸른 떡갈나무가 자라며,

이 사슬에 묶인 유식한 고양이가 원을 그리며 밤낮으로 빙글빙글 돈다. 고양이가 오른쪽으로 돌 때면 민요를 부르고 왼쪽으로 돌 때면 이야기를 한다. 여기에 놀라운 것은 나무의 정령이 헤매며 다니고, 인어가 나뭇가지 위에 앉아 있으며, 이상한 생물들이 잊힌 오솔길을 유유히 걸어 다니고, 창문도 문도 없는 오두막집이 닭다리를 하고서 서 있다는 것이다.

1-2-6] 위 인용문을 찬찬히 뜯어보면 이 이야기에서 사용된 요소들 자체는 현실로부터 따온 것이지만 그들의 조합을 통해 환상적인 것이 됨을 볼 수 있다. 떡갈나무, 황금사슬, 고양이, 노래-이 모두는 현실에 존재한다. 환상적인 것은 황금사슬에 매여 빙글빙글 돌면서 이야기를 하는 고양이의 이미지, 즉 모든 요소들의 조합이다. 그 다음 줄에 나오는 나무의 정령과 닭다리를 가진 오두막집 역시도 실재에서 영감을 얻은 모종의 요소들의 복합체적 조합일 뿐이다. 예를 들어, 인어의 이미지는 나뭇가지에 앉아 있는 새의 이미지에 상응하며, 마법에 걸린 오두막집은 닭다리의 관념과 오두막집의 관념이 조합된 것 등과 같다.

이 책의 2004년 영문판에서 연합association으로 번역되고 있는 'связь'은 사실 관계, 연결을 나타낸다. 이어지는 논의에서 나타나겠지만 비고츠키가 제시하는 네 가지 연관성 혹은 연결은 (베인이나 리보와 같은) 연합주의 심리학자들이 생각하는 것과 같은 단순한 종류의 연합이 아니다.

"실재에서 영감을 얻은 모종의 요소들의 복합체적 조합"이라는 표현에서 복합체적complex이라는 표현은 이 요소들이 최소한 두 가지 이상의 다양한 요소로 구성되어 있다는 것을 의미한다.

첫째, 이 요소들은 다양한 부분으로 구성되어 있으며 복합체가 기능하기 위해서 이 부분들은 점차적으로 서로 동질화되는 것이 아니라 한편으로는 서로 연결되어 있으면서 다른 한편으로는 매우 구별된 상태로 있어야 한다

(칼, 포크, 숟가락, 접시와 같은 수집체 복합체에서 각 대상들은 기능적으로 유사한 동시에 서로 상이해야만 복합체로서의 역할을 할 수 있다).

단순 과정 (경험)	복합체적 과정 (조합)	여러 가지 복합체적 과정 (일반화의 일반화)
활처럼 굽은 해안 푸른 떡갈나무 황금사슴	유식한 고양이 인어	나무의 정령= 나무+정령(소녀+날아다니는 생물+마법)

둘째, 이 요소들의 구성 과정 자체가 복합체적이다. 즉, 요소들의 복합체가 형성되는 과정에는 최소한 두 가지의 상이한 과정이 참여한다. 황금사슴, 푸른 떡갈나무, 활처럼 굽은 해안 등은 경험으로부터 직접적으로 취해진 것이다. 그러나 유식한 고양이나, 나무의 정령, 인어 등의 경우는 요소들 자체가 다른 요소들로부터 만들어진 것임을 알 수 있다(유식한 고양이는 고양이와 학자라는 실재 경험 대상으로 이루어져 있으며, 인어는 젊은 여성과 물고기, 나무의 정령은 소녀와 새 혹은 날아다니는 곤충에서 영감을 얻는 등 개인적, 문화적 상상의 복잡한 조합을 통해 형성된다).

1-2-7] 따라서 상상은 언제나 실제가 제공한 질료를 이용하여 만들어진다. 물론 위의 인용문에서 볼 수 있듯이 상상은 먼저 현실의 최초 요소들(고양이, 사슴, 떡갈나무)을 결합하고 그런 후 이차적으로 환상적 요소들(인어, 나무의 정령)을 조합하는 등 더욱 새로운 수준의 조합을 창조해 낼 수 있는 것은 사실이다. 그러나 현실로부터 완전히 동떨어진 가장 환상적인 심상을 만들어 내는 궁극적 요소들, 이 최종적 요소들은 언제나 현실 세계에서 얻어진 인상들일 것이다.

1-2-8] 이제 우리는 상상의 조작을 지배하는 일차적이고 가장 중요한 법칙을 도출할 수 있다. 이 법칙은 다음과 같이 공식화될 수 있을 것이다. 상상의 창조적 활동은 인간 경험의 풍부함과 다양성에 직접적으로 의존한다. 왜냐하면 이 경험은 환상의 산물을 구성하는 재료를 제공하기 때문이다. 어떤 사람의 경험이 풍부하면 풍부할수록 그의 상

상이 사용할 수 있는 재료는 더욱 풍부하다. 따라서 어린이는 성인에 비해 부족한 상상력을 가지고 있다. 어린이의 경험은 아직 어른의 경험만큼 풍부하지 않기 때문이다.

1-2-9] 위대한 작품들과 위대한 발견의 역사를 되짚어 보면 우리는 거의 언제나, 그들이 이전까지 누적된 엄청난 양의 경험의 결과라는 것을 확립할 수 있다. 모든 상상의 작용은 경험의 누적으로부터 시작한다. 다른 조건이 동일하다면 경험이 풍부할수록 상상 작용이 풍부하게 된다.

1-2-10] 리보는 다음과 같이 말한다.

경험이 누적된 후에는 잠복기가 온다. 이 기간은 뉴턴의 경우 17년간 지속되었다. 그가 계산을 통해 자신의 연구를 마침내 증명했던 순간, 그는 계산을 다른 누군가에게 의뢰해야 하는 것이 아닌가라는 강력한 감정에 사로잡혀 있었다. 수학자인 해밀턴은 그의 4원수 quarternions 방법이 더블린의 다리 위에 서 있을 때 완전히 완성된 형태로 갑자기 머릿속에 떠올랐다고 말한다. "그 순간 나는 15년간의 연구 결과를 얻었다." 다윈은 여행을 다니며 자료를 수집해 왔으며 동식물을 오랫동안 관찰해 왔다. 그런 후에 그가 우연히 집어든 맬서스의 책에 충격을 받고 그는 자신의 이론을 최종 형태로 정의하게 되었다. 문학적, 예술적 창조와 연관 지어서 이와 유사한 사례는 매우 많다.

1-2-11] 이러한 사례들이 교육에 주는 시사점은 다음과 같다. 어린이 창조성 육성의 비교적 견고한 바탕을 마련하기 위해서 우리가 해야 하는 것은 어린이에게 폭넓은 경험을 제공하는 것이다. 다른 조건이 같을 경우, 어린이가 많이 보고 듣고 경험할수록, 더 많이 알고 배울수록 경험을 통해 더 많은 현실의 요소를 가지면 가질수록 그의 상상 조작은

더욱 생산적이 될 것이다.

1-2-12] 환상과 현실 사이의 이러한 원시적 형태의 연관조차도 이 둘을 대립적으로 파악하는 것이 얼마나 잘못인지 명백히 보여 준다. 우리 뇌의 조합 기능은 기억 저장 기능과 완전히 다른 것이 아니며 단지 이 기능을 더 정교화한 것일 뿐이다. 환상은 기억의 반대가 아니다. 환상은 기억에 의존하고 기억의 내용을 이용하여 무한히 새로운 조합을 만들어 낸다. 뇌의 조합 기능은 이전 자극의 흔적이 뇌에 저장되는 과정과 궁극적으로 동일하며 이 기능에서 유일하게 새로운 것은 이 자극의 흔적들을 조작함에 있어 뇌가 실제 경험에서 만나지 못한 방식으로 그들을 조합하는 것이다.

1-2-13 환상과 현실 사이의 두 번째 연관은 이와 사뭇 다르다. 이 관계는 상상적 구조의 요소와 현실 사이의 연결связь이 아니라 상상의 최종 산물과 모종의 복잡한 실제 현상 사이의, 더욱 복잡한 연결을 포함한다. 역사가들의 연구나 이야기 혹은 여행을 바탕으로 해서 프랑스 혁명이나 아프리카 사막의 이미지를 우리 나름대로 구성할 때 이 두 경우 모두에서 이 이미지는 상상의 창조적 활동이 만들어 낸 산물이다. 상상은 우리가 이전 경험에서 지각했던 것을 재생산하지 않고, 그 경험으로부터 새로운 조합을 창조한다.

1-2-14] 이러한 의미에서 그것은 우리가 지금 막 기술한 첫 번째 법칙에 완전히 지배된다. 상상의 이러한 산물들 또한 변형되고 재처리된 현실 요소로 구성되며 이러한 요소들로부터 새로운 이미지를 창조하기 위해서는 방대한 경험의 축적이 요구된다. 나에게 물 부족, 모래, 광활한 공간, 사막에 사는 동물 등등에 대한 개념이 없다면 나는 당연히 이 사막의 이미지를 생성해 내지 못할 것이다. 나에게 수많은 역사적 개념이 없다면 역시 프랑스 혁명의 심상을 상상 속에서 창조하지 못할 것

이다.

1-2-15] 상상이 이전 경험에 의존하는 경향은 이러한 맥락에서 매우 잘 나타난다. 그러나 동시에 이러한 환상의 구조에는 무언가 새로운 것, 우리가 앞에서 검토한 푸시킨의 동화에서 본 것과는 본질적으로 매우 다른 무언가가 있다. 유식한 고양이가 사는 활처럼 굽어진 해안과 아프리카 사막의 이미지는 모두 내가 전혀 본 적이 없는 것이며, 모두 현실로부터 나온 요소들을 조합하여 세운 상상의 구조들이다. 그러나 상상의 산물, 이러한 요소들 자체의 조합은 한 경우에는 비현실(동화)이지만 다른 경우에는 그 요소들뿐 아니라 이러한 요소들의 연합, 즉 상상의 산물 자체가 어떤 실제 현상과 부합한다. 이는 상상의 최종 산물과 이 산물이 부합하는 모종의 실제 현상 사이의 연결свяаь을 이끈다. 이러한 연결은 현실과 환상 간 두 번째 유형의 관계를 보여 주는 사례이다.

1-2-16] 이러한 유형의 관계는 타인의 경험이나 혹은 소위 사회적 경험 덕분에 가능해진다. 사막이나 프랑스 혁명을 직접 본 사람이 없다면 우리가 그에 대한 적절한 이미지를 형성하는 것은 불가능할 것이다. 이 경우 상상의 산물이 현실과 부합하는 것은 오직, 여기서 나의 상상이 자유롭게 작동하는 것이 아니라 누군가의 지시에 따르는 것처럼 다른 누구의 경험에 의해 조절되기 때문이다.

1-2-17] 이러한 의미에서 상상은 인간 행동과 발달에서 매우 중요한 기능을 갖는다. 상상을 통해 인간은 이전에 보지 못한 것을 떠올릴 수 있고, 자신이 직접 경험하지 못한 것에 대한 타인의 이야기나 기술記述을 통해 무언가를 개념화할 수 있기 때문에 상상은 인간이 경험을 확장시키는 수단이 된다. 그는 자기 스스로의 경험이라는 좁은 원과 경계에 국한되지 않고, 상상의 도움을 통해 타인의 역사적 사회적 경험을 동화하면서 이러한 경계를 훌쩍 뛰어넘어 탐험할 수 있다. 이러한 형태

에서 상상은 인간의 거의 모든 정신 활동에 온전히 필수적인 조건이다. 우리가 신문을 읽으면서 직접 목격하지 못한 수천 가지 사건에 대해 알게 될 때, 어린이가 지리나 역사를 공부할 때, 우리가 편지를 통해 다른 이에게 일어나는 일에 대해 알게 될 때, 이 모든 경우에서 상상은 우리의 경험에 기여한다.

1-2-18] 따라서 상상과 경험 사이에는 이중적인, 상호적인 의존성이 있다. 첫 번째 경우에 상상이 경험에 토대를 둔다고 한다면 두 번째 경우에는 경험 자체가 상상에 토대를 두고 있다.

1-2-19] 상상의 기능과 경험 사이의 세 번째 유형의 연결은 정서적 연결이다. 이 연결은 두 가지 방식으로 드러난다. 한편으로, 모든 감정과 정서는 그에 상응하는 특정한 심상을 추구한다. 즉, 정서는 우리가 특정 순간에 갖게 되는 기분과 어울리는 인상, 생각, 심상을 선택할 수 있는 일종의 능력을 가지고 있다. 우리가 슬픈지 기쁜지에 따라 모든 것이 완전히 다르게 보인다는 사실은 누구나 알고 있다. 심리학은 모든 감정이 외적, 물리적 표현뿐 아니라 생각, 심상, 인상의 선택과 연관된 내적 표현도 가지고 있다는 사실을 오래전부터 알고 있었다. 이러한 현상은 감정의 이중 표현의 법칙законом двойного выражения으로 불렸다. 예를 들어 두려움은 창백함, 떨림, 목구멍이 타는 것, 호흡과 심박수의 변화에서 표현될 뿐만 아니라, 두려움을 느낄 때 사람이 수용하는 모든 인상과 머릿속의 생각들이 그를 사로잡고 있는 감정으로 대개 물든다는 사실에서도 표현된다. 겁먹은 까마귀는 숲 덤불에도 놀란다는 속담은 우리가 경험하는 정서의 영향이 외부 대상에 대한 우리의 지각을 색칠한다는 것을 의미한다. 사람들이 자신의 내적 상태를 외적 표현을 통해 나타내는 것을 오래전에 배운 것처럼, 상상의 심상은 감정을 내적으로 표현하는 데 기여한다. 인간의 슬픔과 비애는 검은색으로, 기쁨은

흰색으로, 평온함은 밝은 파란색으로, 반란은 붉은색으로 표현된다. 또한 상상의 심상들은 우리의 정서에 대한 내적 언어를 제공하기도 한다. 정서는 현실로부터 각각의 요소들을 선택하여, 이미지 자체의 외적 논리로부터가 아닌 우리 기분에 의해 내적으로 결정되는 관계에 따라 조합한다.

1-2-20] 이와 같이 정서가 조합적 환상에 미치는 영향을 일반 정서적 기호의 법칙이라고 심리학은 칭한다. 이 법칙의 핵심은 공통된 정서적 기호를 가지고 있는 심상들, 즉 유사한 정서적 영향을 일으키는 인상이나 심상들은 그들 사이에 외적 유사성이나 근접성에 근거한 연결이 없을지라도 서로 모이는 경향이 있다는 것이다. 이러한 다양한 요소(인상 혹은 심상-K)들은 공통된 감정이나 공통된 정서적 기호를 통해 연결되고 합쳐짐으로써 이를 바탕으로 결합된 상상의 산물이 발생하게 된다.

1-2-21] 리보는 다음과 같이 말한다.

"동일한 정서에 수반되는 이미지들은 서로서로 연합된다. 정서적 유사성은 객관적으로 상이한 이미지들을 한데 묶는다. 이러한 현상은 근접성에 근거한, 즉 경험의 반복에 근거한 연합과는 다르며, 또한 지적인 의미에서의 유사성에 근거한 연합과도 다르다. 그러한 이미지들은 이들이 이전에 짝지어진 적이 있거나 혹은 우리가 그들 사이에 모종의 유사성의 연합을 지각하기 때문이 아니라, 서로 공통된 정서적 색조色調를 가지고 있기 때문에 서로 연결된다. 행복, 슬픔, 사랑, 증오, 놀람, 지루함, 자긍심, 피로 등등은 서로 간 합리적 관계를 갖지 않지만 행복한, 슬픈, 관능적인 등등의 동일한 정서적 기호나 낙인으로 인상 지어진 이미지나 사건을 한데 묶는 구심점이 될 것이다. 이러한 유형의 연합은 꿈이나 백일몽 등과 같이 상상이 고삐에서 풀려 무작위적인 방식으로 작용하는 경우에 매우 흔히 나타난다. 그와 같은 정서의 명시적, 잠재적 영향은 전혀 예기치 못한 집단들의 발현을 촉진시키고, 새로운 조합이 일어날 수 있는 거의 무제한적인 장場을 의미한다는 것을 쉽게 이해할 수 있다. 동일한 정서적 인상을 가지고 있는 이미지는 매우 많기 때문이다."

1-2-22] 공통된 정서적 기호를 가진 이미지의 이와 같은 조합을 보여 주는 아주 간단한 사례로서, 우리는 유사한 기분을 떠올린다는 것 이외에는 전혀 공통점이 없는 두 개의 상이한 인상들이 서로 연합되는 일상적인 사례를 인용할 수 있다. 파랑을 시원한 색이라고 하고 빨강을 따뜻한 색이라고 할 때 우리는 오직 파랑과 시원함의 인상이 우리에게 유사한 기분을 불러일으킨다는 사실을 근거로 이 둘을 동일시하는 것이다. 유사한 정서적 요인, 즉 감정의 내적 요인에 의해 지배되는 환상이 가장 주관적이고 가장 내적인 상상의 형태를 나타내리라는 것을 쉽게 이해할 수 있다.

1-2-23] 그러나 정서와 상상 사이에는 이와 역방향의 관계 역시 성립한다. 앞에서 제시한 사례에서 정서가 상상에 영향을 미쳤지만 다른 경우에는 상상이 정서에 영향을 미치기도 한다. 이러한 현상은 상상의 정서적 실제의 법칙законом эмоциональной реальности воображения이라고 불릴 수 있을 것이다. 리보는 이 법칙의 핵심을 다음과 같이 공식화한다.

1-2-24] "모든 창조적 상상의 형태는 정서적 요소를 포함한다." 이는 모든 상상의 구성물이 우리의 감정에 영향을 미치며, 이 구성물 자체는 현실과 일치하지 않을지라도 그것이 불러일으키는 감정은 실제의 감정, 즉 진정으로 경험되는 감정이라는 의미이다. 가장 단순한 유형의 환영을 떠올려 보자. 어둑어둑한 방 안에 어린이가 혼자 들어갈 때 어린이는 벽에 걸린 옷들이 집 안에 침입한 이방인이나 강도로 보이는 환영을

겪을 것이다. 어린이의 상상이 만들어 낸 강도의 심상은 실제가 아니지만 어린이가 느끼는 두려움과 공포는 온전히 실제의, 진정한 경험이다. 환상의 모든 실제 구성물에 대해 이와 비슷한 일이 일어나며, 바로 이 심리적 법칙은 작가의 상상에서 창조된 예술 작품들이 우리에게 어떻게 그렇게 강력한 영향을 미치는지 설명해 준다.

1-2-25] 가상적 등장인물의 열정과 운명, 그들의 기쁨과 슬픔은, 비록 그것들이 실제 사건이 아니라 환상의 산물임을 우리가 알고 있음에도 우리를 감동시키고 격동, 흥분시킨다. 이는 책이나 무대가 던져 주는 예술적 심상을 통해 우리를 사로잡는 감정이 완전히 실제의 것이고 우리는 이를 진실되고 심각하게 마음 깊숙이 경험하기 때문이다. 음악 작곡과 같은 외적 인상의 단순한 조합이 이 음악을 듣는 이에게 더없이 복잡한 경험과 감정의 세계를 이끌어 내는 경우가 종종 있다. 이와 같은 감정의 확장과 심화, 감정의 창조적 재구조화가 음악이라는 예술의 심리적 토대를 구성한다.

1-2-26] 이제 네 번째이자 마지막인 상상과 현실 사이의 연결 유형에 대해 말해 보자. 이 마지막 유형은 한편으로는 이제 막 기술했던 유형과 밀접하게 연관이 있는 한편 또한 그와는 매우 다르다. 이 연결의 본질은 환상의 구성물이 완전히 새로운 것, 인간 경험에서 이제까지 나타난 바 없는 것 그리고 현실에 실제 존재하는 그 어떤 대상과도 결코 상응하지 않는 것을 나타낼지 모르지만 일단 한번 외적으로 구체화되어 물질적 형태를 부여받으면, 대상이 된 이 상상의 결정체는 실제 세계에 존재하면서 다른 사물에 영향을 미치기 시작한다는 것이다.

1-2-27] 이런 방식으로 상상은 현실이 된다. 그 어떤 기술 장치나 기계 혹은 도구를 예로 들어도 이와 같이 결정화되고 구체화된 상상의 훌륭한 사례가 될 것이다. 이들은 인간의 조합적 상상에 의해 창조되었

으며 현실에 존재하는 그 어떤 모형과도 일치하지 않지만, 일단 물질적 형태를 부여받는 순간 다른 무엇과도 다르지 않은 현실의 사물이 되어 실제 주변 환경에 영향을 미친다는 사실에서 볼 때 현실과 가장 밀접하고 능동적이며 실제적인 연관을 맺고 있다.

1-2-28] 이와 같은 상상력의 산물은 매우 긴 역사를 가지고 있다. 이에 대해 짧게 요약하는 것은 독자들에게 도움이 될 것이다. 이 발달은 순환적 경로를 갖는다고 말할 수도 있을 것이다. 상상력의 산물들을 구성하는 요소들은 현실로부터 취해진 것이다. 이 요소들은 인간의 생각 속에서 복잡한 재처리 과정을 거쳐 상상력의 산물로 변형되었다.

1-2-29] 일단 이들이 물질적 형태를 가지게 되면 그들은 현실로 돌아간다. 그러나 그들은 이 현실을 바꿀 가능성을 가진 능동적 힘으로 되돌아오게 된다. 이것이 상상의 창조적 조작에 뒤따라 일어나는 전체의 순환주기이다.

1-2-30] 오직 기술의 분야에서만, 자연에 실제적 영향을 미치는 분야에서만 상상이 이러한 완전한 순환주기를 완성할 수 있다고 생각하는 것은 잘못일 것이다.

1-2-31] 이러한 순환주기는 정서적 상상력의 분야에서도 발견되며 이를 추적하기는 어렵지 않다.

1-2-32] 상상에 의한 이러한 순환주기가 완전히 끝났을 때에야 우리는 두 가지 요소, 즉 지적 요소와 정서적 요소 모두가 창조적 행위에 필요하다는 것을 알게 된다는 것은 사실이다. 사고와 더불어 감정은 인간의 창조성의 동인이 된다. 리보는 다음과 같이 쓴다.

"모든 지배적 사고는 모종의 욕구, 열망 혹은 욕망, 즉 정서의 요소에 의해 지지된다. 따라서 어떤 관념이든 그것이 순순히 지적 상태로 건조하고 차갑게 지속적으로 존재할 수 있으리라고 믿는 것은 완전히 잘못된 것이다. 모든 지배적 사고(혹은 정서)는 관념이나 이미지로 집중되어야 살을 덧입게 되며 체계를 부여받게 된다. 그렇지 않고서는 오직 불명료한 상태로 남아 있을 것이다. (……) 따라서 우리는 이 두 용어-지배적 사고와 지배적 정서-가 동등하다는 것을 알 수 있다. 이 둘은 모두 분리 불가한 두 요소를 구체화하고 있으며, 차이점은 오직 지배적인 역할의 비중에 있을 뿐이기 때문이다."

1-2-33] 이는 예술적 상상력에서 도출된 사례로부터 가장 효과적으로 제시될 수 있다. 사실, 우리는 왜 예술 작품을 필요로 할까? 예술 작품은, 기술적 장비가 외적 세계, 즉 자연 세계에 영향을 미치는 것만큼이나 내적 세계, 즉 우리의 생각과 감정에 영향을 미치지 않는가? 우리는 가장 기초적 형태의 예술적 환상이 미치는 영향을 보여 주는 매우 단순한 사례를 인용할 것이다. 이 사례는 푸시킨의 『대위의 딸』에서 발췌하였다. 이 이야기는 푸가초프와 작품 속 화자인 주인공 그리뇨프의 만남을 기술한다. 푸가초프에게 생포된 적이 있는 장교 그리뇨프는 푸가초프에게 동지들을 버리고 황제에게 투항하도록 설득하려고 한다. 그는 푸가초프를 움직이는 동인이 무엇인지 이해하지 못한다.

　　푸가초프는 쓰디쓴 미소를 지으며 대답했다. "안 될 말이야. 이제 후회한대도 때는 이미 늦었어. 나 같은 놈이 용서받을 리는 만무하니까. 일단 시작한 일이니 끝까지 밀고 나가는 수밖엔 없지. 하지만 누가 아나? 어쩌면 성공할는지도 모르거든! 그리슈카 오트레피예프도 모스크바를 통치하지 않았는가 말이야."

　　"그러나 그자의 말로가 어떻게 되었는지 아십니까? 들창 밖으로 내동댕이친 후 갈기갈기 사지를 찢어서 불에 태우고 그 재는 대포에 재어서 쏘아 버리지 않았습니까?" "내 얘길 좀 들어 보게." 푸가초프는 그 어떤 살벌한 흥분을 느끼는 듯 입을 열었다. "내 자네에게 옛날 얘길 하나 하지. 이건 내가 어릴 때 카르무이크의 노파한테 들은 얘기야. 하루는 독수리가 까마귀에게 이렇게 물었다네. '까마귀야, 너는 이 세상에 삼백 년이나 살 수 있는데 어째서 나는 겨우 삼십삼 년밖에 살지 못할까?'—까마귀가 대답하기를 '당신은 생피를 빨아먹고 나는 죽은 송장을 먹으니까 그렇지요.'—그 말을 듣고 독수리와 까마귀는 하늘을 날아가다가 죽어 넘어진 말을 발견하고 밑으로 내려와 그 위에 앉았지. 까마귀는 맛있게 쪼아 먹기 시작했지만 독수리는 한두 번 쪼아 보더니 날개를 치며 까마귀에게 말했다네. '역시 안 되겠다, 까마귀야. 삼백 년 동안 썩은 고기만 먹기보다는 단 한 번이라도 생피를 배불리 먹는 편이 낫겠어. 나중에야 어떻게 되든지!'—어떻게 생각하나, 이 카르무이크의 옛날 얘기를?"

(『대위의 딸』, 이동현 역, 삼성출판사, 102쪽)

1-2-34] 푸가초프가 회상하는 이야기는 상상의 산물이며 표면적으로 볼 때 상상은 현실과 관련이 없어 보인다. 말하는 독수리와 까마귀는 카르무이크 노파의 상상에만 존재한다. 그러나 또 다른 의미에서 이 환상의 구조가 현실로부터 직접적으로 솟아나며 그 현실에 영향을 미치는 것은 부인할 수 없는 사실이다. 다만 이 현실은 외적인 것이 아니라 내적인 것, 즉 인간의 사고와 개념 그리고 감정의 세계일 뿐이다. 그와 같은 작품은 외적 진실이 아닌 내적 진실의 힘을 가진다고 회자된다. 독수리와 까마귀의 이미지에서 푸시킨은 두 가지의 상이한 생각과 생활의 양식, 세계에 대한 두 가지의 상이한 태도 다시 말해서 관습적 인간의 관점과 반란자의 관점을 차갑고 건조한 설명으로는 도저히 불가능한 명확함으로 제시하고 있음을 쉽게 알 수 있다.—이 두 관점의 차이는 이야기 속 표현을 통해 각별한 명료성과 거대한 정서적 압력으로 의식 속에 새겨졌다.

1-2-35] 이 이야기는 삶 속의 복잡한 관계를 밝히는 데 도움이 된다.

이야기 속의 심상은 말하자면 필수적 문제를 밝혀 주며 이 이야기는 이미지적이고 정서적인 언어를 통해서 산문적 추론으로는 성취하지 못했을 것을 획득한다. 이것이 시는 신비로운 힘으로 마음에 영향을 미친다고 푸시킨이 말한 이유이며, 또한 다른 시에서 그가 허구에 의해 만들어진 정서적 경험의 실재성에 대해 말한 이유이다. "허구는 사람들을 흐느껴 울도록 만든다." 어떤 예술 작품이 사회적 의식에 어떤 유형의 영향력을 미치는지 상기한다면 우리는 상상이 물리적 장치로 구체화된 경우와 동일한 유형의 전체 순환주기를 여기서도 따름을 쉽게 확인할 수 있다. 고골은 『검찰관』을 썼으며 배우들은 무대 위에서 이 작품을 공연하였다. 작가와 배우 모두 환상의 산물을 창조하였지만 또한 동시에 무대에서 공연된 연극은 당시 러시아의 공포를 강력하게 드러냈으며 민중의 삶이 종속된, 견고해 보이는 사회체제를 강력하게 풍자했기 때문에 모든 관객이, 특히 시사회에 참가했던 황제는 이 연극이 그리고 있는 것 속에 체제에 대한 커다란 위협이 내포되어 있음을 감지하였다.

「검찰관」의 초연을 기념하는 러시아 우표

「검찰관 Ревизор」은 니콜라이 고골의 희곡으로 러시아 차르 니콜라이 1세 앞에서 1938년에 초연되었다. 이 희곡은 여행 중 우연히 한 시골 마을에 들르게 된 플레스타코프라는 사람이 검찰관으로 오해를 받으면서 생기는 해프닝을 그리고 있다. 마을의 시장은 자신이 지역 상인들로부터 갈취한 뇌물 수수를 무마하기 위해 주인공에게 온갖 호의를 베푼다. 지역 상인들은 차르에게 시장의 비리를 보고하도록 하기 위해 플레스타코프에게 뇌물을 준다. 물론 주인공은 양쪽 모두로부터 뇌물을 받고, 뻔뻔스럽게도 시장의 부인과 딸을 농락하다가 정체가 드러나기 전에 상트페테르부르크로 달아난다. 그리고는 진짜 검찰관이 마을에 당도한다.

니콜라이 1세는 가장 보수적인 차르였다. 그는 본인의 즉위식 날 데카브리스트(12월 혁명당원)의 시위를 무력으로 진압하였으며 서방의 시장경제와 도시화의 도입에 따른 부패로부터 러시아의 '정통성, 자주성, 민족성'을 보호하기 위해 철권정치를 펼쳤다.

고골은 비록 냉혹한 풍자가이기는 했지만 어느 정도 황제의 정책에 공감을 가지고 있었고, 황제가 연극에 공감한 것도 고골의 보수적인 입장 덕분이었다. 고골은 친구 푸시킨이 검찰관으로 오인받은 경험을 듣고 이 연극의 영감을 얻었다.

1-2-36] "오늘 모든 사람이 알았네. 특히 누구보다 내가 그렇네." 연극 시사회장에서 니콜라이(황제-K)는 이렇게 말했다.

1-2-37] 예술 작품이 사람들의 사회적 의식에 그와 같은 영향을 미칠 수 있는 것은 오직 그것이 그 자체의 내적 논리를 가지고 있기 때문이다. 푸가초프와 같이 모든 예술 작품의 저자는 환상적 심상을 아무렇게나, 아무 의도 없이 혹은 꿈이나 몽상의 경우처럼 한 심상에 다른 심상을 무작위로 쌓아 올리는 식으로 조합하지 않는다. 이와는 반대로 예술적 이미지들은 스스로의 내적 논리를 따르며 이 논리는 그 예술 작품이 확립하는 세계와 외적 세계 사이의 관계로부터 만들어진다. 독수리와 까마귀의 이야기에서 이미지들은 그리뇨프와 푸가초프라는 인물들의 만남으로 표현된 당대의 두 권력을 지배하는 논리의 법칙에 따라 발전되고 조합된다. 예술 작품이 따를 법한 이런 유형의 완전한 순환주기를 보여 주는 흥미로운 사례는 레오 톨스토이의 회고에서 찾아볼 수 있다. 톨스토이는 『전쟁과 평화』에서 나타샤의 이미지가 어떻게 떠오르게 되었는지 설명한다.

비고츠키는 순환주기의 마지막 단계, 즉 외현화로부터 사회적 실재로의 이행이 작품 자체의 내재적 논리를 가지고 있으며 따라서 작가의 의지와 어느 정도 독립적이라고 말한다. 푸시킨의 예시에서 가상의 카르무이크 노파가 후에 가상의 반역자가 된 가상의 소년에게 해 준 가상의 독수리와 까마귀에 대한 가상의 이야기는 또한 이 가상의 반역자에 의해 가상의 포로이자 코사크인 그리뇨프에게 전해진다.

이러한 이야기는, 이야기를 창조하고 그 속에 등장하는 모든 인물들을 창조하는 저자의 상상에 전적으로 달려 있다고 생각할 수 있다. 그러나 우리가 보았듯이 소설 속에서조차 그 이야기에 대한 이해는 사뭇 다르다. 푸가초프는 자신이 독수리이고 그리뇨프가 까마귀라고 생각하지만 그리뇨프는 자신이 독수리이고 푸가초프가 까마귀라고 생각한다. 푸가초프는 그리뇨프 자신과 같이 선량한 사람들의 노동을 착취하여 살고 있는 사람인 것이다. 이와 같이 이야기의 해석은 푸가초프의 의도를 벗어나며 물론 카르무이크 노파의 의도도 벗어난다.

이와 같이 이야기가 작가의 의도로부터 어느 정도의 독립성을 지니는 현상이 현실에서도 일어날까? 이러한 일이 실제로 일어남을 보이기 위해 비고츠키는 두 가지 예시를 든다. 톨스토이는 이야기 속 주인공 안나 카레니나가 철로에 몸을 던지도록 한 것에 대해 항의를 받은 적이 있다. 그는 이야기 속 인물들이 작가의 허락 없이 사건을 저지르는 일이 왕왕 있다고 대답한다(물론, 톨스토이는 여주인공이 불륜을 저지르고 이로 인해 죽게 될 것을 이미 의도하고 있었다. 이는 이야기의 처음에 안나가 다른 이의 자살을 목격하는 부분에서 명확히 암시되어 있다).

이와 유사하게, 푸시킨이 소설 『예브게니 오네긴』을 쓰고 있을 때, 그는 자신의 여주인공 타치아나가 늙은 장군과 결혼하게 되리라고는 전혀 예상하지 못했음을 친구 중 한 명에게 말한 바 있다. 그러나 이 일화가 푸시킨의 농담이었음을 알려주는 여러 정황들이 있다. 그는 분명 짝사랑의 대상이 역전되는 상황을 통해 이야기의 결말을 비극으로 장식하려는 의도를 가지고 있었다. 푸시킨이 이 소설을 "Nouvelle en vers(in-verse novel)", 즉 역전逆傳 소설이라고 부른 것도 그러한 이유이다.

인용된 사례들의 뒷이야기들은 이 사례들이 어느 정도 농담을 포함하고 있음을 보여 주지만(두 저자들 모두 등장인물들을 완벽히 그들의 손 위에 두고 통제하고 있었다), 그럼에도 비고츠키는 핵심적인 포인트를 지적한다. 어느 정도까지 창조는 실제로 비자발적인 근원을 가지고 있다. 예를 들어 우리는 어린이들이 영어 시간 활동에 필요한 표현을 기억하지 못할 경우 무의식적으로 표현들을 창조하는 경우를 종종 본다. 매우 중요한 의미에서 모방의 과정에서 일어나는 오류는 비자발적, 무의식적인 창조와 다르지 않으며 창조성은 이러한 오류를 의지적이고 의도적으로 만들어 내는 것과 본질적으로 다르지 않다.

주인공 예브게니 오네긴을 그린 푸시킨의 그림

1-2-38] "나는 타냐를 떠올린 후 그를 소냐와 뒤섞었다. 그 결과 나타샤가 나오게 되었다."

1-2-39] 각각 톨스토이의 처제와 부인이었던 실존 인물 타냐와 소냐는 서로 섞여서 하나의 예술적 이미지를 만들어 내었다. 그들의 품성을 나타내는 요소들이 현실로부터 추출되어, 작가의 예술적 즉흥성에 따라 조합된 것이 아니라 예술적 이미지의 내적 논리에 따라 상호작용하였다. 한번은 어떤 독자가 톨스토이에게 소설의 주인공인 안나 카레니나가 달리는 기차 아래로 몸을 던지는 것은 너무도 가혹하다고 말한 적이 있었다. 톨스토이는 다음과 같이 대답하였다.

"당신은 푸시킨에게 있었던 일을 상기시키는군요. 한번은 그가 친구에게 이렇게 말했답니다. '타냐가 내게 무슨 짓을 했는지 생각해 보게. 훌쩍 떠나서 결혼을 해 버리지 않았는가!' 나도 안나 카레니나에 대해 이와 똑같이 말할 수 있을 것입니다. 내 소설의 주인공들은 때때로 나의 희망과 반하게 행동합니다. 그들은 현실의 삶에서 해야 하는 것을, 현실에서 실제로 일어나는 일을 행하지 내가 원하는 대로 행동하지 않습니다."

1-2-40] 우리는 예술가들로부터 내적 논리를 지칭하는 이와 유사한 고백을 흔히 받게 된다. 빌헬름 분트는 결혼을 떠올리는 것은 장례식을 생각나게 할 수 있지만(신랑 신부의 결합과 이별), 치통을 연상시키지는 않는다고 말한 바가 있는데 이는 환상의 논리를 매우 잘 보여 주는 예시이다.

분트의 결혼 그리고 치통과 장례식에 대한 부분은 분트를 인용한 리보를 비고츠키가 재인용한 것이다. 비고츠키는 분트에 동의하고 리보에 반대한다. 리보에게 있어 연합은 임의적으로 생겨나며 내적인 논리를 전혀 갖지 않는다.

1-2-41] 따라서 예술 작품에서 우리는 서로 매우 멀리 떨어져 있고 관계가 없는 것으로 보이지만, 치통과 결혼처럼 서로 완전히 이질적이지는 않고 내적 논리에 의해 연결되는 특성, 대상들이 나란히 놓이는 것을 흔히 발견한다.

● 상상과 현실

앞 장에서 비고츠키는 상상이 경험의 재생산과 다르다는 것을 확립하였다. 이제는 상상과 현실이 어떻게 연결되어 있는지를 보여야 하는 차례가 되었다. 이 장에서 그는 다음 네 가지 유형의 연결свя з ь을 확립한다. 1) 현실의 요소로부터 상상의 인공물 창조, 2) 상상을 통한 현실 요소의 재창조(예컨대 역사적, 선역사적 사건의 재구성), 3) 경험으로부터 감정의 창조 및 감정으로부터 경험의 창조, 4) 상상을 통해 전혀 새로운 실제 대상의 창조(예컨대 기술적 발명과 예술 작품).

I. 첫 번째 연결은 상상이 현실로부터 취해진 원재료를 이용하여 작업한다는 것이다. 문화적으로 공유된 발명품의 사례에서 이미 본 것과 같이 상상과 현실 사이의 이와 같은 연결들은 결코 직접적이거나 단순한 연합의 관계에 있지 않다. 심지어 개인이 창조한 연결들조차 복잡하다. 즉 개인적 창조는 질적으로 다른 연결들로 구성되는데, 이 연결들은 전체의 부분으로서 기능할 때 각자의 고유한 성질을 보존한다. 예컨대 푸시킨의 이야기는 현실과 상상적 요소 모두를 포함하고 있으며, 이 상상의 요소들은 또한 실재와 상상의 성질을 보존하고 있다('나무의 정령'은 상상적 요소이지만 여기에는 두뇌의 재생산적 기능의 결과인 실제 숲 속 체험의 요소와 조합적 기능의 결과인 마법적 관념이 모두 녹아 있다). 이와 유사하게, 과학적 발견은 매우 길고 복잡한 직접적, 간접적 그리고 문화적으로 공유된 경험을 겪은 후에야 비로소 발생하는 경우가 많다. 비고츠키는 이로부터 교사들이 풍부하고 다양한 경험을 제공해야 한다고 결론짓는다. 오직 풍부한 경험을 통해서만 어린이의 건강한 창조의 토대가 형성될 수 있기 때문이다. (1-2-1~1-2-12)

II. 첫 번째 연결이 실제적 경험의 과정으로부터 가상의 산물을 창조한다면, 두 번째 연결은 이 관계를 뒤집어 가상적 경험의 과정으로부터 실제의 산물을 창조해 낸다. 예컨대, 역사를 공부하는 학생은 간접적 설명과 (여행, 공부, 신문 등의) 광범위한 경험으로부터 취해진 일반화된 지식으로부터 프랑스 혁명이라는 실제적인 개념을 구성할 수 있게 된다. 비고츠키는 첫 번째와 두 번째 연결 사이의 공통점과 대비점을 하나씩 제시한다. 첫째, 두 번째 연결은 최종분석에서 첫 번째 연결이 그렇듯이 재처리된 현실의 요소들로 완전히 환원될 수 있다. 둘째, 두 번째 연결은 어떤 실제 현상과 상응하므로 원칙적으로 언제나 사회적으로 공유 가능한 경험이다. 이는 첫 번째 연결에는 언제나 해당되지는 않는 사실이다. 비고츠키는 이것이 상상과 현실 사이의 변증법적이고 상호 의존적인 관계를 보여 준다고 결론짓는다. 즉, 상상은 조합된 경험에 토대를 둘 수 있지만 경험은 또한 상상을 활용하여 재구성될 수 있다는 것이다. 비록

이 둘의 관계는 상호 의존적이지만 상호 대칭적이지는 않다. 궁극적으로 현실은 현실이며 상상은 현실이 아니기 때문이다. (1-2-13~1-2-18)

III. 세 번째 연결은 본성상 정서와 관련이 있다. 예를 들어 따뜻한 색깔에 대한 지각은 따뜻한 느낌을 만들어 내며 어두운 방에 대한 기억은 어린이를 겁에 질리게 할 수 있다. 이 연결은 또한 상호적이다. 즉, 공포감은 현실에 대한 지각에 매우 강한 영향을 미칠 수 있으며 우쭐한 기분은 기억에 영향을 미칠 수 있다. 연합주의 심리학자였던 리보는 이로부터 두 개의 연합적 법칙을 공식화한다. 첫째, '일반 정서적 신호의 법칙'에 따르면 공통된 감정을 불러일으키는 경험들은 비록 그들이 서로 공통점을 갖지 않는다고 해도 마음속에서 공통된 영역에 모인다(성적 흥분을 일으키는 대상들은 좋은 예이다. 성적 상상을 일으키는 대상들은 서로 밀접한 관계에 있거나 혹은 비슷한 형태를 갖지 않지만 오직 우리에게 공통된 감정을 불러일으킨다는 점에서 하나의 범주 속에 묶인다). 둘째, '상상의 정서적 실제의 법칙'에 따르면 가상의 구조는 그 가상적 본성에도 불구하고 (귀신, 흡혈귀, 늑대인간에 대한 공포와 같은) 실제 정서적 경험을 만들어 낼 수 있다. (1-2-19~1-2-25)

IV. 네 번째 연결은 사고나 감정의 결과가 단순히 정서가 아니라 실제의 인공물, 즉 발명품이나 예술 작품이라는 점에서 세 번째 연결과 다르다. 리보는 모든 인공물의 발달은 '순환적 경로(현실→사고/감정→상상의 산물→물질적 현실)'를 취하며, 우리가 기술적 발명품에 대해 논하든지 예술 작품에 대해 논하든지 여기에는 궁극적으로 감정과 사고 모두가 관련될 수밖에 없다고 주장한다. 비고츠키는 동일한 이야기가 듣는 이에 따라 전혀 다른 생각과 감정을 불러일으키는 푸시킨의 사례와, 예술 작품이 작가의 생각과 감정과는 독립된 나름의 논리를 가지고 있음을 보여 주는 톨스토이의 사례를 인용한다. 비고츠키는 이를 통해 이러한 논리는 객관적이고 독립적이라고 결론을 내린다. 예컨대 결혼과 장례식 사이의 연결은 객관적이지만 결혼과 치통의 관계는 객관적이지 않다(물론 결혼과 치통 사이에 주관적인 연결은 가능하다). 이는 예술 작품이 단순히 개인적 감정의 전염적 확산이 아니라 사회적으로 공유된 정서의 한 사례라는 것을 보여 주는 증거이다. (1-2-26~1-2-40)

3장
창조적 상상의 메커니즘

1-3-1] 우리가 앞에서 말한 모든 것이 보여 주듯이 상상은 극도로 복잡한 과정이다. 바로 이 복잡성이 창조의 과정을 연구하는 것을 매우 어렵게 만들며, 또한 이 과정이 특별하고 완전히 예외적이라는 잘못된 생각을 만드는 주된 원인이 된다. 이 과정의 구성 요소들을 낱낱이 기술하는 것은 지금 우리의 과업이 아니다. 그것은 지금 우리의 관심사와는 거리가 있는 매우 장황한 심리적 분석을 필요로 한다. 그러나 독자들에게 이 활동의 복잡성에 대한 대강의 밑그림을 제시하기 위해 우리는 이 과정을 구성하는 특정한 요소들에 대해 매우 간단하게 언급하고자 한다. 모든 상상의 행위는 매우 긴 역사를 가지고 있다. 우리가 상상의 행위라고 부르는 것은 잉태기와 태아 발달이라는 매우 긴 내적 발달의 결과로 나타나는 탄생이라는 절정의 순간일 뿐이다.

1-3-2] 우리가 이미 알고 있듯이 이 과정의 시초에는 우리 경험의 토대가 되는 내부와 외부의 지각이 있다. 따라서 어린이가 보는 것과 듣는 것은 미래의 창조를 위한 첫 번째 받침점이 된다. 어린이는 자신의

이후 환상을 형성해 나갈 재료를 축적하게 된다. 그 다음에는 이 재료를 재처리하는 매우 복잡한 과정이 뒤따른다. 이 과정에서 가장 중요한 구성 요소는 지각을 통해 획득한 인상의 해리диссоциация와 연합ассоциация이다. 모든 인상은 여러 가지 개별 부분으로 이루어진 복잡한 전체이다. 해리는 복잡한 전체를 개별 부분의 집합으로 깨뜨리는 것이다. 어떤 개별 부분들은 다른 부분들보다 두드러져 앞으로 부각되고 어떤 부분들은 그대로 보존되며 일부는 잊힌다. 따라서 해리는 진전된 상상적 조작을 위한 필요조건이다.

비고츠키는 당시 기계적 심리학에서 통용되던 것으로 오늘날에는 더 이상 사용되지 않는 용어들을 몇 가지 사용한다. 그러나 그가 그와 같이 구식이고 부정확한 용어를 사용하기는 하지만 이를 자신의 내용으로 채우고 있음을 지적할 필요가 있다.

이 장에서 비고츠키가 사용하는 '메커니즘'이라는 용어는 앞 장에서 논의된 '순환주기'나 '원' 또는 '나선형'과 같이 도식적이며, 서술적이지 않다. 여기서 의미하는 바는 고정적인 기계 장치가 아니라 역동적인 구조 혹은 발달하는 체계이다.

먼저 어린이들은 블록들을 모둠 지음으로써 일반화를 한다. 그런 후 어린이는 블록으로부터 색깔과 형태를 '해리'시키며 높이와 지름을 추출한다. 이들은 다시 인공적인 개념인 '비크', '무르', '세브', '라그'로 재연합된다. 마지막으로 이 개념은 블록을 바르게 분류하고 이름 지음으로써 외현화된다. 이런 식으로 이 개념들은 어린이 경험의 일부가 된다(『생각과 말』 5장 참조).

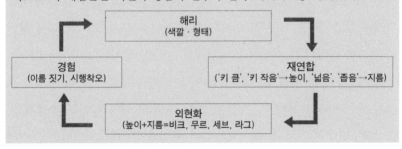

비고츠키는 이 활동이 토대를 두고 있는 심리적 요인들을 열거한다.

a) 경험(1장과 2장에서 논의됨)

b) 욕구(환경에의 적응) 이는 흥미로 표현된다. (1-3-15)

c) 환경(교실과 어린이가 속한 문화)

1-3-3] 이후에 다양한 요소들을 한데 모으기 위해서 우리는 먼저 각각의 요소들이 최초에 지각된 자연적 연합을 깨뜨려야 한다. 『전쟁과 평화』에서 나타샤의 이미지를 생성해 내기 전에 톨스토이는 먼저 아내와 처제의 개별적 특성들을 추출해 내야 했다. 이를 하지 않았다면 그는 이 특성들을 다시 조합하여, 즉 "한데 뒤섞어" 나타샤의 이미지를 창조하지 못했을 것이다. 이와 같이 개별 특성들을 추출하고 다른 특성들을 무시하는 것을 우리는 해리라고 부른다. 이 과정은 모든 인간의 정신적 발달에 극도로 중요하다. 이것은 추상적 생각의 기반이자 개념 형성의 토대이다.

1-3-4] 이와 같이 복잡한 전체의 개별 특성들을 추출해 내는 능력은 모든 인간이 인상을 창의적으로 재처리하는 데 있어 중요하다. 해리의 과정에 뒤이어 이렇게 해리된 요소들이 이용되는 변화의 과정이 나오게 된다. 이 변화 혹은 변형의 과정은 내적 신경자극의 역동적 본성과 상응하는 이미지에 기반을 둔다. 외적 인상의 흔적은 바구니 바닥에 놓인 물체처럼 바뀌지 않은 채로 우리의 뇌 속에 놓이지 않는다. 사실 이 흔적들은 과정들로서 움직이고 변화하며 삶을 영위하고 사멸한다. 이러한 역동성은 이 흔적들이 상상의 영향하에서 변화할 수 있도록 보장해 준다. 이러한 내적 변화의 사례로 우리는 경험의 개별 요소를 과장하고 축소하는 과정을 들 수 있다. 이 과정은 일반적으로 상상에, 특히 어린이의 상상에 거대한 중요성을 가진다.

톨스토이는 자신이 나탈리아 로스토바(나타샤)의 캐릭터를 창조할 때 활발함, 순수함, 도덕적 선함, 정직성, 성실함과 같은 특질들이 이 캐릭터의 원래 모델이었던 그의 부인 소냐 베르스와 처제 타냐에서 추출, 해리된다고 말한다. 이 원래의 모델들은 '이미지'이다. 비고츠키는 이들이 내적 신경자극으로, 다시 말해 시각적, 청각적 신경자극 없이 뇌 자체에서 일어나는 신경자극으로 저장되어 있다고 가정한다.

여기까지만 보면 비고츠키의 입장은 컴퓨터 처리 과정에 영감을 받은 현대의 신경조직망 정보처리이론과 다를 것이 없어 보인다. 그러나 이제 비고츠키는 기억 흔적들이 '움직이고 변화하며, 삶을 영위하고 사멸하며' 이러한 변화들은 의식 자체에 의해 일어나는 것이 아니라고 말한다.

이러한 이미지들은 사진보다는 캐리커처와 유사하다. 어떤 특징들은 확대되고 어떤 특징들은 축소되어 일부는 이상화되고 일부는 왜곡된다. 이미지들은 상호 간에 작용을 하여 서로를 변화시킨다. 이러한 과정의 상당 부분은 뇌의 의식적 관여 없이 일어난다.

이런 관점에서 볼 때 비고츠키가 보는 창조성의 메커니즘은 전혀 기계적이지 않음을 알 수 있다. 창조의 과정은 컴퓨터의 작용을 닮았다기보다는 '오류error'를 닮았다고 할 수 있다. 상상과 창조는 의식적으로 오류를 통제, 숙달하는 것이다. 오류를 없애고 줄이는 것이 아니라 오류를 묶어 두고 길들임으로써 그것이 자발적, 의도적 목적에 기여하도록 하는 것이다. 흔히 창조성이 규칙의 파괴와 연관되는 것은 전혀 놀라운 일이 아니다.

1-3-5] 현실로부터 제공받은 인상들은 이 과정을 통해 원래의 크기를 늘리거나 줄이면서 변형된다. 어린이가 과장하고자 하는 열망에는 어른의 과장 욕망과 마찬가지로 매우 깊은 내적 토대—즉 외적 인상에 대한 내적 감정의 영향이 있다. 우리가 과장을 하는 것은 사물을 과장된 형태로 보고자 원하기 때문이며, 이 과장이 우리의 욕구, 내적 상태와 일치하기 때문이다. 과장하고자 하는 어린이의 열망은 동화에 잘 나타난다. 칼 그로스는 자신의 딸이 5세 반이었을 때 지어낸 이야기를 인

용한다.

1-3-6] 이야기는 "옛날 옛적에 한 왕이 살고 있었습니다."로 시작한다. "이 왕에게는 작은 딸이 있었어요. 이 딸은 요람에 누워 있었고 왕은 아기를 들여다보고는 자신의 딸임을 알았습니다. 그리고 그 둘은 결혼했습니다. 하루는 각자가 왕좌에 앉아 있는데 왕이 그녀에게 말했습니다. '커다란 잔에 맥주 좀 가져다주렴.' 그래서 그녀는 왕에서 3아르신 (대략 7미터-K)짜리 컵에 맥주를 담아 주었습니다. 그리곤 모두 잠이 들었습니다. 불침번을 서는 왕만 빼고요. 그들이 아직 죽지 않았다면 여전히 살아 있을 거예요."

1-3-7] 그로스는 다음과 같이 말한다.

"이러한 과장은 특출하고 기묘한 것에 대한 관심과, 무언가 특별한 것을 가지고 있다는 상상과 관련된 다음과 같은 자부심이 결합된 결과이다. '나는 동전 30개를 가지고 있어……. 그러니까 50개 아니 사실은 100개. 내 말은 1,000개를 가지고 있다는 거야!' 혹은, '지금 막 고양이만 한 나비를 봤어요. 아냐, 집채만 했어!'" 이러한 변화의 과정, 특히 과장이 어린이가 직접 경험해 보지 못한 양量을 다루는 연습의 기회를 제공한다는 칼 뷜러의 말은 전적으로 온당하다. 이러한 변화의 과정과 특히 과장이 리보가 인용한 수적數的 상상력의 예시에서 얼마나 커다란 역할을 하는지는 쉽게 알 수 있다. 리보는 다음과 같이 적는다.

"동양인들의 수적 상상력은 다른 어느 지역보다 풍부하였다. 그들은 두드러진 대담함으로 숫자를 다루었고 티끌만큼의 부담 없이 수를 소비하였다. 따라서 칼데아인의 우주론에서는 신─반신반어半身半魚의 오아네스─이 인간을 가르치는 데 259,200년이 걸렸고 그 후 432,000년 동안 다양한 신화적 존재들이 지구를 지배했으며, 이 691,200년이 흐른 후 지구표면은 홍수로 휩쓸렸다……. 그러나 힌두교는 이 모두를 능가한다. 그들은 가상의 수적 유희를 위한 토대이자 재료로 사용되는 가장 커다란 단위를 고안해 내었다. 야니스트들은 시간을 올라가는 시간과 내려가는 시간의 두 시기로 나누었다. 이들 시기는 각각 2,000,000,000,000,000해년海年 동안 지속되며 1해년은 1,000,000,000,000,000년이다. 그러한 기간에 대한 명상은 믿음 깊은 불자의 머리를 돌아 버리게 했을 것이다."

1-3-8] 과장된 숫자를 통한 이와 유사한 유희는 인간에게 극히 중요한 것으로 판명된다. 작은 숫자가 아닌 엄청나게 큰 숫자를 조작해야 하는 천문학이나 그 외 다른 자연과학 분야에서 이에 대한 증거를 찾을 수 있다.

1-3-9] 리보는 다음과 같이 적는다.

과학에서 수적 상상은 그러한 신화의 형태로 표현되지 않는다. 과학의 발달로 인해 상상이 억압받게 되었다고 비난하는 이들이 많지만 사실 과학은 그것을 창조적으로 연구하도록 하는, 비할 수 없이 광대한 영역의 문을 활짝 연다. 천문학은 시간과 공간의 무한성 속을 부유한다. 천문학은 희미한 불빛으로 깜빡이던 성운이 환하게 빛나는 별들로 변하는 세계의 탄생을 목도한다. 이 별들은 식으면서 점으로 뒤덮이고 점차 희미해져 사라진다. 지질학은 우리가 살고 있는 지구의 발달을 일련의 지각 변동을 통해 추적한다. 지질학은 지구가, 열 손실을 막아 주는 대기권을 보호하는 수증기를 상실하면서 추위로 인해 소멸하게 될 먼 미래를 예측한다. 원자와 소립자에 대해 현대 물리학에서 수용되고 있는 가설들은 힌두교의 상상에서 볼 수 있는 가장 대범한 것보다 덜하지 않다.

1-3-10] 우리는 과장이 상상 일반과 마찬가지로 예술과 과학에 동일하게 핵심적임을 알 수 있다. 5세 반의 어린이가 만들어 낸 이야기에서

놀랍게 잘 표현된 이러한 능력이 존재하지 않았다면 인류는 천문학, 지질학, 물리학 등을 만들어 내지 못했을 것이다.

1-3-11] 상상적 과정을 구성하는 다음 요소는 연합, 즉 해리되고 변화된 요소들을 통합하는 것이다. 위에서 본 것과 같이 이러한 연합은 순수하게 주관적인 이미지의 연합으로부터 예컨대 지질학적 개념에 상응하는 객관적, 과학적 연합을 아우르는 다양한 자질과 형태에 기반을 둘 수 있다. 그리고 끝으로, 상상의 예비적 작업의 마지막 측면은 개별 이미지의 조합, 이미지들의 통합을 통한 체계 형성, 복잡한 그림의 구성이다. 그러나 창조적 상상은 여기서 끝나지 않는다. 앞에서 이미 지적된 바와 같이 이 과정의 전체 순환주기는 오직 상상이 외적 이미지로 현현顯現 혹은 결정화結晶化되었을 때에만 완성될 것이다.

1-3-12] 그러나 이러한 결정화 과정 혹은 상상을 현실로 변형하는 과정에 대해서는 개별적으로 논의할 것이다. 여기서는 상상의 내적 측면에 대해서만 언급하고 있으므로 위의 개별 과정들의 조작이 의존하는 기본적 심리적 요소를 논의해야 할 것이다. 그중 첫 번째 요인은, 심리적 분석이 확립한 바와 같이, 언제나 환경에 적응하고자 하는 인간의 욕구이다. 어떤 이의 삶이 그에게 도전을 제공하지 않는다면, 그의 일반적이고 고유한 반응이 자신의 환경과 완전한 평형 상태에 있다면 이 사람이 창의성을 발휘할 토대는 없을 것이다. 환경에 완벽하게 적응한 생물은 그 어떤 것도 원하거나 무엇을 위해 투쟁하지 않을 것이며 따라서 당연히 아무것도 창조하지 못할 것이다. 따라서 창조는 언제나 욕구와 동기, 욕망을 만들어 내는 적응의 결핍에 토대를 둔다. 리보는 다음과 같이 말한다.

"모든 욕구, 모든 동기 혹은 욕망은 각각 혹은 다른 것들과 합쳐져서 창조의 동인으로 작용할 수 있다. 심리적 분석은 '우발적 창의성cam опроизвольное творчество'을 이러한 기초적 요소들로 매번 분해해야 한다. (……) 따라서 모든 발명은 그 기원을 욕구에 둔다. 모든 경우에 창조적 발명의 핵심적 본성은 욕구에 있는 것으로 판명된다.

(……) 욕구와 욕망 자체는 아무것도 창조해 낼 수 없다. 이들은 오직 자극이자 원동력일 뿐이다. 발명이 생겨나기 위해서 한 가지 추가적인 조건이 충족되어야 한다. 즉, 이미지의 우발적 재생이다. '우발적 재생'은 명백한 원인 없이 무언가가 갑자기 떠오르는 것을 기술하기 위해 내가 사용하는 용어이다. 사실 원인은 존재할 것이다. 그러나 그들의 영향력은 비유적으로 생각하기, 정서적 분위기, 무의식적 뇌 기능 등의 숨겨진 형태 속에 가려져 있다."

1-3-13] 이와 같이 욕구 또는 동인의 존재는 상상의 작용을 촉발한다. 신경자극 흔적의 활성화는 상상이 조작할 재료를 공급한다. 이 두 가지는 상상의 작용과 상상이 구성하는 모든 과정을 이해하는 데 있어 필요충분조건이다.

1-3-14] 아직 상상이 의존하는 요인들에 대한 질문이 남아 있다. 비록 전부는 아니지만, 위에서 우리는 심리적 요인들을 나열하였다.

1-3-15] 우리는 상상의 작용은 경험과 욕구, 그리고 이러한 욕구를 보여 주는 흥미에 의존한다고 이미 말한 바 있다. 이러한 과정이 조합적 능력과, 이 능력을 활용하는 실천, 즉 상상의 구조를 물질적 형태로 구체화하는 것에 의존한다는 사실은 쉽게 알 수 있다. 이 과정은 또한 개인의 기술적技術的 능력과 전통, 즉 개인에 영향을 미치는 창조적 모형들에도 의존한다. 이 요인들은 모두 엄청난 중요성을 가지지만 매우 명백하고 단순하므로 여기서 이에 대해서 자세히 언급하지는 않을 것이다. 이보다 훨씬 덜 분명하고 따라서 더더욱 중요한 것은 또 다른 요인, 즉 환경의 영향이다. 전형적으로, 상상은 전적으로 내적인 활동, 즉 외

적 조건에 의존하지 않는 활동으로 그려져 왔으며 그나마 나은 경우라도 이러한 조건이 상상이 조작해야 하는 재료를 결정하는 한에서만 외적 조건에 의존한다고 생각되었다. 상상의 과정 자체와 방향은 얼핏 보기에는 오직 내적으로만, 즉 개인의 감정과 욕구에 의해서만 인도되는 것으로 보이며 따라서 객관적 요인에 기반을 두지 않는 완전히 주관적인 것으로 보인다. 실제로 이는 진실이 아니다. 심리학은 창조의 동인이 언제나 환경의 단순성에 반비례한다는 법칙을 오래전에 확립하였다.

1-3-16] 리보는 다음과 같이 기술한다.

"따라서 우리가 비교를 하자면 (……) 원시적 인간과 문명화된 인간의 수가 동일하다고 가정할 때 혁신가의 수는 이 두 집단에서 완전히 다를 것으로 판명된다."

여기서 비고츠키는 리보의 관점을 그대로 옮겨 놓고 있다. 리보는 프랑스 합리주의자로 독일 낭만주의나 관념론의 흔적을 박멸하고자 노력한 사람이다. 따라서 리보는 상상이 다른 종류의 연합과 다르지 않음을 증명하려 한다. 이를 위해 그는 상상이 종속되어 있는 욕구와 환경적 행동 유도성 affordances 그리고 경험과 상상의 결과 사이의 직접적 의존성을 강조한다. 이에 따라 리보의 법칙 즉, "창조의 동인은 언제나 환경의 단순성에 반비례한다."는 법칙이 도출된다. 즉, 환경이 단순할수록 사람들의 창조적 동인이 줄어든다는 것이다.

비고츠키는 『역사와 발달』 2장(2-119~2-123)에서 이 법칙을 정면으로 반박한다. 환경의 단순성은 오히려 더 큰 창조적 동인이 될 수도 있다. 역사적인 관점을 가진 이에게 칼집을 낸 나무 막대기와 같이 전혀 새로운 쓰기 체계의 창조와 관련된 상상은 서방 선교사들이 아프리카의 '카피르'에게 요구한 것과 같은 설교 암송에 관련된 상상과는 완전히 다른 유형의 상상이다. 예술적 창작을 인구당 혁신가 수의 비율로 계량화할 수 있다 하더라도 우리는 예술가 비율은 '원시적' 인류에서 더 높았음을 인정해야 할 것이다. 원시적 사람들의 경우, 이제는 예술적 창조가 소수의 전문 직업인들의 분야로 남겨진 우리와 비교할 때 거의 모든 이들이 창조적 활동과 관련을 맺었기 때문이다. 이는 기술적 혁신의 경우에도 마찬가지일 것이다.

물론 창조를 위한 물질적 자원(욕구, 환경적 행동 유도성, 경험)은 여러 문화들 사이나 한 문화 내에서도 동등하게 분배되어 있지 않으며 물론, 이는 창조적 결과에 영향을 미친다. 이러한 차이는 특히 과학 분야에서 두드러진다. 이는 우리가 어린이의 창조와 어른의 창조를 비교해 보면 더더욱 그러하다. 그러나 어린이에 대해서도 창조의 동인이 언제나 환경의 단순성에 반비례한다고 말하는 것은 우둔한 일이다. 이는 창조의 동인(상상)과 실제적인 창조(성취)를 혼동하는 것이다. 물론 그 둘 사이에는 관련이 있고 창조적 성취와 물질적 제반 여건 사이에 관련이 있는 것은 사실이지만 이들이 반비례의 관계에 있다거나 혹은 서로 양적인 관련을 맺는다고 말하기는 매우 어렵다.

다음 장에서 비고츠키는 어린이의 창조에 대해 바로 이러한 논의를 진전시킨다. 어린이의 창조는 성인의 창조와 유형적으로 다른 것이며 이 차이는 바로 경험과 욕구 그리고 흥미의 차이와 연관되어 있다.

1-3-17] A. 바이스만은 환경에 대한 창조성의 의존을 극도로 잘 설명한다. 그는 다음과 같이 기술한다.

"모차르트와 같은 고유하고 특별한 천재성을 가진 아기가 사모아의 섬에서 태어났다고 가정해 보자. 그는 무엇을 성취할 수 있을까? 그 아기가 할 수 있는 최선은 3, 4개의 음표로 된 음계를 7개의 음표로 이루어진 음계로 확장하여 기존보다 좀 더 복잡한 가락을 만들어 내는 것이다. 그러나 그가 교향곡을 작곡할 확률은 아르키메데스가 전기 장치를 발명했을 가능성만큼이나 낮을 것이다."

물론 사모아에서 태어난 모차르트는 18세기의 모차르트 교향곡을 쓸 수 없었을 것이다. 이는 18세기의 모차르트가 19세기의 베토벤이나 말러의 교향곡을 쓰지 않은 것과 똑같은 이유에서이다. 모차르트의 교향곡은 베토벤이나 말러의 심포니보다 훨씬 간결하고 짧다. 이는 베토벤과 말러가 모차르트의 작품을 자기 자신의 것으로 완전히 소화하고 활용하였기 때문이다. 마찬가지로, 현대 예술이 소위 '원시적' 예술에 비해 세련되고 정교화된 것은 바로 선대의 걸작으로부터 배우고 이를 응용할 수 있었기 때문이다.

베토벤과 말러, 심지어는 모차르트의 교향곡을 포함한 수많은 위대한 교향곡들은 다른 작품의 일부를 인용하면서 그 자체로 높은 수준의 반복성을 포함한다. 그러나 완전히 새로운 음계를 창안할 수 있는 사모아 어린이는 기존의 음계를 활용해 새로운 교향곡을 쓰는 작곡가보다 훨씬 더 창조적인 것이다.

*A. 바이스만(August Weismann, 1834~1914)은 진화생물학자로서, 체세포가 획득 형질을 생식세포에 전이시킬 수 없음을 증명하였고 이에 따라 라마르크설(용불용설)을 프랑스와 독일에서 종식시킨 인물이다. 사모아에서 태어난 모차르트에 대한 인용은 창조적 상상에 대한 리보의 논문 128쪽에서 발췌한 것이다.

1-3-18] 모든 발명가는, 심지어 천재도 자신의 시대와 환경의 산물이다. 그의 창조물은 그 자신 이전에 생겨난 욕구로부터 생겨나며 또한 그 자신의 능력 밖에 있는 수단에 의존한다. 이것이 바로 우리가 과학과 기술의 역사적 발달에 엄격한 순서가 있음을 강조하는 이유이다. 어떠한 발명물이나 과학적 발견도 그것이 발생하기 위한 물질적, 심리적 전제 조건이 나타나기 전에는 생겨날 수 없다. 창조는 역사적이고 누적적인 과정으로, 후에 나타나는 것들은 반드시 이전의 것에 의해 결정된다.

1-3-19] 이것은 계급에 따라 혁신가와 발명가의 수가 다른 이유를 설명해 준다. 특권 계급은 비교할 수 없이 많은 비중의 과학적, 기술적,

예술적 창조자들을 배출하였다. 이는 창조에 필요한 모든 조건들이 이 계급에 존재하기 때문이다.

1-3-20] 리보는 다음과 같이 기술한다.

"전형적으로 그들이 상상의 자유로운 비행과 전능한 천재에 대해 너무도 많이 이야기함에 따라, 이 모든 것이 매 단계마다 의존하는 사회적 조건에 대해서는 잊어버린다. 각각의 창조물들이 얼마나 개별적인 것인지와는 무관하게 이들은 언제나 사회적 공동 작인作因를 포함한다. 이러한 뜻에서 어떠한 발명품도 엄격한 의미에서는 결코 개인적이라고 할 수 없다. 그것은 언제나 모종의 익명적 협동의 요소를 포함할 것이다."

● 창조적 상상의 메커니즘

비고츠키는 창조적 상상의 과정은 복잡하고 완전하게 기술될 수 없다는 부정문으로 이 장을 시작한다. 비고츠키는 리보가 제시한 '순환적 경로'를 확장한다. 리보는 연합주의 심리학자였으므로 이와 같은 경로 확장의 결과는 해리, 재연합, 결정화(인공물로의 실현), 그리고 그로부터 창조가 기대고 있는 환경과 인간의 경험, 욕구와 흥미로의 회귀이다. 비록 이 결과는 다소 기계적이지만(예컨대 오류와 무작위성을 간과하며 인간의 창조가 모든 경우에 완벽히 규정될 수 있다고 가정하는 것으로 보인다), 이 논의는 『생각과 말』 5장에 기술된 개념 형성 모형의 기저에 놓여 있는 비고츠키의 생각을 보여 준다.

I. 비고츠키는 어린이가 어떻게 외적 경험과 내적 경험을 구분하는지, 그리고 환상과 상상을 위한 재료를 어떻게 축적해 나가는지 기술한다. 이러한 재료들은 해리된다. 즉, 톨스토이가 『전쟁과 평화』의 여주인공 나타샤 로스토바를 창조하기 위해 자신의 부인과 처제의 다양한 특성을 분석한 것과 같은 과정을 거치는 것이다. 그리고 나서 비고츠키는 이 재료들이 재처리되는 방식에 대해 논의한다. 이 과정은 명백히 연합적이지 않다. 그는 (숫자나 크기의) 과장이나 왜곡 등의 과정을 이에 포함시킨다. 이러한 과정이 아시아인들에게 나타날 때에는 조롱 투로 기술하다가 서양 과학자들에게서 발견될 때에는 경탄을 마지않는 리보의 기술에서 그의 지독한 속물근성을 엿볼 수 있다. 비고츠키는 이들이 동일한 과정이며, 어린이의 이야기에서도 그대로 발견됨을 지적한다. (1-3-1~1-3-10)

II. 비고츠키는 해리되고 왜곡된 재료가 어떻게 순수하게 주관적인 연결로 그리고 (지리적 개념과 같은) 공유 가능한 개념으로 다시 종합되는지 논의하며, 이들이 어떻게 개념의 체계 속에 자리를 잡는지 설명한다. 비고츠키는 이를 '상상의 예비적 작업의 마지막 측면'이라고 다소 혼란스럽게 기술한다. 이는 창조적 활동을 통해 상상이 실현되는 과정이 6, 7, 8장에서 각각 사례별로 논의될 것임을 강조하기 위함이다. (1-3-11~1-3-14)

III. 창조적 활동에서 상상의 인공물로의 결정화에 대한 논의를 연기한 다음, 비고츠키는 창조의 기저에 놓여 있는 심리적 요인에 대한 질문으로 관심을 돌린다. 그는 이 심리적 요인이 경험과 욕구 그리고 흥미로 구성되어 있음을 발견한다. 이들은 사실 어린이가 과거, 현재, 미래의 환경과 맺는 관계이다. 이러한 이유로 비고츠키는 이 장의 나머지 논의를 창조의 기제에 환경이 미치는 영향에 대한 (자민족중심적이고 편향적인) 리보와 바이스만의 관찰에 할애한다. (1-3-15)

IV. 비고츠키는 이 장을 리보의 두 가지 관찰과 함께 갑자기 마무리 짓는다. 첫 번째는 창조가 환경이 허락하는 기회에 의존한다는 것이다. 아르키메데스는 부력의 법칙을 발견할 수 있는 조건을 가지고 있었지만 전기역학의 법칙을 발견할 수 있는 조건은 갖추지 못하였다. 이는 특권 계층에서 예컨대 여성보다는 남성에서, 유색인종보다는 백인, 그리고 타 대륙보다는 유럽인들 중에서 혁신가와 발명가가 언제나 더 많다는 것을 의미한다. 그러나 두 번째의 관찰은 어떠한 창조도 개인적이지 않으며 각 발명품에 대한 대부분의 기여자는 익명의 기술 사용자들이자 무명의 예술 작품 향유자들이라는 것이다. 이 두 관찰이 서로 상충된다는 것을 파악하기는 어렵지 않다. (1-3-16~1-3-20)

4장
어린이와 청소년의 상상

1-4-1] 창조적 상상의 기능은 매우 복잡하며, 극도로 다양한 일련의 요인 전체에 의존한다. 이러한 요인들은 아동기의 각 단계마다 상이한 형태를 취하므로 이 활동(창조적 상상-K)이 어린이와 어른에게 같을 수 없음은 명백하다. 이 때문에 어린이의 모든 발달 단계 동안 창조적 상상이 특정한 어린이 발달 단계를 특징짓는 특정한 방식으로 작동한다. 우리는 상상이 경험에 의존하며, 어린이의 경험이 점진적으로 형성되고 자라나며, 그 심오한 개별성이 어른의 경험과 다르다는 것을 보았다. 환경은 그 복잡성이나 단순성, 전통과 영향력을 통해 창조의 과정을 자극하고 조정하는데, 어린이가 자신의 환경과 맺는 관계는 어른의 경우와 매우 다르다. 어린이와 성인의 흥미 역시 상이하다. 따라서 어린이의 상상 기능이 어른과 다르다는 것은 쉽게 이해할 수 있다.

1-4-2] 어린이의 상상은 어른의 상상과 어떻게 다른가? 어린이의 상상이 어른의 상상보다 풍부하다는 의견이 여전히 견고하다. 유년기는 환상이 가장 고도로 발달한 시기로 간주되며 이 의견에 따르면 어린이

가 발달함에 따라 그의 상상과 환상의 강도는 사그라진다. 이러한 의견은 상상의 작용에 대한 일련의 전체적 관찰에 토대를 두고 있다.

1-4-3] 괴테는 어린이가 어떤 것으로든 무엇이나 만들 수 있다고 말했다. 다루기 힘들고 까다로워지는 성인기의 환상에 비해 이와 같이 큰 노력이 필요하지 않고 관용성이 큰 어린이 환상의 특질은 흔히 상상의 자유 혹은 풍부함으로 오인된다. 게다가 어린이 환상의 산물은 성인의 현실과 날카롭게 구분되며 이는 어린이가 실제의 세계가 아니라 자기 자신의 상상의 세계에 살고 있다는 결론을 지지하는 근거로 받아들여졌다. 다른 요인들은 어린이 환상의 특성인 실제 경험의 부정확성과 왜곡, 과장 그리고 동화와 환상적 이야기를 좋아하는 어린이의 성향이다.

1-4-4] 이 모두는 한데 합해져서 사람들로 하여금 성인기보다 유년기에 환상이 더욱 풍부하고 다양하다고 주장하도록 만들었다. 그러나 과학적으로 고찰해 보면 이 의견은 확증되지 않는다. 우리는 어린이의 경험이 어른의 경험보다 비할 수 없이 빈약하다는 것을 알고 있다. 더 나아가 우리는 어린이의 흥미가 더욱 단순하고 더 기초적이며 따라서 더 빈약하다는 것을 알고 있다. 마지막으로 어린이와 환경의 관계는 어른의 행동을 특징짓는 복잡성과 미묘성, 다양성을 가지고 있지 않은데, 이들은 상상의 작용을 결정짓는 가장 중요한 요인들이다. 이 분석이 보여 주다시피 어린이의 상상은 성인의 상상보다 풍부한 것이 아니라 빈곤하다. 발달의 과정에서 상상은 다른 모든 것과 마찬가지로 발달하며 성인에 이르러서야 완전히 성숙한다.

1-4-5] 이것이 모든 창조의 분야에서 진정한 창조적 상상의 산물은 오직 성숙에 도달한 이들에게만 속해 있는 이유이다. 성숙이 가까워 올수록 상상 역시 성숙하며 유년기와 성인기 사이의 과도기, 즉 사춘기로부터 시작되는 청소년기에 우리는 상상이 성숙된 환상의 징후와 결합

되어 강력하게 향상되는 것을 관찰한다. 상상에 대해 기술한 저자들은 사춘기와 상상의 발달 사이에 밀접한 관계가 있음을 지적한다. 이 시기에 많은 양의 경험이 축적, 동화되어 왔다는 것을 고려하면 우리는 이 관계를 이해할 수 있다. 소위 영속적 흥미가 발달하고 유치한 흥미는 감축되며 일반적 성숙의 결과로 상상의 작용이 그 최종 형태를 갖추기 시작한다.

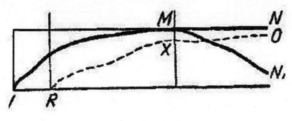

〈그림 1 상상의 발달〉

1-4-6] 리보는 창조적 상상에 대한 연구에서 어린이와 어른의 상상이 가지는 고유한 특성과, 우리가 여기에서 관심을 가지고 있는 청소년기의 상상을 이해하는 데 도움이 되는, 상상 발달을 도식적으로 그린 〈그림 1〉의 그래프를 그려 내었다. 이 곡선이 나타내는 상상 발달의 기저에 놓인 주요 법칙은 다음과 같은 말로 표현될 수 있을 것이다. 발달의 과정에서 상상은 두 시기, 두 개의 개별의 결정적 국면을 겪는다. 곡선 IM은 첫 번째 시기의 상상 발달의 경로를 나타낸다. 그것은 갑작스레 상승하여 비교적 오랜 기간 동안 고점에 머무른다. 점선으로 나타난 RO는 지성 혹은 이성의 발달을 나타낸다. 그래프가 보여 주듯이 이 발달은 늦게 시작하여 더욱 천천히 상승한다. 이는 이 발달이 더 많은 경험의 축적과 이 경험의 더 복잡한 변형을 필요로 하기 때문이다. 오직 점 M에서만 두 개의 선-상상 발달과 이성 발달-이 서로 만난다.

리보의 원래 그래프는 비고츠키가 제시하는 그래프와 다소 다르다. 또한 그래프에 대한 설명 또한 비고츠키의 인용은 원래의 리보와 다소 다르다. 그 래프와 표현을 비교해 보자. 다음은 리보의 원 저작에서 제시된 그래프이다.

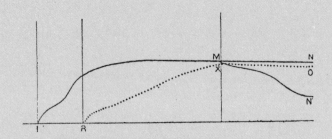

a) IM과 RX는 점점 서로 접근해 실제로 선분 MX에서 만나며 리보는 상 상의 두 번째 시기가 이 만나는 점으로부터 시작된다고 한다. 비고츠키의 그 래프에서는 이 둘이 두 번째 시기가 무르익기 전까지는 만나지 않는다.

b) 그래프 상에는 실제로 I 곡선이 N과 N′의 두 갈래로 나뉜다. 비고츠키 의 그래프에는 N′만이 있는 것처럼 보인다.

• 리보: "곡선 IM은 이 첫 번째 시기 동안의 상상력을 나타내는 곡선이다. 그것은 처음에는 천천히 상승하다가 급격하게 상승하여 이 원시적 형태의 정점을 찍는 곳에서 머무른다."

비고츠키: "곡선 IM은 첫 번째 시기의 상상 발달의 경로를 나타낸다. 그것 은 갑작스레 상승하여 비교적 오랜 기간 동안 고점에 머무른다."

a) 그래프는 IM곡선이 초기에 급격히 상승함을 보여 줌에도 리보는 그렇 게 설명하지 않고 있음을 확인할 수 있다.

b) 리보는 IM의 정점이 두 번째 수직선 이후에 나타나는 것을 보여 준다. 아마도 리보는 점 M 이전까지의 시기 전체를 '원시적 형태'로 본 듯하다.

• 리보: 점선 RX는 후기에 나타나는 이성의 발달을 나타낸다. 이는 훨씬 더 천천히 상승하지만 상상의 곡선에서 점진적으로 점 X에 도달한다. 두 형 태의 지성은 두 가지 강력한 라이벌로 대결한다. 세로 좌표의 선분 MX는 두

번째 시기의 시작을 나타낸다.

비고츠키: 점선으로 나타난 RO는 지성 혹은 이성의 발달을 나타낸다. 그 래프가 보여 주듯이 이 발달은 늦게 시작하여 더욱 천천히 상승한다. 이는 이 발달이 더 많은 경험의 축적과 이 경험의 더 복잡한 변형을 필요로 하기 때문이다. 오직 점 M에서만 두 개의 선-상상 발달과 이성 발달-이 서로 만난다.

a) 비고츠키는 이성이 비교적 천천히 상승하는 이유를 덧붙여 설명하고 있다.

b) 비고츠키는 이들이 점 M에서 만난다고 말한다. 그러나 이는 리보의 그 래프나 비고츠키의 그래프 어디서도 찾아볼 수 없는 정보이다. 리보는 그래 프가 나타내는 바와 같이 상상과 이성이 점 X에서 만난다고 말한다.

'첫 번째 시기'가 I와 R 사이의 기간을 나타내는 것이 아니라 실선 곡선 IN상의 IM과 점선 곡선 RO상의 RX 사이의 전체 시기를 나타낸다는 것이 리보의 설명에서는 명확하지만 비고츠키의 텍스트에서는 명확하지 않다. R 지점의 세로 좌표의 선분은 단순히 합리적 사고의 시작을 나타내기 위한 표 시로 유년기의 마지막 혹은 청소년기의 시작을 나타내기 위한 것이 아니다. 리보에 따르면 첫 번째 시기는 유년기와 청소년기 그리고 청년기 전체를 포 함하는 반면 비고츠키에 따르면 이는 오직 유년기만을 포함하며 청소년기 를 포함하지 않는다.

1-4-7] 그래프의 왼쪽 면은 유년기 상상의 조작을 특징짓는 고유한 성질을 나타낸다. 이 성질은 연구자들로 하여금 어린이의 상상력이 풍 부하다고 생각하게 하였다. 그래프는 유년기에는 상상과 추론의 발달이 매우 다르며, 이와 같이 어린이 상상이 추론으로부터 상대적으로 독립 적인 것은 어린이 환상의 풍요로움이 아니라 빈곤함을 표현하는 것임 을 명확히 보여 준다.

1-4-8] 어린이는 어른에 비할 수 없이 빈곤한 상상을 하지만 자신의

상상의 산물에 대해 커다란 믿음을 가지고 있으며 이 산물의 통제에 서투르다. 따라서 상상의 일상적이고 통속적인 의미, 다시 말해 사실이 아니며 조작된 의미에서 상상은 어른보다 어린이에게서 더 크다. 그러나 어린이의 경우 상상이 그 구조를 생성하기 위해 조작하는 재료가 어른보다 빈곤할뿐더러 이러한 재료가 사용되는 조합의 성질, 즉 그 질과 다양성도 어른보다 훨씬 빈약하다. 우리가 위에서 나열한 현실과의 관계 유형 중에서 어린이의 상상이 어른의 상상과 동등한 경우는 오직 첫 번째, 즉 상상이 그 구성을 위해 사용하는 재료가 현실로부터 왔다는 것뿐이다. 덧붙여서 어린이 상상의 실제 정서적 근원은 어른의 경우만큼이나 강력하다. 그 외 다른 유형의 연관과 관련해서는 이들이 수년 간에 걸쳐 오직 매우 느리고 점진적으로 발달한다는 것을 지적할 필요가 있다. 상상과 이성의 곡선이 만나는 지점인 점 M에서 볼 때, 상상의 진전된 발달은 선 MN이 보여 주는 바와 같이 이성 발달 XO와 평행하게 나아간다. 유년기의 특징이었던 두 노선 사이의 분지分枝가 사라지고 상상은 이제 생각과 긴밀히 연관되어 어깨를 나란히 하고 나아간다.

1-4-9] 리보는 다음과 같이 쓴다.

"이 두 가지 지적 형태는 이제 서로 경쟁적인 힘으로 대립한다." 상상은 "계속해서 작용하지만, 합리적 요구에의 적응을 포함하는 예비적 변형을 겪는다. 그것은 더 이상 순수한 상상이 아니라 (상상과 현실이-K) 결합된 형태이다." 그러나 이것이 모든 이에게 일어나는 것은 아니다. 많은 이들의 경우 발달은 또 다른 경로를 취한다. 이 경로는 상상의 감소 혹은 감축을 나타내는 급격한 하강 곡선인 MN′로 표시된다. "창조적 상상은 점차 감소한다. 이것은 가장 흔히 발견되는 경우이다. 특별히 풍부한 상상의 재능을 받은 사람만이 예외일 뿐 대부분의 경우 점차 평범한 일상에 매몰되어 어렸을 적의 꿈을 접고 사랑을 환영이라고 간주하는 등의 행동을 하게 된다. 이는 단지 쇠퇴일 뿐 소멸은 아니다. 창조적 상상은 누구에게서도 완전히 사라지지 않고 단지 우발적으로 나타나게 될 뿐이다."

1-4-10] 사실 창조적 삶의 조각이 매우 보잘것없는 경우라 하더라도 상상은 생겨난다. 창조적 삶을 나타내는 곡선이 흔히 성인기에는 하강한다는 사실은 누구에게나 알려져 있다. 두 시기를 나누는 결정적 국면인 MX에 대해 좀 더 자세히 살펴보자. 이미 앞에서 말한 바와 같이, 이 국면은 유년기와 성인기 사이의 과도적 시기, 즉 현재 우리가 주로 관심을 가지고 있는 시기에 일어난다. 여기서 상상의 곡선이 지나는 독특한 교차로를 이해한다면 이 시기의 창조적 과정 전체를 올바르게 이해할 수 있는 열쇠를 얻게 될 것이다. 이 시기 동안 상상은 심대한 변형을 겪는다. 즉, 주관적인 것에서 객관적인 것으로 변하는 것이다. "이 위기의 생리적 이유는 성인의 몸과 두뇌의 형성이다. 심리적 이유는 순수하게 주관적인 상상과 객관적이고 합리적인 과정, 다시 말해서 정신의 불안정성과 안정성 사이의 반목이다."

1-4-11] 우리는 청소년기가 일련의 반항적 태도와 논박, 극단성 등으로 특징지어짐을 알고 있다. 이것은 이 시기를 결정적 시기 혹은 과도적 시기로 만든다. 이 시기에는 유년기의 생리적 평형이 깨지고 성인의 평형은 아직 획득되지 않는다. 따라서 이 시기에 상상은 혁명, 즉 기존의 평형의 붕괴와 새로운 평형의 모색을 경험한다. 청소년기에는 유년기에 취득한 상상의 작업 형태가 쇠퇴한다는 사실은 이 시기의 어린이가 일반적으로 그림 그리는 성향을 잃어버린다는 사실로 잘 드러난다. 그림 그리기에 특히 소질을 가졌거나 특수한 회화 수업 등의 외적 조건을 통해 그리기가 장려된 소수만이 그림 그리기를 계속한다. 어린이는 스스로의 그림에 대해 비판적인 태도를 가지기 시작하며 자신의 유치한 도

식화는 스스로를 만족시키지 못한다. 그들의 그림은 너무 주관적으로 보이게 되며 어린이는 자신이 그림을 못 그린다고 생각하여 그 결과 그리기를 멈추게 된다. 우리는 어린이가 유년기 초기의 소박한 놀이와 동화, 환상적 이야기에 대한 흥미를 상실하다는 사실에서도 어린이 환상의 쇠퇴를 보게 된다. 이제 생겨난 새로운 상상의 형태가 가지는 이중성은 이 시기에 가장 널리 퍼지고 흔한 형태의 창조적 작업이 문학적 창조라는 사실에서 직접적으로 추론될 수 있다. 그것은 청소년 시기에 주관적 경험의 강력한 증대와 내적 삶의 성장과 심화에 의해 자극된다. 이 시기에 청소년은 스스로의 내적 세계를 발달시키기 때문이다. 그러나 이러한 주관적 측면은 객관적 형태—시, 이야기 혹은 청소년이 주변 환경에서 지각하는 성인의 문학 작품의 형태라면 무엇이든지—에서 구체화될 방안을 모색한다. 이러한 모순적 상상의 발달은 어린이의 주관적 특성이 더더욱 감소되는 것과 객관적 특성이 성장하고 자라는 것에 평행하게 진행된다. 전형적으로 대부분의 청소년들은 문학적 창조에도 금세 흥미를 잃게 된다. 청소년은 이전에 자신의 그림에 가졌던 것과 똑같은 유형의 비판적인 태도를 취하기 시작한다. 그는 자신의 글이 가지는 객관적 특질에 불만족하기 시작하고 글쓰기를 그만둔다. 따라서 상상의 증대와 그 심대한 변형은 이 결정적 국면의 특징이다.

1-4-12] 두 가지 주요한 상상의 유형이 이 시기에 동시에 나타난다. 이들은 조형적пластическое(plastic-K) 상상과 정서적 상상 혹은 외적 상상과 내적 상상이다. 이 두 가지 주요한 유형들은 환상이 그 생산물을 구성할 때 사용하는 재료에 의해서, 그리고 이 구성의 법칙에 의해 주로 구분된다. 조형적 상상은 주로 외적 인상으로부터 제공받은 자료를 활용하며, 외부로부터 취한 요소로 만든다. 반면에 정서적 상상은 내부로부터 취한 요소로 만든다. 따라서 이 두 유형 중 첫 번째는 객관적인

것으로, 두 번째는 주관적인 것으로 불릴 수 있다. 두 가지 상상의 유형의 발현과 그들의 점진적 분화는 청소년 시기의 특성이다.

전통적으로 조형 예술은 조각, 그림을 비롯해 재료의 형태와 색채를 변형시키는 예술을 모두 포함하여 일컫는 말이다. 여기에 음악이나 문학은 포함되지 않는다.

비고츠키는 조형 예술과 음악/문학 예술의 구분을 이용하여 어떻게 유년기에 그림 그리기와 문학적 흥미가 순차적으로 나타나는지 설명한다. 초기 유년기에 조형적 창조성은 정서적 창조성과 분화되지 않으며 어린이의 그림은 재생산적이 아니라 표현적이다.

그러나 어린이가 현실성에 대한 감각을 발달시키고 느낌과 생각을 분화시킴에 따라 그림이 어린이에게 주는 만족감이 떨어지게 되고 곧 비조형적 예술, 즉 음악과 특히 문학으로 대체된다.

1-4-13] 이와 관련하여, 상상은 인간의 행동에서 이중의 역할을 할 수 있음을 지적할 필요가 있다. 상상은 인간이 현실에서 멀어지게 할 수도 있고 또한 현실에 가깝게 할 수도 있다. 자네는 다음과 같이 쓴다. "과학 자체는, 최소한 자연 과학은 상상 없이는 불가능하다. 뉴턴은 미래를 보기 위해 상상을 사용했으며 쿠비에는 과거를 보기 위해 상상을 사용했다. 위대한 이론들을 탄생시킨 위대한 가설들은 상상의 자손들이다." 그러나 파스칼이 상상을 교활한 교사라고 부른 것 역시도 완전히 정당하다. 꽁페레는 다음과 같이 말한다. "상상은 그것이 밝혀내는 진실보다 엄청나게 더 많은 오류를 만들어 낸다. (……) 그것은 부주의한 학생으로 하여금 이성과 관찰을 제쳐 두도록 하고 자신의 환상을 검증된 진실인 것으로 받아들이도록 유혹한다. 그것은 매혹적인 기만으로 우리를 사실로부터 멀어지도록 한다." 말브랑쉬가 다소 강한 어조로 말하는 바와 같이 "상상은 집을 어지르는 버릇없는 아이이다." 청

소년기는 특히나 그러한 위험한 상상의 측면에 영향을 받기 쉽다. 상상 속에서 스스로를 만족시키는 것은 대단히 쉽다. 몽상 속으로 도망하고 상상의 세계로 도피하는 것은 흔히 현실 세계에 대한 청소년의 초점과 노력을 흔들어 놓는다.

1-4-14] 어떤 저자들은 심지어 상상과 관련된 몽상과 고립, 도피와 자아도취의 발달은 이 연령대의 본질적 특징이라고 가정하기도 하였다. 이 모든 현상이 이 연령대의 그늘진 측면을 구성한다고 하는 것이 더욱 정확할 것이다. 이 연령대에 나타나는 몽상의 그림자, 상상이 수행하는 이중의 역할은 그것을 숙달하기가 극도로 어려운 복잡한 과정으로 만든다.

1-4-15] 그로스는 다음과 같이 적는다.

"현장 교사가 창조적 환상의 가치로운 가능성을 올바르게 발달시키고자 한다면 그는 진정한 도전, 즉 고결한 혈통을 가진 거칠고 사나운 말을 길들여 선한 일에 이용되도록 하는 도전에 직면하게 된다."

1-4-16] 이미 말했듯이 파스칼은 상상을 교활한 교사라고 불렀다. 괴테는 그것을 이성의 전신前身이라고 기술한다. 이 둘 모두 옳다.

1-4-17] 상상의 조작이 재능에 의존하는가에 대한 질문을 자주 접하게 된다. 창조성은 선택된 소수의 영역이며, 특별한 재능을 타고난 이들만이 창조성을 스스로 발달시킬 것이고 창조성이 요구되는 직업을 가질 수 있다고 생각하는 의견이 널리 퍼져 있다. 우리가 위에서 설명하고자 했던 바와 같이 이는 진실이 아니다. 무언가 새로운 것을 만들어 내는 것이라는 진정한 심리학적 의미로 창조성을 이해한다면, 이는 창조가 개인에 따라 정도의 차이는 있지만 모두에게 속한 영역이며, 유년기의 일상적이고 지속적인 동반자라는 것을 함의한다.

1-4-18] 소위 신동神童, 즉 타고난 재능이 매우 어렸을 때 꽃피워진

이들을 생각해 보자.

1-4-19] 음악 신동이 가장 흔한 반면 미술 신동은 그리 흔하지 않다. 신동의 한 사례로 윌리 페레로Willy Ferrero를 들 수 있다. 그는 20년 전 그가 아주 어렸을 때 뛰어난 음악적 재능으로 전 세계적으로 유명해졌다. 때때로 그런 신동들은 6세나 7세의 나이에 심포니 오케스트라를 지휘하거나 매우 고난이도의 음악 작품을 쓰거나 혹은 거장의 악기 연주 솜씨를 보여 주는 것으로 알려져 있다. 그와 같이 재능이 조숙하고 과도하게 발달하는 것은 병리적, 즉 비정상과 가깝다는 것이 처음 지적된 것은 오래전의 일이다.

여기서 비고츠키는 '신동wunderkinder'을 다소 특별한 의미로 사용하며 이는 그가 『생각과 말』 7-3-17에서 리스트를 인용하면서, '신동'의 미래가 과거에 있는 것과 같이 피아제에게 있어 자기중심적 말의 미래는 오직 과거에 있다고 말할 때와는 다른 의미를 갖는다.

비고츠키는 여기서 세 가지를 대조시킨다.

a) 윌리 페레로와 같은 '신동'에게 미래는 오직 과거에 놓여 있다. 그러한 신동은 '심지어 어느 정도 대단하다고 간주되는' 작품조차도 창조해 내지 못한다. 그들의 조숙한 재능은 사실 비정상적이며 병리적인 (그리고 아마도 정상 발달의 결과라기보다는 특별한 훈련의 결과일) 것이기 때문이다.

b) 어린 모차르트, 멘델스존, 하이든, 슈베르트나 조토, 미켈란젤로, 라파엘로, 반다이크, 뒤러, 베르니니, 루벤스와 같은 신동들은 재능을 일찍 발달시켰고 당대의 위대한 예술가였지만 그들의 초기 작품들은 성숙한 시기의 작품과는 매우 달랐다.

c) 성숙한 예술가의 위대성은 고유하며 신동의 그것과 같은 수준에 둘 수 없다.

윌리 페레로는 a)를 잘 보여 주는 사례이다. 1904년 미국에서 태어나 3세 8개월에 파리의 유명한 트로카데로 오케스트라 홀에서 몇 개의 교향곡을 지휘하였다. 4세에 그는 파리의 뮤직홀 폴리베르제르에서 오케스트라를 이

1-4-20] 그러나 그보다 훨씬 중요하며 거의 예외가 없는 법칙은, 그러한 조숙한 신동들이 보통의 비율로 계속해서 발달했다면 인류가 알고 있는 모든 천재들을 능가했을 터이지만 전형적으로는 그들이 성숙함에 따라 재능을 상실하고, 그들 중 누구도, 심지어는 어느 정도 대단하다고 간주되는 작품조차도 전혀 창조해 내지 못했다는 것이다. 어린이 창조성의 전형적인 특징은 신동보다는 보통의 어린이에게서 더욱 쉽게 확인된다. 물론 이는 영재성이나 재능이 어린 나이에 나타나지 않는다는 의미는 아니다. 위인들의 전기를 읽다 보면 그들의 천재성을 보여 주는 신호가 매우 어린 나이일 때에도 자주 나타나는 것을 알게 된다.

1-4-21] 조숙의 예로 우리는 3세의 모차르트, 5세의 멘델스존 그리고 4세의 하이든을 들 수 있다. 헨델과 베버, 슈베르트는 12세에 케루비니는 13세에 작곡가가 되었다. 시각예술의 경우 직업 선택과 창조 능력이 나타나는 연령은 평균 약 14세로 음악에 비해 두드러지게 늦게 나타난다. 조토는 10세에, 반다이크도 10세에, 라파엘로는 8세에, 그뢰즈는 8세에, 미켈란젤로는 13세에 뒤러는 15세에 베르니니는 12세에 그리고 루벤스와 조단 역시도 상당히 일찍이 재능을 드러내었다. 시의 경우 우리는 16세 이전에 쓰인 최상의 가치를 지닌 작품을 발견할 수 없다.

1-4-21] 그러나 이러한 미래의 천재의 조짐으로부터 진정 위대한 작품의 길은 멀고도 멀다. 이 조짐들은 폭풍이 오기 한참 전에 내비치는 번개 불빛과 같이 그러한 위대함이 미래에 꽃필 것을 가리킬 뿐이다.

● 어린이와 청소년의 상상

3장에서 비고츠키는 환경이 단순할수록 창조에 대한 욕망이나 동인이 줄어든다는 리보의 '법칙'을 소개하였다. 이는 어린이들이 청소년보다 창조의 동인이 적으며, 청소년들은 성인보다 창조의 동인이 적다는 것을 의미한다. 4장에서는 이 관계가 리보의 생각처럼 그렇게 단순하지 않다는 것이 명백해진다. 첫째, 비고츠키는 리보의 조악하고 부정확한 그래프를 소개한다. 이 그래프는 상상의 상승과 하락 그리고 뒤늦게 발생하지만 궁극적으로 지배적인 상승 곡선을 그려 나가는 합리적 지능을 비교한다. 둘째, 비고츠키는 이 도식적인 이해를 통해 왜 어린이들의 조형적 상상이 청소년기의 정서적 상상으로 변하는지 설명한다. 마지막으로 비고츠키는 (리보의 '법칙'이 예견한 것과는 반대로) 창조가 모든 어린이에게서 예외 없이 존재하는 것으로 보이지만 창조를 실현하도록 해 주는 물질적인 자원이 균등하게 분배되어 있지는 않음을 상기시킨다. 이러한 논점을 주장하기 위해 비고츠키는 '병리적인' 신동의 조숙한 예술 작품과 위대한 예술가의 성숙한 창조를 구분한다. 이들의 차이는 상상이 아니라 경험과 성숙으로부터 기인하는 것으로 보인다.

I. 비고츠키는 성인의 상상과 어린이의 상상 사이의 차이를 경험과 욕구(환경과 맺는 관계) 그리고 흥미의 문제로 설명한다. 그는 괴테, 루소 혹은 톨스토이와 같은 유년기에 대한 낭만주의적 관점이 환상의 역할을 과장하고 어린이의 상상에 지나치게 큰 비중을 부여하는 경향이 있음을 지적하고 일반적으로 어린이의 상상이 어른의 상상에 비해 경험적으로 빈곤하다는 리보의 의견에 동의한다. 그는 진정 위대한 상상의 산물은 성숙의 영역에 포함된다는 사실을 상기시킨다. 이에 대해서는 4장의 마지막 부분에서 다시 논의된다. (1-4-1~1-4-5)

II. 비고츠키는 리보의 그래프를 소개한다. 리보는 실험에 의지한 실증주의자가 아니었고 여기 제시된 그래프는 리보 자신의 편견 이외에는 다른 어떤 데이터도 반영하고 있지 않다(리보의 원래 그래프나 혹은 비고츠키의 인용 그래프에서 시사하는 것같이 자연적 성숙에 따라 그리기 능력이 자동적으로 숙달되는 것은 아니라는 점은 지적할 필요가 있다). 리보는 자신의 그래프를 통해, 대부분의 사람들에게 있어 상상이 매우 일찍 생겨나고 정점을 찍으며 하강하는 반면 이성은 천천히 일어난다고 주장한다. 그러나 리보는 운 좋은 몇몇에게 있어서는 이성과 상상의 발달 노선이 서로 만나게 된다고 주장한다. 즉, 이성은 추상화하게 되고 상상은 논리성을 구비하게 되어 결국 상상은 이성과 더불어 현실을 구성하는 강력한 힘이 된다는 것이다. 그럼에도 리보는 어린이들의 의식에서 상상이 더욱 중요한 비중을 차지하고 있다는 의미에서 어린이의 상상이 더욱 강력하며, 어린이 상상의 감각적, 정서적 근원은 성인의 경우와 마찬가지로 강력하다고 결론짓는다. (1-4-6~1-4-10)

III. '성인기'를 '청소년기'로, '청년기'를 '유년기'로 바꿈으로써 비고츠키는 리보의 그래프가, 사실상 개념 형성기에는 궁극적으로 병합되는 '현실로부터의 비행'과 '현실을 향한 비행' 사이의 긴장을 그려 낸다고 주장한다. 이를 통해, 비고츠키는 예컨대 청소년들이 왜 스스로의 상상이 객관 지향적으로 되는 동시에 유년기의 그림 그리기를 그만두고 문학적 경향을 갖게 되는지 설명한다. 이제 문학적 지향성은 주관적 경험의 객관적 배출구를 허락하지만 청소년들이 자신의 주관적 경험이 객관화되는 방식에 불만족하면서 문학적 창조도 역시 저버리게 된다. 이는 빠르게 확장하는 상상과 쇠퇴하는 창조 사이에 커다란 괴리를 만들어 내며, 이는 또한 두 가지 다른 형태의 상상, 즉 (외적 재료와 연관된) '조형적' 상상과 (내적 경험과 연관된) '정서적' 상상이 출현하는 이유를 설명해 준다. (1-4-11~1-4-16)

IV. 이 장의 끝 부분에서 비고츠키는 매우 소수의 사람만이 창조적 활동에 성공하였다는 이유로 선택된 소수만이 상상력을 타고났다고 간주하는 널리 퍼진 편견에 대해 논평한다. 그는 윌리 페레로와 같은 신동wunderkinder 중 다수는 유년기에만 특출하거나 성숙한 후에는 매우 평범해진다는 점을 지적한다. 예외적으로 재능을 타고난 예술가들(모차르트, 하이든, 슈베르트 등)의 경우에도 그들의 유년기의 조숙한 재능과 후기의 성숙한 작품 사이에는 명백한 차이점이 발견된다. (1-4-17~1-4-21)

5장
창조의 고통

1-5-1] 창조는 창작자에게 커다란 즐거움을 준다. 그것은 또한 창작의 고통이라는 인상적인 명칭을 부여받는 괴로움과도 관련이 있다. 창조는 어렵다. 창조의 동인이 언제나 창조의 능력과 일치하는 것은 아니며 이것이 도스토예프스키가 말한 바와 같이 낱말이 사고를 포획하지 못한다는 사실에서 기인하는 고통스러운 느낌의 기원이다. 시인들은 이러한 괴로움을 낱말의 고통이라고 불러 왔다.

1-5-2] "낱말의 고통보다 극심한 고통은 세상에 없다. 때때로 광기의 울부짖음이 덧없이 우리의 입술에서 터져 나온다. 하릴없이 영혼은 때때로 사랑을 위해 불타오를 채비를 하지만 우리의 피폐한 언어는 냉정하고 가련하다."

이 문장은 C. 나드손(Надсон, Семён Яковлевич, 1862~1887)의 시 「민중의 시」에서 발췌한 것이다.

1-5-3] 우리를 사로잡고 있는 감정이나 생각을 낱말로 나타내려는 이

러한 욕망, 이러한 느낌을 타인들에게 전염시키고자 하는 욕망 그리고
동시에 그렇게 하는 것이 불가능함에 대한 깨달음이 청소년들의 문학
작품에 매우 강력하게 표현된다. 레르몬토프의 초기 작품에 이는 다음
과 같이 기술된다.

"나는 부질없이 차가운 글자들이 드러내기를 갈망했다.

나의 심란한 생각을. 인간이 만들어 낸 어떤 소리도 아직

그 모든 열망을 다 아우르지 못하리.

축복을 위한 열망을. 아무리 애써도 나는 절대로

내가 태우는 숭고한 불길을 보여 주지 못하리.

말로는. 나의 삶을 희생하더라도 알리라.

어떻게 하면 그 미약한 그림자라도 나타낼 수 있을지.

그들이 타인의 가슴속에 붙을 수 있도록."

*M. 레르몬토프(Лермонтов, Михаил Юрьевич, 1814~1841)
는 푸시킨 이후 가장 잘 알려진 19세기의 러시아 시인이
다. 그러나 이 시는 거의 알려지지 않은 작품으로 제목도
1831년 6월 11일이다. 아마도 시인이 시를 지은 날짜인 것
으로 보인다. 사도 마조히즘의 편벽이 있었던 레르몬토프
의 초기 저작 중 다수는 극도로 외설적이다.

1-5-4] A. 고른펠트는 문학적 창조의 고통에 대해 쓴 논문에서 우스
펜스키의 조연 캐릭터 중 하나를 회상한다. 그는 '게으름뱅이의 관찰'에
등장하는 방랑자이다.

이 불운한 사람은 자신을 사로잡은 심오한 생각을 표현할 낱말을 찾
지 못하므로, 무력감에 몸부림치며 자신의 성인聖人에게 "신이 그에게 깨
달음을 주도록" 기도한다. 이 장면은 형언할 수 없이 고통스러운 인상을

자아낸다. 그러나 이 불쌍한 이가 붕괴된 정신으로 겪는 고통은 본질적으로 시인이나 사상가가 겪는 '낱말의 고통'과 다르지 않다. 심지어 그는 거의 동일한 용어를 사용하기도 한다. "나의 친구여, 나는 자네에게 모든 것을 말해 주고 하나도 숨기고 싶지 않다네. 하지만 내게는 언어가 없다네. 자네에게 하고 싶은 말이 있고 이는 내 생각 속에 압축되어 있는 듯하지만 입 밖으로 나오지 못한다네. 이것이 우리의 우둔한 운명일세." 때때로 밝은 빛의 순간이 그림자를 몰아낼 때면 생각은 이 딱한 사람과 시인에게 밝혀져서 어느 순간에든 "미스터리는 우리에게 친숙한 얼굴로 다가오는 것"으로 보인다. 그는 스스로에게 설명하고자 시도한다. "만일, 예를 들어, 내가 흙으로 돌아간다면—내가 흙으로부터 났으니까, 흙으로부터. 예를 들어, 내가 흙으로 돌아간다면 나에게 그 땅에 대한 대가를 치르게 할 수 있겠는가?"

"아하!" 우리는 기쁨에 차서 말하였다.

"잠깐! 나는 아직 아무것도 말하지 않았네. 여러분, 여기를 보게. 우리에게 필요한 것은……."

방랑자는 몸을 일으켜 방 한가운데로 걸어가서는 다시 한 번 손가락을 굽힐 준비를 한다.

"중요한 것을 아직 말하지 않았네. 이것이 우리가 말해야 할 것이네. 예를 들면, 어째서……."

그러나 그는 여기서 멈추고 활달한 어조로 묻는다.

"누가 그대들에게 영혼을 주었는가?"

"하느님이네."

"그렇지, 좋아. 자, 이쪽을 보면……."

우리는 볼 준비를 하였지만 다시 한 번 방랑자는 갑자기 멈추어서는 모든 힘을 잃은 채 손으로 허벅지를 두드리며 거의 절망에 찬 상태로 울부짖었다. "아, 아니야. 아무것도 할 수가 없네! 내가 말하려던 건 이게 아니야! 오, 신이여. 하지만 난 당신들에게 말할 것이 있네. 여기서 우리는 말을 해야만 해! 이건 영혼과 관계된 일인데…… 말할 것이 너무 많아. 아냐! 아냐!"

동일한 발췌가 『생각과 말』 7-6-2에 등장한다.

1-5-5] 우리가 이 주제에 대해 논의한 것은 창조와 관련된 이러한 고통스러운 경험이 청소년 발달의 장래 운명에 어떠한 유형의 심각한 영향을 미치기 때문이 아니다. 심지어는 이러한 고통들이 전형적으로 매우 강렬하고 비극적이기 때문도 아니다. 그것은 이 현상이 최종의 그리고 가장 중요한 상상의 특징을 우리에게 드러내 보이기 때문이다. 이 특징 없이는 우리가 그려 온 그림은 가장 본질적 측면에서 미완성인 채로 남을 것이다. 이 특징은 구체화되고자 하는 상상의 동인이며 이는 창조의 진정한 토대이자 원동력이다. 현실로부터 뻗어 나온 상상의 모든 산물은 전체 순환주기를 완성하고 현실에서 구체화되고자 한다.

상상이 구체화되고자 하는 동인을 갖고 있다는 표현은 육신을 잃은 달마의 영혼이 새로운 몸을 찾아다녔듯 상상이 일시적으로 육체를 잃고 창조를 통해 자신의 현신을 찾는다는 의미로 들릴 수 있다. 이러한 의미에서 비고츠키가 관념론자이며, 아흐의 결정적 경향성, 베르그송의 생명주의 혹은 니체의 권력에의 의지에 동조하는 것으로 비칠 수 있다.

그러나 여기서의 진정한 의미는 육신을 잃은 창조성이 아니라 잠재적인, 아직 실현되지 않은 창조성이다. 상상은 이상적이며 잠재적일 뿐인 형태로 창조를 통해 실제 형태로 완전히 현현한다. 이는 생각이 오직 낱말에서 완전히 구체화되는 것과 같다.

이는 피아제와 프로이트에 대한 비고츠키의 비판과 일맥상통한다. 비고츠키는 어린이의 꿈, 놀이, 상상이 현실로부터의 비행과 현실로의 회귀를 모두 포함한다고 주장한다. 모든 개념 특히 모든 예술적 개념은 구체화로부터의 비행과 구체화로의 지향 두 가지를 모두 포함한다(『생각과 말』 2장 6절과 6장 6절 참조).

1-5-6] 우리의 동인과 창조적 영감으로부터 생겨난 상상의 산물은 현실 생활에서 구체화되려고 하는 경향을 보여 준다. 상상은 상상이 포함하고 있는 충동의 강력한 힘 덕분에 창조적이 되는 경향을 갖는다. 다시 말해 그것이 지향하는 것이면 무엇이든 능동적으로 변형하는 것이다. 이러한 의미에서 리보는 매우 올바르게 몽상과 의지력 결핍을 비교한다. 그에게 이것은 실패한 창조적 상상의 유형으로 이는 의지의 무기력과 완전히 유사하다. 그의 관점에서 볼 때, "상상과 지성의 관계는 의지력과 행동의 관계와 같다. …… 사람들은 사소하건 중요하건 상관없이, 언제나 무언가를 원한다. 그들이 무언가를 발명한다면, 이는 나폴레옹이 새로운 전술을 고안하든 요리사가 새로운 요리를 만들든 상관없이 모두 언제나 특정한 목적을 달성하기 위함이다……." 의지의 의도는 그 일반적이고 완전한 형태에서 행동을 낳지만 우유부단하고 나약한 의지를 가진 이들의 경우 갈팡질팡하기가 끝이 없거나 결정이 실천으로 수행되거나 확정되지 않으므로 이는 전혀 실행되지 않는다. 창조적 상상은 그 완전한 형태에서, 창작자 자신뿐 아니라 다른 모든 이들에게도 존재하는 어떤 객관적 형태를 취함으로써 스스로를 확증하려 한다. 반대로 몽상가들의 경우 상상은 그들 안에서 약하게 발달된 상태로 남아 결코 예술적 혹은 실천적 발명을 통해 구체화되지 않는다. 몽상은 의지의 허약과 동등하며 몽상가는 진정한 창조적 상상을 나타내지 못한다.

이 부분은 리보의 '창조와 상상에 대한 에세이' 7, 8쪽에서 발췌한 것이다. 본질적으로 행동주의자였던 리보는 상상과 의지 사이에 직접적 연관을 짓고자 했다. 즉, 상상과 창조의 관계를 의지와 행동의 관계와 같다고 보는 것이다. 리보의 표현에 따르면 이 둘은 모두 '유전의 법칙'이 아닌 '정복의 법칙'에 의해 작용한다. 즉각 작용에 대한 생리적 결과가 존재하지 않으며 다른 기관이 각 작용의 목적을 위해 사용되는 것이다.

다른 한편으로 리보는 상상이(아마도 의지 역시도) 과학적 지식과 반대라고 말한다. 상상은 내부에서 외부로, '나의 세계'로부터 '타인의 세계'로 움직이는 반면 과학적 지식은 외부에서 내부로, 타인의 세계로부터 나의 세계로 움직이기 때문이다.

다음 문단에서 명백해지듯이 비고츠키는 이와 같은 이원론적 주장에 전혀 동의하지 않을 것이다. 비고츠키의 리보 인용이 매우 선별적이며 "요리사는 상상의 요리가 아닌 구체적 결과를 추구한다."는 비교적 명백한 진술만이 인용되는 것은 당연하다.

1-5-7] 창조적 상상의 산물은 그것이 실현 혹은 구체화되고자 하는 동기를 통해 인간의 행동과 활동을 이끌 때에만 오직 진정한, 살아 있는 힘으로 나타나는 관념이다. 우리가 창조적 상상과 몽상을 각각 환상의 양극단에 있는, 본질적으로 다른 유형으로 구분한다면 어린이 교육에 걸쳐 상상의 형성은 특정 기능을 수행하고 발달시키는 데 특정한 중요성을 가질 뿐 아니라 모든 어린이 행동에 반영되는 일반적인 중요성도 가진다는 것이 명백해진다. 이러한 의미에서 상상의 발달이 미래에 대해 가지는 중요성은 현재에 대해 가지는 중요성에 결코 뒤지지 않는다.

1-5-8] 루나차르스키는 다음과 같이 쓴다.

"조합적 환상의 역할은 결코 지금보다 미래에 덜 중요하지 않을 것이다. 그것은 지적知的, 비유적 상상의 가장 놀랄 만한 비행과 과학적 실험의 구성 요소를 고유하게 조합한 성질을 띨 가능성이 매우 높다."

*А. В. 루나차르스키(Луначáрский, Анатóлий Васúль-евич, 1875~1933)는 볼셰비키 정부 최초의 교육부 장관이었으며 후에 스탈린 정권하에서 외교관을 역임하였다. 그는 주요한 문학 비평가였으며 르누아르, 셰익스피어, 바흐친 작품에 대한 비평으로 알려져 있다.

그는 관념주의 철학자인 리하르트 아베나리우스의 제자였고 소비에트 고유의 종교를 만들고자 한 '신神 창조'의 일원이었다. 의사이자 혁명가이고 초기 공상과학 소설가였던 처남 보그다노프와 연대하였다.

무엇보다도 루나차르스키는 예술을 사랑했으며 소련에서의 사회주의 승리는 기술적 진보보다 더욱 빠른 예술적 발달을 야기할 것이라고 예측했다. 물론 소련은 20세기 모더니즘의 산실이 되었다. 그러나 이는 스탈린주의자의 '사회주의 리얼리즘'에 의해 파괴되었다.

1-5-9] 위에서 보인 바와 같이 상상이 바로 창조하고자 하는 충동임을 기억한다면 우리는 리보의 연구에서 확증된 다음과 같은 그의 진술에 동의할 것이다.

"창조적 상상은 모든 개인적, 사회적 그리고 추상적, 실천적 삶에, 모든 삶의 형태에 스며들어 있다. 그것은 어디에나 존재한다."

● 창조의 고통

비고츠키는 지금까지 상상과 창조가 동일한 발달 과정의 내면과 외면임을 확립하였고 이 외면이 어떻게 경험, 욕구, 흥미를 통해 내면으로 들어오는지, 객관과 주관이 어떻게 조형적 창조와 정서적 창조에 반영되는지, 그리고 그들이 어떻게 학령기 어린이와 청소년들의 그리기와 문학 활동에서 발달하는지 보여 주었다. 앞 장에서 비고츠키는 어린이들이 그림을 잘 그릴 수 있게 됨과 거의 동시에 그림 그리기를 저버리는 이유와 청소년들이 글쓰기를 숙달하기 시작함과 동시에 문학적 창조에의 열의를 잃게 되는 이유에 대해 의문을 제기하였다. 이 장에서 비고츠키는 '결정화' 또는 '구체화'가 창조적 과정의 필수적 국면이지만, 여기에는 언제나 상상과 창조 사이의 특정한 부조화가 연루되어 있다는 것을 보이려고 한다.

I. 비고츠키는 도스토예프스키, 레르몬토프, 우스펜스키의 사례에서 볼 수 있는 창조의 고통에 대한 기술로 이 장을 시작한다. (1-5-1~1-5-4)

II. 그런 후 비고츠키는 창조는 헤겔 철학의 '정신Geist'과 같이 구체화를 요구한다는 헤겔주의적 주장을 한다. (1-5-5)

III. 비고츠키는 몽상이 창조를 실현할 수 있는 의지력의 결핍과 관련이 있으며 따라서 몽상은 창조의 부정이라는 리보의 주장을 인용한다. (1-5-6)

IV. 비고츠키는 창조가 현재의 발달(즉, 개체발생적 발달)에 중요한 만큼이나 미래의 발달(즉, 사회적 필요)에도 중요하다는 루나차르스키의 주장을 인용한다. (1-5-7~1-5-8)

6장
학령기 어린이의 문학적 창조

1-6-1] 모든 유형의 창조적 활동 중에서 문학적 혹은 언어적 창조성은 학령기 어린이에게서 가장 두드러진다. 초기 연령기에 모든 어린이가 그리기의 단계를 거친다는 것은 잘 알려져 있다. 그리기는 초기 아동기 특히 전 학령기의 전형적인 창조적 활동이다. 이 시기 동안 어린이는 때로는 어른의 격려 없이도 열심히 그림을 그린다. 때때로 매우 미약한 자극도 어린이가 그림을 그리도록 하는 데 충분하다.

'초기 연령기'는 전 학령기(4~7세)를 지칭한다. 비고츠키가 이 책을 집필할 무렵 몬테소리의 문해 교육법을 빈곤하거나 장애인 어린이들에게 적용하는 것이 바람직한지에 대한 논쟁이 달아오르고 있었다. 비고츠키의 관점은, 초기 연령기의 어린이 그림은 (장난감을 이용한 놀이와 더불어) 어린이들이 시각적 상징체계를 학습할 준비가 되어 있다는 것을 보여 주지만 이러한 형태들은 또한 초기 문해 형식의 구체성과 한계성을 보여 준다는 것이었다. 그리기와 문해의 관계에 대한 상세한 기술은 『어린이 자기행동숙달의 역사와 발달 II』 7장 참조.

1-6-2] 모든 어린이가 그림을 그리며, 그들의 그림이 거쳐 나가는 단계들은 특정 연령별로 거의 같다는 것이 관찰을 통해 나타난다. 이 기간에 그리기는 어린이들이 가장 좋아하는 여가 활동이 된다. 어린이가 학령기에 이르면 그림에 대한 열정과 흥미가 사그라진다. 많은 경우, 심지어는 대부분의 어린이에게 있어 그리기에 대한 다소간의 자발적(самотоятельное, 자기 추진적, 자연 발생적-K) 매력은 완전히 사라진다. 그리기 성향은 이 분야에 가장 재능 있는 소수와, 집이나 학교에서 교육적 환경을 통해 그리기를 장려받아 그 발달이 증진된 어린이 집단에서만 계속된다. 이와 같이 어린 연령대의 어린이 인격과 그리기에 대한 그들의 애정 사이에는 모종의 관계가 있음이 명백하다. 유아의 창조력이 그리기에 집중되는 것은 우연이 아니라, 이 단계의 어린이에게 관심 있는 것을 가장 쉽게 표현할 수 있는 수단이 그림이기 때문이다. 어린이는 자신을 다른 발달 국면으로 이어 주는 과도기를 겪으면서 변하게 되며 동시에 그의 창조적 본성 또한 변한다.

『생각과 말』(6-2-31)에서 그리고 미완성 원고인 『아동 발달』(1998: 264)에서 비고츠키는 지각이 전 학령기 어린이들의 중심적 정신 기능을 수행하며 놀이는 어린이들의 주요 발달 노선 중 하나라고 주장한다. 이러한 사실이 어린이의 그리기 선호 성향과 맺는 밀접한 관계는 분명하다. 전 학령기 어린이들은 사물(명사)로 가득 찬 세계에 살고 있다고 볼 수 있다. 다만 이 대상들은 대상과 더불어 행해지는 행동과 완전히 분리되지 않은 채 움직임과 하나의 통합적 복합체를 형성하고 있다는 점에서 어린이들의 세계가 정물화의 세계라고 말하기는 어렵다. 이러한 성향 역시 어린이들의 그리기 선호를 설명할 수 있을 것이다.

1-6-3] 그리기는 완성된 단계로서 뒤에 남겨지게 되며 그 자리는 새로운 유형의 창조적 노력, 즉 언어적 혹은 문학적 창조로 대체된다. 이

는 특히 청소년기, 사춘기 동안 지배적으로 남는다. 일부 저자들은 심지어 오직 이 시기를 기점으로 그 이후에만 엄격한 의미에서 어린이가 보여 주는 언어적 창조에 대해 논할 수 있다는 가설을 세우기도 한다.

먼저(1-6-4~12) 비고츠키는 그리기에서 글쓰기로의 이행이 지연되는 이유를 설명한다. 후에(1-6-36~40) 비고츠키는 이러한 이행이 일어나게 되는 이유(내적 삶을 발견하고, 글말을 통해 이를 기록하며 또한 그에 대해 숙고할 수 있게 됨)를 설명한다. 이행의 부정적 논의와 긍정적 논의 모두에서 우리는 이행이 어린이의 삶에서 정서가 차지하는 중요한 위치에 영향을 받음을 알 수 있다.

그러나 더 이후에 비고츠키는 오직 이 시기에야 추상적 생각이 구체적 대상에 대한 지각으로부터 자유를 얻고 개념적 위계구조 속으로 조직화된다고 말한다(『생각과 말』5장 참조). 이는 모순으로 보일 수도 있다. 그러나 비고츠키에게 있어 개념 형성은 숙고를 통한 '현실로부터의 비행'과 연관되어 있다. 어린이 삶에서 정서의 중요성은 변하지 않는다. 다만 내적 변혁을 통해 정서의 위치가 외적 세계로부터 내적, 심리적 세계로 변하게 된다.

1-6-4] 솔로비요프 교수는 다음과 같이 적는다.

"진정한 의미의 언어적 창조 자체는 사춘기에 시작된다. 실제 삶의 사실들을 구체화하고 결합함으로써 낱말을 사용하여 자기 고유의 새로운 것을(즉, 독특한 관점으로부터) 창조하기 위해서는 충분한 개인적 경험과 삶에 대한 직접적 지식 그리고 다양한 환경 속 사람들의 관계를 분석할 수 있는 능력을 가져야 한다. 초기 학령기 어린이는 이런 일을 할 수 없고 따라서 그의 창작물은 자의적이며 여러 측면에서 매우 조야해 보인다."

*И. М. 솔로비요프(Соловьёв, Иван Михайлович, 1902~1986)는 모스크바대학교를 졸업하고 손상학 관련 연구를 하였다. 특히 그는 농아 어린이를 주

요 연구 대상으로 삼았다. 그는 대학원에서 비고츠키의 수업을 수강하기도 하였다. 1927년에 학령기 어린이의 문학적 창조에 대한 책을 저술했으며 여기서 비고츠키가 인용하는 것도 그의 1927년 저서이다.

1-6-5] 문학적 창조성은 어린이의 성장을 전제 조건으로 한다는 것을 매우 설득력 있게 보여 주는 한 가지 기본적 사실이 있다. 경험이 매우 높은 수준으로 누적되었을 때에만, 언어가 매우 높은 수준으로 숙달되었을 때에만, 어린이 자신의 개인 내적 세계가 매우 높은 수준으로 발달되었을 경우에만 어린이는 문학적 창조에 참여할 수 있게 된다. 이 사실은 단지 어린이의 문어文語가 구어口語보다 뒤처진다는 것을 보여 준다.

1-6-6] 고프는 다음과 같이 쓴다.

"우리 모두가 아는 바와 같이 학령기 어린이의 문자를 통한 사고와 감정 표현은 이를 말로 표현하는 능력에 비해 현저하게 뒤처진다. 이 사실은 쉽게 설명될 수 있다. 똑똑한 소년이나 소녀와 더불어 그의 이해와 관심에 가까운 대상에 대해 말한다면 일반적으로 생생한 기술과 똑똑한 반응을 만나게 된다. 그런 어린이들과 담소를 나누는 것은 매우 즐거운 일이다. 그런데 바로 그 어린이에게 지금 막 이야기했던 주제에 대해 자유롭게 글로 써 보라고 말하면 우리는 몇 줄의 힘없는 문장만을 얻게 된다. 한 남학생이 부재중인 아버지에게 쓴 편지는 얼마나 공허하고 단조로우며, 억지로 쓴 느낌이 드는지 모른다. 그러나 이 소년의 아버지가 집에 돌아왔을 때 그가 아버지와 직접 나눈 대화는 얼마나 생기 넘치고 풍부한지 모른다. 어린이가 펜을 집어 드는 순간 글을 쓰고자 하는 그의 노력이 그의 생각을 접주어 쫓아내는 것처럼 그의 사고가 정지된다. '뭘 써야 하는지 전혀 모르겠어요. 생각나는 게 아무것도 없어요.' 이러한 불평은 전형적이다. 이 때문에 어린이(특히 저학년 어린이)의 정신적 발달과 그의 지적 능력을 학교 작문을 토대로 판단하는 것은 잘못이다."

*R. E 고프(Robert Eugen Gaupp, 1870~1953)는 독일의 뇌신경학자이자 정신과 의사로 베르니케의 제자이자 에른스트 크레치머의 스승이었다. 그는 튀빙겐 대학에서 학생들을 가르쳤으며 당대의 집단 살인자였던 E. A. 바그너에 대한 연구로 한때 명성을 얻었다.

고프는 '결투 클럽(실제로는 음주 모임)'의 회원이었고 같은 모임의 회원이었던 유태인을 옹호한 이유로 나치에 의해 교편을 내려놓게 되었다. 그러나 전쟁 후 그는 슈투트가르트에서 중요한 공직을 맡게 된다.

여기서 비고츠키가 인용하고 있는 책은 고프의 Psychologie des Kindes, in *Natur und Geistesweld*, Vol. 213, 3rd Edition(1912)인 것으로 보인다. 이 책은 1926년에 러시아어로 번역되었다.

1-6-7] 구어와 문어 사이의 부조화는 주로 어린이에게 있어 두 가지 표현 양식의 난이도 차이로 설명된다. 어린이가 매우 도전적인 과제에 직면하면 이 어린이는 실제보다 훨씬 더 어린 것처럼 이를 수행한다.

1-6-8] 블론스키는 다음과 같이 말한다.

"우리가 할 일은 오직 어린이에게 어려운 과제를 줌으로써, 즉 종이 위에 말을 하도록 함으로써 언어적 과업을 더 어렵게 만드는 것이다. 그러면 우리는 그의 문어가 구어보다 어려워지는 것을 즉각 보게 된다. 여기서는 문장으로 연결되지 않는 낱말과 명령문 형태가 크게 증가한다. 우리는 이와 동일한 것을 문자 그대로 어디서나 볼 수 있다. 어린이가 어려운 정신적 과업을 부과받으면 그는 더 어린 연령의 모든 특징을 보이기 시작한다. 7세 어린이에게 나이에 적합한 내용의 그림을 보여 주고 그에 대해 이야기하라고 하면 그는 나이에 걸맞게 말할 것이다. 즉, 그림 속에서 일어나고 있는 것을 기술할 것이다. 그러나 자신의 수준을 넘어서는 그림을 보여 주면 그 어린이는 세 살짜리처럼 말하기 시작할 것이다. 즉, 그림 속의 대상들을 나열할 뿐 그들을 연결시키지 못할 것이다."

1-6-9] 어린이가 구어에서 문어로 옮겨 갈 때 동일한 일이 벌어진다. 문어가 어려운 것은, 문어가 그 자체의 법칙을 갖고 있으며 이 법칙은 부분적으로 구어의 법칙과 다르고 또한 어린이가 그 법칙을 완전히 숙달하지 못하였기 때문이다.

글말과 입말의 차이에 대한 상세한 논의는 『생각과 말』(6-4-4~6-4-24) 참조.

1-6-10] 문어로 전환할 때 어린이가 겪는 괴로움은, 많은 경우 더 깊은 내적 원인으로 설명될 수 있다. 입말은 어린이에게 언제나 이해 가능하다. 입말은 타인과의 생생한 의사소통으로부터 나타난다. 또한 이는 어린이 주변에서 일어나고 있는 것과 어린이에게 개인적으로 영향을 미치는 것에 대한 완전히 자연스러운 반응, 어린이의 응답이다. 훨씬 더 추상적이고 자의적인 문어로 어린이가 전환하기 시작하면 어린이는 무엇을 써야 하는지 이해하지 못하는 경우가 흔하다. 그는 글을 써야 하는 내적 동기를 전혀 가지고 있지 않다.

1-6-11] 이는 특히 어린이가 학교에서 작문 주제를 부여받아 글을 써야 할 경우에는 더더욱 그렇다. 옛날 학교에서는 일반적으로 그와 같은 방식으로 문학적 창조성을 발달시켰다. 교사가 작문 주제를 제시하면

학생들은 성인의 문학적 언어나 자신들이 읽었던 책의 문체와 최대한 비슷하게 쓰려고 노력하며 작문을 해야 했다. 이 주제는 어린이에게 이질적이었으며 어린이의 상상이나 정서를 자극하지 않았다. 어린이들은 그들이 어떻게 써야 하는지 보여 주는 예시 글들도 제시받지 못했다. 어린이들이 이해할 수 있고 그들의 흥미를 끌며 능력에 적합한 목적과 이러한 활동이 연계되는 일은 거의 없었다. 이와 같이 어린이의 문학적 창조성을 그릇되게 인도한 교사는 흔히 어린이 언어의 자연적 아름다움, 개별성, 생명력을 말살했으며 자신의 사고와 감정을 표현하는 특별한 수단으로서 문어를 숙달하는 것을 가로막았다. 대신 어린이는, 블론스키의 표현을 빌리자면 성인의 인위적이고 책에 나오는 언어를 순전히 기계적으로 주입하여 만들어진 유형의 학교 언어를 발달시켰다.

1-6-12] 톨스토이는 다음과 같이 적는다.

"언어를 가르치는 교사의 기본적 기술과 언어 교육에서 어린이들이 쓰기를 학습하도록 돕는 데 사용되는 주요 활동은 어린이들에게 주제를 제시하는 것으로 이루어진다. 사실 주제를 제시한다기보다는 여러 주제를 주고 어린이들이 선택하게 하고, 글의 길이를 정해 주며, 기초적인 문학적 장치를 보여 준다고 하는 것이 더 정확할 것이다. 똑똑하고 재능 있는 많은 학생들은 다음과 같이 공허한 문장만을 썼다. '불이 났다. 그들은 물건들을 밖으로 끌어내기 시작했다. 나는 밖으로 나갔다.' 작문의 주제가 풍부하고, 기술되고 있는 장면이 어린이들에게 깊은 인상을 주었음에도 불구하고, 어린이들로부터 아무것도 이끌어 내지 못했다. 어린이들은 왜 글을 써야 하는지, 글을 쓴다는 것이 무엇인지 이해하지 못했다. 어린이들은 글쓰기의 예술, 즉 삶을 글로 표현하는 아름다움과 이 예술의 매력을 이해하지 못했다."

1-6-13] 어린이의 문학적 창조성은 어린이가 내적으로 이해할 수 있

고 그의 정서를 연관시키며, 무엇보다도 어린이의 내적 세계를 말로 표현할 수 있도록 고취하는 주제에 대해 쓰도록 격려될 때 즉각 훨씬 더 쉽게 성공적으로 발달한다. 흔히 어린이는 쓰고 싶은 것이 없기 때문에 조야한 작품을 내놓는다.

1-6-14] 블론스키는 다음과 같이 쓴다.

"교사는 어린이가 잘 알고 있고 이전에 깊이 생각해 본 적이 있는 것에 대해서만 쓰도록 가르쳐야 한다. 어린이가 별로 생각해 본 적이 없고 그다지 할 말이 없는 주제를 제시하는 것만큼 어린이에게 해로운 일은 없다. 이러한 실천은 공허하고 피상적인 작가를 양성하게 된다. 어린이를 작가로 키우기 위해서는 그가 주변 세계에 깊은 관심을 갖도록 만들어야 한다. 최선은 어린이가 매우 흥미 있는 것, 특히 잘 이해하고 있는 것에 대해 쓰는 것이다. 교사는 어린이가 깊은 관심을 갖고 있으며 깊게 생각해 본 것 그리고 잘 알고 있고 이해하고 있는 것에 대해 쓰도록 지도해야 한다. 교사는 결코 어린이가 알지 못하고 이해하지 못하며 흥미가 없는 것에 대해 쓰도록 해서는 안 된다. 그러나 때때로 교사는 바로 이와는 정반대의 일을 하고 따라서 어린이 속의 작가성을 죽인다."

1-6-15] 이런 이유로 블론스키는 어린이에게 제시하기에 적합한 문학 작품의 유형으로 메모와 편지 그리고 매우 짧은 이야기를 제시한다.

1-6-16] "학교가 진정 교육적으로 되기 위해서는 이러한 특정한 문학 작품에 초점을 두어야 한다. 그런데 편지는 (개인적, 사무적 모두) 사람들이 쓰는 것 중 가장 널리 퍼진 형태이다. 편지를 쓰는 동기는 멀리 떨어진 사람들과 의사소통을 하기 위함이 명백하다. 따라서 사회주의 교육은 글을 쓰는 어린이에게 같은 방식으로 동기부여를 해야 한다. 어린이와 연결되어 있는 사람들의 범주가 넓으면 넓을수록 그리고 그들과

의 관계가 밀접하면 밀접할수록, 편지를 쓰도록 하는 자극은 더욱 강해질 것이다. 존재하지 않는 이에게 쓰는 편지나 진정한 목적이 없는 편지는 인위적이며 거짓이다."

1-6-17] 따라서 과업은 어린이가 글을 쓰고자 하는 동기를 만들어 주고 그가 글을 쓰는 기술을 숙달할 수 있도록 도와주는 것이다. 레오 톨스토이는, 농촌 어린이들에게 창의적 글쓰기를 고취시키는, 스스로가 참여한 주목할 만한 사례 연구에 대해 기술하였다. 그의 논문 중에는 다음과 같은 글귀가 있다. "누가 누구로부터 배워야 하는가? 농촌 어린이들이 우리에게 배우는 것인가 아니면 우리가 농촌 어린이들에게 배우는 것인가?" 이 위대한 작가는 성인들, 심지어 자신과 같은 위대한 작가도 농촌 어린이들에게 배워야 하며 그 역逆은 사실이 아니라는, 역설적으로 보이는 결론에 도달했다. 농촌 어린이들에게 창조적 글쓰기를 고취시키는 이 실험은 어린이에게서 창조적 글쓰기의 과정이 어떻게 나타나는지, 그것이 어떻게 진화하는지, 그리고 이 과정이 올바르게 더욱 발달하도록 하기 위해 교사는 어떠한 역할을 해야 하는지 매우 명백히 보여 준다. 톨스토이가 어린이의 글에서 이 연령기만의 특징적 성질을 알아차리고 교육의 진정한 과업은 성인의 언어를 미리 어린이에게 주입하는 것이 아니라 어린이가 자기 스스로의 문학적 언어를 발달시키고 형성할 수 있도록 돕는 것임을 이해했을 때 톨스토이의 발견의 정수가 도출되었다. 톨스토이는 '숟가락으로 밥을 먹이고 그것으로 눈을 파낸다.'는 속담을 바탕으로 작문을 하는 과업을 학생들에게 제시하였다.

1-6-18] "나는 말했다. '농부가 거지를 집으로 들이고 나서, 구걸하는 것을 꾸짖기 시작했다고 상상해 보자. 이것은 숟가락으로 밥을 먹이고 그것으로 눈을 파내는 것이라고 표현될 수 있지 않을까?'" 처음에 어린이들은 아무것도 쓰려고 하지 않았다. 과업이 자기들의 수준을 넘어선

것이라고 생각했기 때문이다. 그래서 톨스토이는 자신이 먼저 쓰기를 시작했다. 그는 다음과 같이 말한다.

"예술과 민속 문화에 조예를 가진, 편견 없는 이라면 누구든지 내가 쓴 첫 페이지와 내 제자들이 쓴 그 다음 페이지를 읽고서는 첫 페이지와 다른 페이지를 단박에 구별할 수 있을 것이다. 그것은 우유 위에 떠오른 파리와 같이 두드러지고 너무도 그릇되고 인위적이며 형편없이 쓰였다."

1-6-19] "글을 반쯤밖에 터득하지 못한 농부 소년이 갑자기 그와 같은 예술성을, 괴테도 도달하지 못할 높은 수준의 발달을 보인 것은 매우 이상해 보였다. 어느 정도 성공적인 작가이며, 교육받은 대중으로부터 예술적 재능을 보여 주는 것으로 인정받은 작품인 『유년시절』의 저자인 내가 11살짜리 셈카와 페트카를 돕거나 가르치지 못했을 뿐 아니라 운 좋은 영감의 분출 덕분에 겨우 그들을 따라가고 이해할 수 있었다는 것은 너무도 이상하고 창피한 일이었다. 너무나 이상하여 나는 어제 일어난 일을 믿지 않았다."

독자로서 믿기 어려운 것은 어린이의 작품에 대한 톨스토이의 과장된 찬사이다. 톨스토이의 글을 읽어 보면 그가 어린이들의 작품을 굳이 보존하고자 하지 않았음이 드러난다. 여기서 톨스토이는 사실 루소를 흉내 내고 있다. 반면 비고츠키는 집단적 활동, 모둠 활동의 장점을 지적하고 있다.

1-6-20] 이전에 창조적 글쓰기에 대해 전혀 알지 못했던 이 어린이들에게 톨스토이는 어떻게 이와 같이 복잡하고 어려운 방식으로 자신을 표현하도록 일깨울 수 있었을까? 그들은 모둠 활동으로 창작을 하였다. 톨스토이가 먼저 시작을 했고 어린이들은 그에게 제안을 던졌다.

1-6-21] "노인을 마법사로 만들자." "아냐 그럴 필요 없어. 그냥 그 사

람은 군인이라고 하자.” “아냐 그가 저들을 노략질하게 하자.” “안 돼. 그러면 속담에 맞지 않잖아.” 모든 어린이들은 이야기 쓰기에 참가하였다. 그들은 재미를 느끼고는 창작의 과정 자체에 마음을 빼앗겼으며 이는 창조적 영감을 향하는 첫 번째 자극이었다. 톨스토이는 다음과 같이 쓴다. “여기서 그들은 예술적 세부 사항을 낱말로 포획하는 매력을 처음으로 경험하고 있었음에 분명하다.” 어린이들은 작문을 하고 등장인물을 만들어 냈으며, 그들의 외양과 일련의 세부 사항 그리고 각각의 일화를 기술하였고 이 모두는 어떤 명백한 언어적 형태로 실현되었다. 톨스토이는 이야기 작업에 참여하던 소년에 대해 묘사한다. “그의 눈에는 눈물이 맺혀 빛나고 있었다. 그는 앙상하고 더러운 손을 경련을 일으키듯 쥐어짰다. 그는 내게 화를 내며 서두를 것을 계속하여 종용하였다. ‘썼어요? 썼어요?’ 그는 쉬지 않고 물었다. 그는 다른 어린이들을 거세고 폭압적으로 다루었다. 그는 혼자서만 말하고 싶어 했지만, 사람들이 일상적으로 말하는 방식이 아니라 글을 쓰는 방식으로 말하려고 하였다. 즉, 이미지와 감정을 묘사하기 위해 낱말을 예술적으로 사용하려한 것이다. 예를 들어 그는 자신이 말한 낱말이 재구성되는 것을 참지 못했다. 그가 ‘나는 다리에 부상을 입었다у меня на ногах раны.’라고 했다면 이를 ‘나는 부상을 다리에 입었다у меня раны на ногах.’라고 하는 것을 용납하지 않았다.” 이 마지막 사례는, 이 이야기는 그가 처음으로 시도해 보는 창조적 글쓰기였음에도 불구하고 언어적 형태에 대한 어린이의 애착이 얼마나 강력한지 보여 준다.

‘노인’은 집으로 초대받은 거지를 가리킨다. 톨스토이는 거지를 집으로 데려온 농부가 돈이 아깝다고 느껴서 거지를 데려온 것을 후회하는 방향으로 이야기가 전개되기를 기대했지만, 어린이들은 이를 거부하고 농부의 행동을 합리화할 수 있는 다른 설명을 모색한다. 어린이들은 '노인'을 마법사나 군인으로 설정함으로써, 폭력을 혐오했던 톨스토이가 인식하지 못한 폭력의 요소를 도입하려고 한다. 내란에 의한 기근의 원인을 마법사로 돌려 무고한 마을 사람들이 '마녀'로 기소되고 산 채로 화형을 당하거나 때때로 십자가에 못 박히기도 했던 1920년대 러시아 농촌에서 마법사는 해리 포터 같은 친근한 이미지를 얻지 못했다. 결국 어린이들은 심술궂은 농부의 아내를 등장시킨다. 농부가 이웃집에 가야 했기 때문에, 거지는 농부의 아내와 둘이 남게 된다.

1-6-22] 문학 작품에서 낱말과 낱말 순서의 재구성은 음악에서의 가락 혹은 그림에서의 패턴의 조작과 같다. 이러한 언어적 패턴에 대한 감성과 회화적 섬세함, 조화감—이 모두는, 톨스토이에 따르면, 이 어린이에게 고도로 발달되어 있다. 이 어린이는 이야기를 쓰면서 또한 동시에 그 부분을 연기하고 있었다. 때때로 자신이 맡은 인물의 대사를 말할 때 그는 "손으로 턱을 괴고는 매우 지치고 차분하며 타고난 진지함으로, 그리고 동시에 자애로운 어조로 말을 하여 다른 어린이들의 웃음보가 터지도록 하였다." 어린이들은 어른과의 이 실제 공동 작업이 진정한 협력적 노력임을 이해하였으며 이를 통해 자신들이 어른과 동등한 파트너임을 느끼고 있었다. "이거 책으로 만들 거예요?" 그 소년이 톨스토이에게 물었다. "그렇다면 우리는 마카로프, 모로조프, 톨스토이가 썼다고 해야 해요." 이는 이 공동 작업의 저작권에 대한 소년의 태도를 보여 준다.

1-6-23] 톨스토이는 다음과 같이 쓴다.

"이것이 우연이 아닌 의식적 창조임은 명백하였다. (……) 나는 러시아 문학을 통틀어 어떤 책에서도 이 페이지에서와 같은 것을 만난 적이 없다."

1-6-24] 이러한 경험을 바탕으로 톨스토이는 다음과 같은 가설을 세웠다. 그의 의견으로는 어린이의 창조적 글쓰기를 발달시키기 위해서 우리가 해야 할 일은 오직 어린이들에게 자극과 창조를 위한 재료를 제공하는 것뿐이다. "그가 내게서 필요로 했던 것은 이야기를 조화롭게 그리고 완전히 채울 재료뿐이었다. 내가 그를 가르치기를 멈추고 그에게 완전한 자유를 주자마자 그는 러시아 문학에서 전혀 볼 수 없었던 시를 썼다. 그리고, 따라서 나는 어린이 일반 특히 농촌 어린이들에게는 글쓰기와 작문하는 방법을, 글쓰기 시작하는 방법을 가르치려 시도하지 말아야 한다고 확신한다.

1-6-25] 이 목적을 달성하기 위해 내가 한 일이 기법이라고 불릴 수 있다면 그 기법들은 다음과 같다. 첫째, 가능한 가장 크고 넓은 주제 선택의 기회를 제공하고, 당신이 생각하기에 어린이에게 적합한 것을 선택해 주는 것이 아니라 당신 스스로에게 흥미 있는 가장 진지한 주제를 제시한다. 둘째, 어린이에게 모델로 삼을 글을 제공할 때에는 오직 어린이들이 쓴 글을 사용한다. (특별히 중요한) 셋째, 어린이의 작문을 보고 깔끔함이나 글씨체, 맞춤법 그리고 문장의 구조나 논리에 대해 절대 비판하지 않는다. 넷째, 창조적 글쓰기의 어려움은 그 길이나 내용에 있는 것이 아니라 주제의 예술적 가치에 있으므로 주제들이 제시되는 순서는 길이나 내용 혹은 언어가 아니라 창조적 저술의 기저에 놓여 있는 메커니즘의 본성에 따라 결정되어야 한다."

1-6-26] 톨스토이의 경험이 우리에게 주는 시사성의 정도와는 별개로, 이 경험에 대한 그의 해석은 유년기의 이상화理想化와 그의 삶의 최후반부 동안의 종교적·교훈적 이론을 특징짓는, 문화와 예술적 창조에 대한 부정적 태도를 보여 준다. 톨스토이의 반동적 이론에 따르면,

반동적이라는 말은 다소 강하게 들릴 수 있지만 실제로 톨스토이는 그 스스로가 의식적으로 반혁명주의자였으며 공공연히 자신이 반동적 사고를 가지고 있음을 밝히곤 했다. 다음은 톨스토이의 유명한 구절 중 하나이다.

"진보라는 것이, 나의 자매가 현대적 도시의 거리에서 자신을 팔아야 하는 것을 의미한다면 도시와 진보는 악마에게나 던져 버리라. 진실로 현대는 우리를 떠먹이고 빈 수저로 우리의 눈을 파낸다."

1-6-27] "우리의 이상理想은 미래에 있는 것이 아니라 과거에 있다. 교육은 인간을 개선시키기보다는 망친다. 어린이를 가르치고 지도하는 것은 불가능하고 터무니없는 일이다. 이는 내가 자부심을 가지고 인도하고자 하는 조화와 진실, 아름다움과 선함의 이상에 나보다, 그 어떤 어른보다도 어린이가 더 가까이 서 있다는 단순한 사실 때문이다. 이 이상에 대한 의식은 나보다 어린이에게서 더욱 강력하다."

1-6-28] "이는 오래전에 과학에 새겨진 '인간은 완벽하게 태어난다.'는 루소의 이론의 되풀이이다. 이는 루소의 위대한 진술이고 이 진술은 바위와 같이 굳건하고 진실인 채로 남아 있다. '태어날 때 인간은 조화와 진실, 아름다움과 선함의 원형原型이다.'"

1-6-29] 어린이의 본성이 완벽하다는 잘못된 관점은 톨스토이가 교육과 관련해서 범한 두 번째 오류를 포함한다. 완벽함이 우리의 미래가 아니라 과거에 있다면 교육의 중요성, 의미, 가능성을 부정하는 것이 완전히 논리적이다. 그러나 우리가 사실에 의해 확증되지 않은 첫 번째 명제를 거부한다면 일반적으로는 교육, 그리고 구체적으로는 아동에게 창조적 글쓰기를 가르치는 것은 가능할 뿐 아니라 완전히 불가피한 것이다. 우리의 간접적 예시(톨스토이의 사례-K)에서조차도 톨스토이가 농부 어린이들과 한 일은 창조적 글쓰기를 가르친 것 이외로는 달리 기

술될 수 없다. 그는 이 어린이들에게 이전까지는 전혀 알려져 있지 않던, 자신의 경험과 세계에 대한 태도를 표현하는 방법을 어린이들에게서 일깨웠다. 그는 어린이들과 함께 구성하고 작문하고 조합하였다. 그는 자신의 설렘을 어린이들에게 전달하였고 주제를 제시하였다. 다시 말하면, 기본적으로 창조의 전체 과정을 지휘하였고 어린이들에게 창조의 기술을 보여 주는 등의 일을 한 것이다. 이는 가장 정확한 의미에서 교육이다.

1-6-30] 올바르고 과학적으로 이해된 교육의 개념은, 어린이에게 완전히 낯선 관념, 감정, 기분을 인위적으로 주입하는 것을 결코 의미하지 않는다. 올바른 유형의 교육은 이미 어린이에게 존재하는 것을 일깨우고 어린이가 그것을 발달시키도록 도우며 이 발달이 특정한 방향을 향하도록 지휘하는 것을 포함한다. 톨스토이는 우리에게 말한 어린이들에게 이 모두를 행하였다. 지금 우리에게 중요한 것은 톨스토이의 일반 교육이론이 아니라 그가 인용문에서 제공한 문학적 창조 과정에서 발생된 흥분에 대한 놀라운 서술이다.

1-6-31] 어린이 내적으로 글을 쓰고자 하는 욕구가 생겨날 때 어린이들이 기꺼이 쓴다는 사실은 거리 어린이들의 글에서 가장 잘 드러난다. 이 어린이들의 언어적 창조는 주로 노래의 형태를 취한다. 이 노래들은 그들 삶의 모든 측면을 반영한다. 주로 이들은 슬프고 대단히 우울한 노래들이다. 푸시킨이 말한 것처럼 "마부에서 가장 뛰어난 시인에 이르기까지 우리 모두는 우울한 노래를 부른다." 거리 어린이들의 노래는 그들 삶의 어둡고 어려운 측면을 반영한다. 감옥, 이른 죽음 또는 병, 부모 잃음, 버려짐, 무방비감 등은 이 노래들의 주요 모티브이다. 이 노래들이 자신의 솜씨에 대한 일종의 허세, 뽐내기, 자랑 등의 다른 모티브를 가지는 것도 사실이다.

"내 주머니 속의 칼을 가지고

어둠을 헤치고 눈 속을 헤쳐서

낯선 오두막에 몰래 들어가서는

창문을 한주먹으로 박살 냈다네……."

거리 어린이는 자기 자신에 대해 노래한다. 그러나 이 사례에서조차 우리가 듣는 것은 삶의 변함없는 어려움과, 버림받은 처지에 대한 자연스러운 반응, 자신의 운명에 대한 논리적이고 납득할 만한 쓰라림이다.

"네 손에서 도움을 얻으려 한 적도 있었지

이제 내 마음은 딱딱해졌고 나는 도둑이 되었다.

내게 침을 뱉고 돌을 던져도 좋아. 나는 그에 익숙하고 견딜 수 있다.

네 동정은 필요 없다. 나를 염려하는 이는 하나도 없다."

1-6-32] 몇 해 전에 거리 어린이들의 자전적 이야기를 수집하려는 매우 흥미로운 시도가 이루어졌다. 안나 그린베르크는 14~15세의 거리 어린이들이 쓴 70점의 이야기를 수집하였다. 그녀는 다음과 같이 썼다.

*A. 그린베르크(A. Гринберг)는 1925년에 출간된 책 『거리 어린이들 스스로가 쓴 이야기』의 저자이다.

1-6-33] "그들 모두는 스스로의 삶에 대해 글 쓰는 것에 진정한 관심을 표명하였다. 일부는 글을 거의 모르거나 심지어 문맹인 어린이도 있었지만 이 모든 장애에도 불구하고 종이와 몇 개 없는 우리의 펜 중 하나를 집어 들고서 용감히 책상에 자리를 잡고 앉아 펜을 들고 성호

를 긋고는 옆 사람들에게 도움을 청하고, 고쳐 쓰고, 어쩌다 주워 듣게 된 찢어진 책장 조각과 (철자를-K) 비교해 보면서 여러 시간에 걸쳐 경건하고 성실하게 써 나갔다. 자기 자신을 완전히 드러내기를 원치 않아서 숨기거나 사실대로 표현하지 않는 이들이 쓴 것을 제외하면 이 이야기들은 이러한 유형의 모든 창조의 주요 특징을 보여 준다. 어떤 이의 내부에 만들어진, 고통스럽게 밖으로 나가고자 하며 표현되기를 요구하며 낱말을 통해 표현되고자 투쟁하는 무언가가 있다. 어린이가 쓸 것이 있는 경우 그는 매우 진지하게 쓴다.

1-6-34] 한 소녀는 다음과 같이 쓴다.

'이것이 내 글의 끝이다. 더 쓸 수 있으면 좋겠는데…… 이것은 내가 살아온 것의 3분의 1밖에 안 된다. 아, 나의 인생아. 나는 너를 오래오래 기억할 거야.'"

1-6-35] 외적 유사성이 아니라 내적 유사성에 초점을 맞춘다면 이 이야기들은 톨스토이가 주목했던 아동의 창조적 글쓰기가 갖는 모든 특성을 포함하고 있다고 할 수 있다. 외적으로 내용과 언어의 측면에서 이 이야기들을 페트카와 셈카의 이야기와 비교할 때, 이 둘은 이 어린이들이 태어난 시대나 그들이 살았던 환경만큼이나 매우 다르다. 그러나 낱말을 통해 스스로를 표현하고자 하는 진정한 욕구를 드러내는 어린이들이 사용한 언어의 진지함, 이 어린이들이 사용한 언어의 명확성과 고유성은 성인들의 진부한 문학적 언어와 매우 다르다. 이 이야기들의 진정한 정서와 구체적 심상은 톨스토이가 인용한 농촌 어린이들의 이야기의 특징을 상기시킨다. 어린이들 중 하나는 문학적 창작과 연관된 정서적 경험переживани에 대한 깊은 감정과 사실적 구체성을 표현하며 자신의 자서전에 다음과 같은 제목을 붙였다. '볼로고드 주州 범스크 마을의 강가 숲에 있는 나의 집에 대한 기억과 그리움.'

예술적 창조의 기저에는 구체적 경험이 놓여 있다. 1장에서도 비고츠키는 아동은 상상력이 풍부한 반면 경험이 적기 때문에 어린이 예술이 필연적으로 내용적 빈약성을 띤다고 설명하였다.

구체성은 과학적 사고의 일부이기도 하다. 일반화와 추상화를 하기 이전에 과학자들은 구체적 실험을 거쳐야 한다. 과학적 상상과 예술적 상상이 구별되어야 하는 것은 오직 정서적 영역에서일 뿐이다.

1-6-36] 문학적 창조성의 발달과 과도기적인 청소년기 사이의 연결은 쉽게 이해할 수 있다. 이 연령대의 주요 사실은 성적 성숙이다. 바로 이 주요하고 핵심적 사실은 이 시기와 연관된 다른 모든 특징들을 설명해 준다. 바로 이 사실로 인해 어린이의 삶에서 청소년기가 결정적 전환점이 된다. 새롭고 강력한 요인-성적 성숙과 성적 본능-이 어린이의 삶을 파고드는 것이 바로 이 지점이다. 초기 학령기 동안 기존의 안정적인 평형은 산산조각 났으며 새로운 평형은 아직 획득되지 않았다. 깨뜨려진 평형과 새로운 평형에 대한 모색은 이 연령대에 어린이가 겪는 위기의 토대가 된다. 그러나 이 위기의 본성은 무엇인가?

1-6-37] 이 질문에 대해서는 아직 과학적으로 완벽하게 정확한 답이 확립되지 않았다. 어떤 이들은 이 위기의 주요 특징이 무력증, 즉 이 결정적 시기에 일어나는 어린이의 체질과 행동의 약화라고 본다. 다른 이들은 이와 반대로, 이 위기의 기저에 어린이 발달의 모든 측면과 관련된 필수적 활동의 강력한 증대가 놓여 있으며, 이 연령대에서 위기가 출현하는 것은 이 창조적 힘이 증가한 결과일 뿐이라고 믿는다. 우리는 이 시기에 청소년이 매우 빠른 속도로 성장하여 그의 몸은 성인의 형태와 급속도로 가까워진다는 것을 알고 있다. 이와 같은 전반적 성장이 청소년의 행동과 내적 삶에 영향을 미친 것이다.

1-6-38] 완전히 새로운 내적 경험의 세계와 충동 그리고 이끌림이 이 시기에 열린다. 즉, 어린이의 내적 삶은 초기 유년기와 비교할 때 무한히 복잡해진다. 주변의 이들과 어린이의 관계, 그리고 환경과 어린이의 관계는 훨씬 더 복잡해진다. 어린이가 외적 세계로부터 받는 인상은 더욱 심오한 과정을 겪는다. 이 시기 창조적 글쓰기의 성향과 직접적으로 연관된 청소년의 명백한 행동적 특징이 하나 있다. 이는 바로 청소년의 고양된 수준의 정서성과 정서적 불안정성이다. 인간의 행동이 익숙하고 변화 없는 환경에서 일어날 경우 전형적으로 이는 주목할 만한 혹은 특별히 강력한 정서로 물들지 않는다. 친숙한 환경에서 익숙한 행위를 수행할 때 우리는 전형적으로 침착하고 냉정하다. 그러나 우리의 행동적 평형이 깨지는 순간 매우 생기 있고 강력한 정서적 반응이 있게 된다. 정서 혹은 불안감은 환경과의 평형이 방해를 받을 때면 언제나 발생된다.

1-6-39] 그러한 방해의 결과로 우리의 입지가 공고히 되거나 우리가 직면한 곤경을 비교적 지배할 수 있게 되는 경우 우리는 일반적으로 행복감, 자긍심 등과 같은 긍정적인 정서를 경험하게 된다. 반면, 만일 평형이 깨져 우리의 입지가 약화되거나 상황이 우리 자신보다 강력하다고 판명되면 우리는 환경의 힘에 압도되어 굴욕감, 절망감, 무력감, 연약감, 좌절감과 같은 부정적인 정서, 분노와 공포, 슬픔을 경험하게 된다. 따라서 인간의 삶에서 결정적 시기, 전환점과 인격의 내적 재구성이 일어나는 단계가 특히 정서적 반응이나 정서적 삶에 있어 풍부하다는 사실은 매우 이해하기 쉽다. 학령기 후반부─즉 사춘기는 바로 그러한 전환점, 즉 어린이 발달의 내적 위기이다. 따라서 이 위기가 증대된 감정의 강도와 불안정성와 연관되는 것은 당연하다. 이미 말했다시피 어린이와 그의 환경 사이의 평형은 이 시기에 새로운 요인, 이전까지는 별로

스스로를 드러내지 않았던 요소의 발현으로 인해 붕괴된다.

> 정서의 불안정성(возбудимости, 휘발성, 폭발성)은 쉽게 점화, 폭발할 수 있는 휘발성 물질의 불안정성을 나타낸다.

1-6-40] 이것이 이 시기에 증대된 불안정의 근원이며, 이는 어린이가 이 시기에 가까워짐에 따라 전 학령기에는 어린이가 가장 선호했던 창조적 활동 형태였던 그림 그리기가 창조적 글쓰기로 바뀌는 이유를 설명하는 데 큰 도움이 된다. 언어는, 어린이가 복잡한 관계 특히 내적 관계를 그림보다 훨씬 더 쉽게 표현할 수 있도록 돕는다. 또한 언어는 어떤 사건의 움직임, 역동성 그리고 복잡성을 유치하고 불완전하며 모호한 그림보다 더 잘 표현할 수 있다. 이 때문에 외적 세계에 대한 어린아이의 단순하고 복잡하지 않은 태도의 단계에 완전히 적합한 활동인 그림 그리기가, 더 깊고 복잡하며, 삶과 세계에 대한 내적인 태도에 알맞은 표현 수단인 언어로 대체되는 것이다. 우리가 청소년기의 고취된 정서성에 대해 어떠한 태도를 견지해야 할지 물을 수 있을 것이다. 우리는 그것을 긍정적으로 평가해야 할까, 부정적으로 평가해야 할까? 여기에는 무언가 병리적인 것, 이 연령대에서 흔히 관찰하다시피 무언가 어린이를 고립시키고 스스로에게 갇히도록 하는 것, 몽상가로 만들고 현실로부터 뒷걸음치도록 만드는 것이 있는가? 아니면 이 정서성은 어린이와 주변 세계의 관계가 가지는 생산성을 무한히 풍부하게 하고 증대시키는 긍정적인 요인인가? 삶에서 중요한 것은 반드시 큰 비중의 정서와 더불어 획득된다.

1-6-41] 피스트락은 다음과 같이 말한다.

"예술 교육은 지식이나 기능을 전수한다기보다는 삶에 색조를 부여하거나 혹은 아마도 삶에 배경을 제공한다고 말하는 것이 더욱 정확할 것이다. 우리가 학교에서 지식을 통해 가르칠 수 있는 신념은 이들이 정서적으로 강화되었을 때에만 어린이의 정신에 뿌리내린다. 전투의 순간에 싸움을 고취하는 명확하고 강력하며 생생한 심상으로 생각을 채우지 않는다면 진정한 투사가 될 수 없다."

옛 방식에 대한 증오가 없이는 옛 방식과 투쟁할 수 없으며 증오의 능력은 정서적인 것이다. 새로운 것을 열정적으로 사랑하지 못한다면 새로운 것을 열정적으로 건설하지 못하며, 결국 열정은 올바른 유형의 예술 교육의 결과로 발달한다.

*М. М. 피스트락(Пистрак, Моисей Михайлович, 1888~1937)은 폴란드인 교육자로, 러시아 혁명에 동참하였고 로스토본돈과 북코카서스 외곽 지역에 실험학교를 설립하였다. 학교 코뮌 운동에 대해 몇 권의 책을 저술하였고 노동학교와 노동자를 위한 기술 교육을 창안하였다. 대숙청 기간에 총살되었으며 1956년 스탈린 사후에 복권되었다.

1-6-42] 전쟁 전에 F. 기제는 상이한 연령대 어린이들의 창조적 글쓰기에 대한 연구를 수행하였다. 그는 5세에서 12세에 이르는 어린이들의 글을 3,000점 이상 조사하였다. 그의 연구는 전쟁 전에 독일에서 행해졌으므로 우리가 이를 외삽할 수는 없다. 기제의 연구에서 창조적 글쓰기가 의존했던 분위기나 흥미 등의 모든 요인들이 지금 우리와는 다르기 때문이다. 게다가 그의 연구는 매우 대규모였으므로 그는 어린이의 이야기와 시의 가장 일반적이고 표면적인 측면의 양적 분석, 즉 다양한 연령대의 전반적 분위기와 문학적 형태를 구분하는 데에만 연구를 제한하였다. 그럼에도 불구하고 그의 결과는 다양한 형태로 혹은 다양한 조건하에 우리의 어린이들에게서도 나타날 수 있는 연령 관련 특

성들을 보인다는 측면에서, 어린이의 창조적 글쓰기에 대한 조사 연구의 시초로서 우리에게 대단히 흥미로울 수 있다.

*F. 기제(Fritz Giese, 1890~1935)는 독일의 아동 심리학자이자 예술 애호가이며 전쟁 이전 사회 민주당 정치인이었다. 체육 교육에 관심이 많았으며 독일 나체주의 운동인 'Nachtkultur'의 리더였다. 그는 나체 체조 교육을 통해 신체가 세계 속에서 바른 위치를 점하도록 교육할 수 있다고 생각했다. 그는 남성은 스포츠를 통해 여성은 춤을 통해 교육되어야 한다고 생각했다.

1-6-43] 마지막으로 이 결과들이 흥미로운 것은, 우리가 가지고 있는 청소년들의 데이터와 비교해 볼 수 있는 재료를 제공해 주기 때문이다. 저자가 인용하는 데이터는 소년, 소녀들의 시와 산문의 주요 주제가 연령에 따라 어떻게 변하는지 보여 준다. 시에서는 개인적 경험이 거의 나타나지 않지만 산문의 경우 그러한 경험이 지배적 위치를 차지하며 이러한 경향은 이어지는 14~15세와 비교할 때 특히 명확히 나타난다. 이 2년 동안 개인적 경험에 대해서 쓴 산문의 비율이 소년의 경우 23.1%에서 53.4%로, 소녀의 경우 18.2%에서 45.5%로 두 배 이상 증가한 반면 그러한 주제에 대해 쓴 시의 비율은 16~17세 소년, 소녀 모두 0이었다. 더 어린 어린이들의 경우 개인적 경험에서 취해진 주제가 비교적 높은 비율을 차지하는 것은 기제가 이 범주에 화재火災, 마을 밖으로의 여행, 박물관 방문 등등의 온갖 가능한 사소한 사건들, 일상적 일들을 포함시켰다는 사실로 설명될 수 있다. 산문 중 2.6%만이, 그리고 시 중 2.2%만이 학교에서의 일과 연관되어 있었다. 학교생활은 어린이의 내적 세계에서 그렇게 사소한 부분만을 차지하고 있었을 뿐이었다. 반면, 성애적性愛的 주제는 산문보다는 시에서 더 많이 제시된다. 성애적 모티브는 소년보다는 소녀들의 글에서 더 일찍, 12~13세에 나타난다. 이 주제는 소

년들의 글에서는 거의 나타나지 않았지만 소녀들의 작품의 36.3%에서 나타났다. 이후 이 주제는 14~15세 사이에 감소하다가 16~17세에 다시 증가하며 이때에도 소년보다 소녀들에게서 높은 비율로 나타난다.

1-6-44] 기제는 다음과 같이 적는다.

"동화 속 세계, 이는 순수하게 여성적 시로, 소년들은 그에 대해 전혀 알지 못한다."

> 소녀들은 동화의 세계를 이해하지만 소년들은 그렇지 못하다는 의미이다. 인간이 성별에 무관하게 무조건적으로 평등하다는 신념을 가졌다는 의미에서 기제는 근대적 의미의 페미니스트였지만 그럼에도 그의 교육 모형은 성별의 차이에 크게 기반하고 있었다.

1-6-45] 독일 어린이들의 시와 산문에서 사회적 모티브가 지니는 비중이 적다는 사실은 매우 흥미롭다. 그러한 주제는 거의 모든 연령대에서 시에서는 전혀 없고 산문에서는 매우 적은 비중만을 차지하여 12, 13세의 소녀들에게서 최대 13.8%가 나타난다. 시에서 철학적 주제의 비율이 증가한 것은 주목할 만하다. 이는 의심의 여지없이 이 연령대에 나타나는 추상적 사고의 탄생과 추상적 문제에 대한 흥미와 관련이 있다. 마지막으로 자연에 대한 주제는 소년 소녀의 시와 산문에서 모두 잘 나타난다.

1-6-46] 9세 소녀들은 그들의 글 대부분을 이 주제에 대해 썼으며 12, 13세 소년들 작품의 절반은 자연을 주제로 하였다. 독일 어린이들 특히 소녀들은 글의 상당 부분을 종교적 주제에 할애하였다. 그러나 16세쯤이 되면 이 주제의 빈도는 감소한다.

1-6-47] 학교에서 부과된 글쓰기와 스스로 쓴 글의 주제와 지배적 분위기를 나란히 배열한 데이터는 흥미롭다. 여기서 우리는 동일한 주

제가 두 유형의 창조적 글쓰기에서 매우 다르게 나타나는 것을 본다. 예컨대 영웅적 주제는 학교 글쓰기의 54.6%로 큰 부분을 차지하지만 혼자 쓴 글에서는 그리 높지 않은 2.4%만을 차지하였다. 반면 성애적, 철학적 주제는 학교 글쓰기에서 겨우 3%만이 나타나지만 스스로 쓴 글에서는 각각 18.2%와 29%가 나타났다. 동화 속 세계는 집에서 쓴 것보다 학교에서 쓴 글에서 15배 더 자주 나타났다. 그리고 마지막으로 소위 기타 주제는 (위의 범주에 포함되지 않는 주제. 금지된 주제와 관련된 것들-K) 학교 글쓰기에서 나타나지 않았지만 학교 밖 글쓰기의 28.1%를 차지하였다. 어린이들이 쓴 이 두 유형의 글 분위기 역시 서로 다르다. 예를 들어, 슬프고 진지한 분위기는 학교에서 쓴 글에서 다섯 배 더 많다. 이러한 비교는 커다란 중요성을 가진다. 이는 어린이의 창조적 글쓰기가 외적 영향의 결과로 어느 정도 자극되며 변화되는지, 그리고 어린이가 글을 혼자서 쓸 때 어떠한 상이한 형태를 취하는지 보여 주기 때문이다.

1-6-48] 이어지는 결론은 기제가 연구한 글들의 지배적 분위기에 대한 데이터를 인용한다. 이 결과들은 어린이 스스로 쓴 글에서는 슬프고 우울한 분위기가 대단히 드물게 발견되며 즐거운 분위기가 훨씬 더 지배적이라는 것을 명백히 한다. 따라서 소년들의 시에서는 이 둘이 대강 비슷한 비율인 5.9%와 5.2%로 나타나는 반면, 소녀들의 시에서는 즐거운 분위기가 33.4%로 나타났지만 우울한 분위기는 오직 1.1%만이 나타났다. 소년들의 산문에서 즐거운 분위기는 우울한 분위기보다 열 배 더 자주 나타나며 이 수치는 소녀들의 경우에도 유사하다. 모험적 분위기를 보이는 글이 적다는 것은 주목할 만하다. 이는 이 장르가 어린이에게 어렵기 때문임을 명백히 알 수 있다. 익살스러운 분위기 역시 비판적 분위기만큼이나 드물었으며 이는 풍자적 주제의 비율이 낮은 것과

분명한 관련이 있다. 그러나 지배적 분위기는 어린이의 창조적 글쓰기의 모든 측면에 영향을 받아 변할 수 있으므로 인용된 데이터는 잠정적으로만 고려해야 한다는 점은 지적되어야 한다.

1-6-49] 어린이의 창조적 글쓰기가 여기서도 비슷한 방식으로 연구되어, 우리 어린이들의 문학 작품 속 지배적 주제와 분위기를 결정할 수 있으면 좋을 것이다. 다음의 데이터는 어린이의 작품에서 가장 자주 마주치게 되는 문학적 형태와 관련이 있다.

1-6-50] 예상한 바와 같이 가장 자주 등장하는 것은 보고서 혹은 에세이, 즉 비예술적 글쓰기이다. 두 번째로 많은 것은 이야기pассказ(사실적 서사, narrative-K)이며 세 번째는 동화이다. 극화(0.1%)와 편지(1.9%)의 비중은 극도로 낮다. 이 결과는 심리적 의미에서 가장 자연스러운 어린이 쓰기 형태가 전통적인 아동교육에서 가장 덜 개발되었다는 사실에 의해 설명되어야 한다. 어린이 글의 문법적 형태와 길이에 대한 데이터도 흥미롭다. 어린이들의 나이가 많아질수록 글의 길이도 길어진다. 여러 연령대의 소년, 소녀의 시와 산문 속 음절 수의 평균을 계산한 보고서는 문학 작품의 길이 증가는 그 내용에 직접적인 영향을 받는 것을 보여 주었다. 어린이의 글을 연구한 슈네이에르손은 극화와 시는 어린이들에게 자연스러운 형태가 아니라는 결론을 내렸다. 그의 의견에 따르면, 만일 그러한 형태가 어린이의 창조적 글쓰기에서 발견된다면 이는 주로 외부로부터의 영향에 의해 일어난 것이다. 반대로 그의 의견에 따르면 산문은 어린이에게 특히 적합한 형태이다. 동일한 질문에 대한 B. П. 바흐테로프의 데이터는 다음의 결론을 만들어 낸다. 그가 연구한 전체 어린이의 57%는 시를, 31%는 산문을 그리고 12%는 극화를 썼다. 우리는 어린이 언어에서 상대적으로 풍부한 문법적 형태가 중요한 시금석임을 모두 알고 있다. 심리학자들은 어린이의 무문법적無文法的

말의 시기가 그의 언어 발달에서 매우 특별한 단계임을 오래전에 확립
하였다.

*В. П. 바흐테로프(Вахтеров, Василий Порфирьевич, 1853~1924)는 교사,
장학사였으며 노동조합 조직가이자 혁명가였다. 그는 다윈의 이론과 적응의
관념에 근거하여 '진화적 교육학' 이론을 발달시켰다. 노조 활동과 반反차르
운동으로 인해 1903년 체포되어 노브고로트로 유배되었다. 혁명 이후 모스
크바 주립대에서 문학을 가르쳤다.

1-6-51] 대상과 현상들 사이의 연관과 관계를 표현하는 데 사용되는
것이 바로 문법적 형태이다. 말에 문법적 형태가 결여된 것은 어린이의
언어적 생각과 명명命名하기 행동이 이러한 연관과 관계를 설명하는 것
에 실패했음을 보여 주는 명백한 신호인 것은 사실이다. 이 때문에 어
린이의 말에 종속절이 나타나면, 즉 스턴이 제시한 말 발달의 네 번째
이자 가장 높은 단계에 접어들면 이 어린이는 다양한 현상들 사이의
매우 복잡한 관계를 이미 숙달했다고 가정될 수 있다. 어린이 말의 이
러한 측면을 분석하는 데 관심을 갖고 있었던 바흐테로프는 다음과 같
은 결론에 이르게 된다. 그의 보고서는 4~8세의 단계와 9~12세 반의 단
계를 구분한다. 이 두 단계는 격格의 사용에 차이가 있다. 이 보고서는
어린이가 발달함에 따라 사격斜格의 사용이 어떻게 증가하는지 보여 준
다. 이는 어린이가 사격들이 문법적으로 표현하는 관계들을 이해하는
단계로 이동하고 있다는 것을 명백히 나타낸다. 어린이의 말을 그들이
사용하는 품사의 용법이라는 관점에서 분석하여도 유사한 결론에 이
르게 된다.

사격(斜格, oblique cases)은 인구어(Indo-European Languages)에서 주격 이

외의 격들을 지칭한다. 러시아어에는 크게 여섯 가지의 격(주격, 생격, 여격, 대격, 조격, 전치격)이 존재하며 성과 수에 따라 낱말의 어미를 활용하여 격을 표현한다.

1-6-52] 다시 한 번 이러한 데이터는 어린이가 묘사와 정교화, 시간과 장소의 구체화 등등을 나이에 따라 더 많이 사용한다는 것을 보여준다. 바흐테로프는 다음과 같이 말한다.

"어린이의 정신적 발달은 양적, 질적 개념 획득으로만 이루어지는 것이 아니라 이러한 개념들 사이의 양적, 질적인 관련으로도 역시 이루어진다. 어린이가 점점 고도로 발달할수록 그가 통일된 전체로 통합할 수 있는 개념과 관념의 수가 점점 더 커진다. 현재 시제와 특히 미래 시제는 더 큰 어린이보다는 더 어린 아이들에게서 훨씬 더 많이 사용된다. 과거 시제의 사용은 연령의 증가와 함께 많아진다. 나이가 어릴수록, 어린이는 기대되고 예측되며 희망하는 것에 더 큰 초점을 맞추며 또한 생생하고 즉각적인 현재에 초점을 맞춘다는 것이 명백하다."

1-6-53] "그러나 어린이의 삶이 이어짐에 따라 그는 이미 경험했던 바를 더 자주 돌이키게 되며 이제 우리는 반대되는 현상에 직면하게 된다. 즉 현재와 미래 시제의 발화가 과거 시제의 발화보다 적어지는 것이다."

1-6-54] 모든 연구자들은 어린이가 어리면 어릴수록 인칭 대명사의 사용이 특히 많아진다는 점에 한결같이 동의한다. 슐라크는 다음과 같이 말한다. "8세의 어린이가, 자신이 습득하고 있는 평균적 어휘를 5.5번 사용한다면 1인칭 (단수) 대명사는 100배나 더 자주, 즉 542번을 사용하였으며 2인칭 대명사는 25배 더 자주, 즉 135번을 사용하였다." 구트Gut는 4~6세 어린이들은 발달상 뛰어나고 우수한 경우 종속절을 더

많이 사용하는 경향을 보임을 지적했다. 일부 전문가들은 어린이의 언어 표현의 발달을 세 개의 기본 단계로 구분할 것을 제안했다. 첫 번째는 구어적 발화의 시기로 대략 3세에서 7세까지 지속된다. 두 번째는 문해의 시기로 7세에서 청소년기까지 지속된다. 마지막은 문학적 시기로 사춘기가 끝나면서 시작되어 초기 성인기까지 지속된다. 이러한 구분은 우리가 이미 진술했던 바와 같이 구어적 발달이 언제나 문어적 발달에 앞선다는 사실과 일치한다는 점을 주목할 필요가 있다. 그러나 구어가 문어에 대해 가지는 이러한 우위는 첫 번째 시기인 구어적 표현의 시기가 끝난 후에도 지속된다는 사실을 지적하는 것은 매우 중요하다. 그 이후에도 어린이의 구어적 발화는 문어적 발화보다 훨씬 더 두드러지고 생생하다.

1-6-55] 문어로의 이행은 즉각 어린이의 언어를 무디게 하고 지체시킨다. 호주의 연구자인 린케는, 어린이의 쓰기 결과물과 구어적 발화를 비교한다면 7세 어린이의 글쓰기 방식은 2세 어린이가 말하는 방식과 동일하다는 결론에 이르렀다. 즉, 글쓰기라는 더욱 어려운 표현 형태를 통해서 나타나는 어린이 발달 수준은 그 이전의 구어적 표현의 수준으로 즉각 감퇴한다는 것이다. 톨스토이가 경탄해 마지않았던 농촌 어린이들의 작문이 그들의 구술을 통해 창조된 것이라는 점은 매우 주목할 만한 사실이다. 어린이들은 말을 하였고 톨스토이는 이들이 말하는 것을 받아썼으며 그의 기록은 어린이들의 생생한 입말이 지니는 매력을 모두 간직하고 있다. 이 이야기들은 어떤 저자들이 혼합주의синкретизм(syncretism-K)라고 부른 어린이 창조의 측면도 보여 주었다. 혼합주의는 어린이의 창조가 여러 가지 형태의 예술이나 문학 장르로 아직 엄밀히 분화되지 않았음을 의미한다. 시, 산문 그리고 극화의 요소가 어린이의 작품 속에 단일한 전체로 병합되어 있는 것이다.

1-6-56] 톨스토이가 기술한 어린이의 창조적 글쓰기 과정은 극화적 창조와 형태 면에서 매우 유사하다. 어린이는 이야기를 구술했을 뿐 아니라 자신의 이야기 속 인물들을 묘사하고 연기하였다. 우리가 아래에서 보게 되듯이, 구어적 문학 창조와 극화적 창조 사이의 이러한 유형의 연결은 이 연령대에서 가장 고유하고 생산적인 창조 형태의 하나이다.

1-6-57] 솔로비요프 교수는 흥미로운 입말의 사례를 인용한다. 그에 따르면 초등학생의 글말은 (입말보다-K) 매우 빈곤하고 더욱 도식적이다. 이는 마치 두 가지의 상이한 언어적 반응이 있는 것과 같다. 8세 반의 농촌 소녀는 어린이들이 집에서 무엇을 하는 것을 좋아하느냐는 학교에서의 (구어로 된) 질문에 본인이 대답한 내용을 글로써 충분히 표현할 능력을 가졌음에도 이를 절대 글로 쓰려고 하지 않았다. "저는 바닥을 쓰는 걸 좋아해요. 쓸기를 시작하면 먼지가 사방에 날아다녀요. 엄청 많은 먼지가 사방에 흩날려요. 먼지들이 빗자루와 싸우는 걸 보고 있으면 행복해져요." 어린이의 이와 같은 진정하고 살아 있는 언어는 자신의 감정 상태를 훌륭하게 드러낸다.

1-6-58] 부즈만은 어린이의 창조적 글쓰기에서 행동이 어느 정도 나타나는지 연구하기 위해 종합 연구 프로젝트를 실시하였다. 행동의 발현 정도를 조사하기 위해 그는 어린이의 구어적, 문어적 발화에서 행동에 대한 언급과 기술적記述的 특징에 대한 언급의 비율을 지표로 조사하였다. 3~9세 사이의 어린이 그룹에서 이 행동 지표는 소년, 소녀 모두 6세와 8세에서 가장 높았다. 9~17세의 그룹에서 이 지표는 9세와 13세에서 가장 높았다. 구어와 문어의 비교는 구즈만의 연구에서 가장 중요한 결론을 도출한다. "입말은 더욱 활동적인 문체를 그리고 글말은 더욱 기술적인 문체를 낳는 경향이 있다."

*A. 부즈만(Adolf Busemann, 1901~1986)은 슈프랑거와 가까웠던 독일의 관념주의 심리학자이다. 청소년기의 도덕적, 윤리적 생각에 대해 다수의 저술을 남겼다(그의 논의에 대해서는 영문판 비고츠키 선집 5권 pp. 173~176에서 언급되고 있다). 슈프랑거와 같이, 1933년에 나치에 입당하였다.

1-6-59] 이 결론은 글말 발화와 입말 발화를 위해 요구되는 시간의 비교를 통해 확증된다. 구어적 표현은 문어보다 훨씬 시간이 덜 걸렸다. 어린이는 글로 썼다면 15, 20분이 걸렸을 분량의 이야기를 4, 5분 동안에 말했다. 이와 같이 지체된 문어의 생산 비율은 양적 차이뿐 아니라 질적 차이도 초래한다. 이와 같이 더 느린 생산 비율의 결과 어린이의 언어적 생산은 새로운 문체나 새로운 심리적 특성을 발달시킨다. 구어적 서술에서 주가 되는 행동에 대한 초점이, 기술되는 대상에 대한 더욱 세부적 고려와 대상의 특징과 성질 등에 대한 열거로 인해 가려진다.

1-6-60] 어린이 말의 활동성은 단지 이 연령대에 일반적으로 행동의 비중이 높은 것이 반영된 것이다. 여러 저자들은 어린이의 이야기들에서 행동 개념의 수를 헤아린 바 있다. 이런 유형의 계산 사례는 다양한 학년의 어린이들이 만든 이야기 속에 나타나는 대상, 행동, 기술적 특성의 빈도를 헤아린 여러 보고서에서 볼 수 있을 것이다. 이 데이터들은 어린이의 이야기에서 행동이 가장 흔하며 대상은 드물고 대상의 특성은 더더욱 드물다는 것을 명백히 보여 준다.

1-6-61] 그러나 성인 말과 문학 형식이 어린이의 문어에 미치는 영향을 염두에 둘 때, 이러한 진술을 단정 지을 수 없다. 어린이의 모방 정도가 얼마나 광범위한지는 잘 알려져 있으며 따라서 분명히 책의 문학적 문체는 종종 어린이에게 큰 영향을 미쳐 어린이의 문어가 갖는 진정

한 특성을 가린다. 따라서 진정한 어린이의 문체는 농부 어린이, 거리 어린이, 성인의 문체에 가장 덜 영향을 받은 어린이들에게서 가장 순수하게 나타난다. 다음은 거리 어린이들의 자전적 기술에서 발췌한 여러 가지 사례이다. 이 사례들은 거리 어린이들의 문어가 그들의 입말과 얼마나 가까운지 매우 명백히 보여 준다. 15세의 세묜 베크신은 다음과 같이 쓴다.

1-6-62] "나는 12살이고 동생은 10살이었는데 우리는 아버지도 없고 어머니도 없었기 때문에 고생을 하였다. 내가 나이가 더 많았기 때문에 내가 직접 우리가 먹을 빵을 구워야 했다. 아침에 일어나면 다시 이불 속에 들어가고 싶어지지만 그럴 수 없다. 나는 스스로를 돌아보고 일을 시작한다. 다른 애들이 놀고 있는 것을 보면, 어머니와 아버지를 가진 내 친구들이 자유롭고 신나게 노는 것이 화난다. 그렇게 나는 1920년까지 일하고 고생했다."

1-6-63] 또 다른 거리 어린이는 다음과 같이 쓴다.

"이렇게 되기 전에는 부모님이 계셨다. 지금은 아무도 없다. 부모님이 없는 것은 좋지 않다. 집도 있었다. 말과 소가 있었다. 지금은 아무것도 없다. 집에 남은 것은 양 세 마리, 돼지 두 마리, 그리고 닭 다섯 마리뿐이다. 모든 것은 끝났다."

1-6-64] 여기서 어린이가 어릴수록 어린이의 글은 어린이 말의 특성을 반영하고 어른의 말과 달라진다. 예시로 우리는 두 편의 짧은 어린이의 수필을 인용할 것이다. 하나는 노동자의 아들인 13세 소년이 썼으며 다른 하나는 통 제조업자의 아들인 12세 소년이 썼다. 첫 번째 작품은 다가오는 봄에 대한 것이다.

1-6-65] "눈이 멈추고 우울한 겨울날이 지난 후 태양은 봄의 햇살과 함께 우리의 창 안을 들여다보았다. 눈은 녹기 시작했고 시냇물은 모든

곳에서 흐르고 있었으며 봄, 그 아름다움은 점점 더 가까이 다가와 우리를 기쁘게 하고 있었다. 이제 5월이 되어 푸른 잔디가 나타나기 시작하여 모두에게 새로운 즐거움을 가져온다."

1-6-66] 다음 이야기는 '기다림'이라고 불린 것이다.

"산에, 넓은 볼가 강의 위에 있는 절벽에 타르처럼 검은 어부의 오두막집이 웅크리고 있었다. 집의 판자는 썩어 있었다. 바람은 초가지붕의 지푸라기들을 흩날렸고 집 안에서는 울음소리가 들렸다. 집 안에서 그들은 어부를 기다리고 있었다. 하루가 끝나 가고 있었다. 공기가 차가웠다. 지평선 너머로 구름이 모이고 있었다. 납 색깔의 구름이. 볼가 강의 파도가 부서졌지만 어부는 아직도 오지 않았다.

그런데 갑자기 저 너머로 점 하나가 보이더니 이 점은 점점 커졌다. 그것은 절벽 근처에 있었다. 그것은 배였다. 바로 그 안에 어부가 있었다."

여기에 인용된 어린이 문학 작품들은 다른 인용 작품들과 같이, И. М. 솔로비요프의 『학령기 어린이의 문학과 언어』(1927)에서 발췌한 것이다.—러시아어판 각주.

1-6-67] 이 이야기들은 어린이 글쓰기의 혼합주의를 명확히 보여 주는 예시가 된다. 그 속에서 산문은 운문과 구별되지 않으며 일부 구절은 운을 엄격히 맞추는가 하면 다른 구절들은 특정한 운율을 따르지 않는다.—이는 아직 분화되지 않은 반半산문, 반半운문적인 이야기로 이 연령대 어린이에게서 매우 흔히 나타난다. 다음은 순수하게 산문적인 수필의 예시이다. 글쓴이는 노동자의 아들인 12세 소년이다.

1-6-68] "타이가는 거대한 숲이다. 키 크고 호리호리한 소나무들은 태양빛이 비집고 들어올 틈을 주지 않는다. 그것은 바다만큼 넓어서 어

디를 가든 숲, 그리고 또 숲뿐이다. 그것은 라도가 호수에서 우랄 산맥까지 1,500킬로미터에 이른다. 눈이 쌓이면 걸어서도, 탈 것으로도 건너갈 수 없지만 여름에는 이곳만큼이나 따뜻하다. 어린애들은 버섯과 열매를 따러 나간다. 숲에서는 야생동물들을 조심해야 한다. 숲 속에는 스라소니, 곰, 늑대, 사슴 등이 있다."

1-6-69] 여기서 숲으로 덮인 지역을 기술하도록 한 산문 숙제 역시, 어린이가 명백한 산문적 형태로 쓰도록 만들었다. 그러나 어린이들은 자신들을 격동시키는 정서적 주제들 또한 차분하고 산문적인 문체로 표현할 수 있을 것이다. 다음은 노동자의 아들인 12세 소년이 화재火災에 대해 쓴 글이다.

1-6-70] "이미 저녁이 다가오고 있었다. 탈곡기는 웅웅거리고 사람들 소리가 밖에서 들렸다. 그러나 곧 종이 울리고 사람들은 집으로 돌아갔다. 완전한 적막이었다. 들리는 소리라고는 소 울음과 숲에서 돌아오는 소 치는 이의 큰 목소리뿐이었다. 그는 탈곡기를 지나면서 담배꽁초를 떨어뜨렸다. 불이 붙었고 한밤중에 모든 건초에 옮겨 붙었다. 비상종이 울렸다. 사람들은 물을 길어서 불 위에 부었다. 어린이들은 비명을 지르며 울었다. 온 마을 사람들이 일어나서 밖으로 나왔다. 불이 꺼지자 모두가 집으로 돌아갔다. 모든 이들은 곡식을 잃어서 슬퍼하고 있었다."

1-6-71] 1925/26년 교학방법敎學方法 연구소 전람회에 출품된 이야기를 여러 어린이들의 협력적 창조적 글쓰기의 사례로 제시하고자 한다. 이 작품은 모스크바에 있는 한 학교의 5학년생들인 12~15세 사이의 어린이들이 쓴 것이다. 저자는 모두 7명으로 6명은 여학생이고 한 명은 남학생이다. 작품의 전체적 윤곽을 잡는 것과 편집을 맡은 것은 남학생이었다. '1243번 열차가 직접 들려주는 이야기'라는 제목의 이 작품은 산업에 대한 학습과 연계되어 어린이들의 계획하에 쓰였다.

1-6-72] 어린이들이 수행한 이 공동 작업은 어린이의 창조적 글쓰기의 주요 특징을 모두 보여 준다. 즉, 조합적인 환상, 열차의 부품 재료와 열차 자체에 인간적 감정과 경험을 부여하기, 어린이가 열차의 이야기를 단지 이해하고 상상할 뿐 아니라 이를 경험하고 감정의 언어로 번역하도록 하는 정서적 접근, 그리고 이러한 정서적 심상적 구성물을 외적인 언어적 형태로 구체화, 실현시키려는 동기. 여기서 우리는 어린이의 창조성이 현실의 인상으로부터 양분을 공급받는 정도를, 이러한 인상들이 어떻게 재처리되는지를, 그리고 이것이 어떻게 어린이로 하여금 현실에 대한 더 깊은 이해와 공감으로 이끄는지 쉽게 볼 수 있다. 그러나 우리는 또한 이 이야기에서 모든 어린이의 창조적 작품 일반에 대해 지적될 수 있을 법한 불완전한 창조성도 쉽게 볼 수 있다. 이러한 불완전성은 진지한 문학 작품에 요구되는 것들에 견주어 볼 때 드러난다.

1-6-73] 레베슈는 다음과 같이 쓴다.

"어린이들의 창조적 작품들은 내용과 기술적 측면 모두에서 대체적으로 원시적이고 파생적이며 기복이 심하고 점진적 긴장 증대의 원칙을 따르지 못한다."

어린이의 창조 작품들이 파생적이고 기복이 심한 것은 어린이 작품이 부분적으로 다른 작품을 모방하므로 독창성이 떨어지고 모방한 부분과 그렇지 않은 부분의 질적 차이가 심하기 때문이다.

*이는 G. 레베슈(Geza Revesz, 1878~1955)를 인용한 것으로 보인다. 그는 헝가리계 네덜란드 심리학자로 뮐러의 제자이자 G. 코프카, O. 셀츠, E. 루빈의 동료였다. 그는 오늘날에도 사용되는 음악 심리학을 저술하였다. 비고츠키는 손상학 관련 저서(영문판 선집 2권 p.269)에서도 그를 인용한다.

1-6-74] 이러한 창조적 작품은 문학 자체보다는 어린이에게 더욱 중

요하다. 어린이를 전문적 작가로 간주하고, 성인 프로 작가에게 요구되는 것과 같은 종류의 것을 그의 작품에 요구하는 것은 그릇되고 부당한 일일 것이다. 어린이의 창조적 글쓰기가 성인의 글과 가지는 관계는 어린이의 놀이가 그의 삶과 맺는 관계와 같다. 놀이는 어린이 자신에게 필요하다. 이는 어린이의 창조적 글쓰기가 그 무엇보다도 어린 작가 자신의 역량이 적절히 발달하는 데 필요한 것과 마찬가지이다. 이는 어린이가 태어나고 자란 환경의 필수적인 부분이기도 하다. 물론 이것이 어린이의 창조적 글쓰기가 어린이 스스로의 자연적 동기로부터만 생겨나야 한다거나, 모든 창조성의 발현이 동일한 가치를 가지고 있고 이들이 모두 오직 어린이 자신의 주관적 취향만을 만족시켜야 한다는 것을 의미하지는 않는다. 놀이에서 가장 중요한 것은 놀이를 통해 어린이가 얻는 만족이 아니라 어린이 스스로가 의식하지 못하는 놀이의 객관적인 사용과 객관적인 의미이다. 잘 알려진 바와 같이 이 의미는 어린이의 모든 역량과 잠재적 능력을 발달시키고 발휘하도록 하는 것을 포함한다. 이와 동일하게, 어린이의 창조적 글쓰기는 외부로부터 자극되고 안내될 수 있을 것이며 그것이 어린이의 발달과 교육에 가지는 객관적 의미라는 관점으로부터 평가되어야 한다. 우리가 어린이들이 자신의 게임을 조직하도록 도와주고 그들 놀이의 본성을 선택하고 안내해 주듯이 우리는 그들의 창조적 반응을 자극하고 인도할 수 있다. 심리학자들은 어린이의 창조적 반응의 실험적 도출이라는 동일한 목적에 기여하는 일련의 온갖 기법들을 오래전에 확립한 바 있다. 이 목적을 위해 어린이들은 창조적 글쓰기를 도출하는 수단으로 특정한 숙제나 주제를 부여받거나 일련의 음악적, 예술적, 실생활 인상 등등을 제공받았다. 그러나 이 모든 기법들은 (어린이 발달의 유기체적 부분을 형성하지 못하는-K) 극단적 인위성으로 어려움을 겪었으며 이들은 모두 오직 그들이 개발된 목적, 즉 어린이의 창조적 글쓰기를 연구하기 위해 그것을 촉발시키는 데에만 적합하다.

1-6-75] 심리학자들이 이러한 반응을 연구하기 위해서는 이 반응이 단순하게 잘 정의되고 규정된 어떤 자극을 통해 촉발됨으로써 이 자극들이 심리학자들의 손에 창조적 반응으로 인도하는 실마리를 쥐어 줄 수 있어야 했다. 교육자들이 어린이의 창조성을 자극하려 할 때에는 이와 완전히 다른 과업에 당면한다. 과업이 상이하므로 기법 역시도 달라야 한다. 어린이의 창조성을 일깨우는 최선의 자극은 그들의 삶과 환경이 창조의 욕구와 능력으로 인도하도록 조직하는 것이다. 일례로 우리는 널리 퍼진 어린이 잡지나 신문과 같은 형태를 이용할 수 있다.

1-6-76] 주린Журин은 다음과 같이 적는다.

"잡지는 적절히 활용되기만 한다면 그 어떤 과업보다 더 많은 기능들을 결합시킬 수 있다. 어린이의 매우 다양한 능력들이 여기에 적용될 수 있다. 어린 예술가들은 그림 그리기와 꾸미기를 할 수 있으며, 문학적 성향을 지닌 어린이들은 글을 쓸 수 있고, 조직적 기능을 지닌 어린이들은 회의를 진행하고 작업을 분배할 수 있다. 글을 베껴 쓰고 오려 붙이기를 좋아하는 어린이들은 (이런 어린이들이 실제로 꽤 있다) 이러한 과업을 열정적으로 할 것이다."

1-6-77] 한마디로 어린이들이 가지고 있는 온갖 종류의 기능과 흥미가 잡지에서 사용될 수 있는 것이다. 나이가 더 많고 능력이 더 우수한 어린이들은 능력과 열정이 덜한 이들을 이끌고 함께 나아갈 것이다. 이모든 일이 외부적 영향의 필요 없이 저절로 일어날 것이다. 잡지는 어린이의 문어 발달에 중요한 역할을 할 수 있다. 어린이들이 자발적이고 흥미를 가지고 참여하는 일이 억지로 하게 된 일보다 훨씬 훌륭한 결과를 낳는다는 것은 잘 알려져 있다.

1-6-78] 그러나 사실상 잡지가 가지는 가장 큰 가치는 그것이 어린이의 창조적 글쓰기를 어린이의 삶에 더 가깝게 한다는 데 있다. 어린이들은 왜 사람들이 글을 쓰고자 하는지 이해하기 시작하게 된다. 글쓰기는 어린이들에게 의미 있고 필요한 과업이 된다. 학교 신문이나 학급 신문도 이에 못지않은 중요성을 갖는다. 이들 역시도 학예회나 그와 유사하게 어린이들의 창조성을 자극하는 활동들과 같이 매우 다양한 흥미와 재능을 가진 어린이들을 공동 작업에 참여시킬 수 있기 때문이다.

1-6-79] 우리는 어린이의 창조적 작업의 주요 형태가 혼합적, 즉 개별적 예술 유형들이 아직 구분되거나 전문화되지 않은 데 있다고 이미 말한 바 있다. 이와 같이 우리는 운문과 산문, 이야기와 극화를 아직 구분하지 않은 어린이 문학의 혼합주의에 대해 언급하였다. 그러나 어린이들은 다양한 예술 양식을 하나의 예술적 노력에 통합하면서 더욱 광범위한 혼합주의를 보인다. 톨스토이가 기술했던 일화 속의 어린이가 그러했듯 어린이는 자신의 말을 통해 글을 지으며 이를 연기한다.

1-6-80] 어린이는 그림을 그리면서 동시에 자신이 그리는 것에 대해 이야기한다. 어린이는 자신의 등장인물의 말을 극화로 표현하고 작문을 한다. 이러한 혼합주의는 온갖 다양한 어린이 예술의 갈래들을 통합하는 공통된 뿌리를 가리킨다. 이 공통 근원은 어린이의 놀이이다. 놀이는 어린이의 예술적 창조를 위한 예비적 단계로서 기여한다. 그러나 이 공통 근원이 그리기와 극화와 같은 어느 정도 독립적인 예술적 창조 형태를 일으킨 때라 할지라도 각 형태는 다른 형태들과 엄밀히 분리되지 않으며 다른 형태의 요소를 즉각 흡수하고 선택한다.

1-6-81] 어린이 창조성의 근원인 놀이의 흔적을 잘 보여 주는 어린이 창조성의 특징이 있다. 어린이가 장시간에 걸쳐 창조적 작업에 몰두하

는 경우는 드물다. 대부분의 경우 어린이는 자신의 작품을 앉은자리에서 완성한다. 이 경우 어린이의 창조적 노력은, 어린이의 절실한 욕구로부터 생겨나며 자신의 감정을 빠르고 남김없이 발산하도록 해 주는 놀이를 연상시킨다.

1-6-82] 놀이와의 두 번째 연결은 유년기의 문학적 창조는 놀이와 같이 어린이의 개인적 관심과 개인적 경험과의 매듭을 근본적으로 풀지 않고 있다는 사실과 관련이 있다. 번펠트는 14~17세의 청소년들이 쓴 짧은 이야기(новелла, novella)를 연구하였다. 그는 모든 짧은 이야기들이 저자들의 개인적 삶의 깊은 인상을 내포하고 있다는 것을 발견하였다. 그들 중 일부는 가장된 자서전일 뿐인 경우도 있었다. 다른 것들은 이야기의 사적인 토대를 상당 정도 바꾸었지만 여전히 그것이 이야기 속에서 완전히 사라질 정도는 아니었다. 이와 같은 어린이의 창조적 노력의 주관주의에 대한 많은 연구는 두 가지 기본적 유형, 즉 주관적, 객관적 글쓰기 사이의 차이는 어린이의 글쓰기 속에서 이미 발견된다고 주장하려 하였다. 우리가 볼 때 어린이 글쓰기의 이러한 두 가지 측면 혹은 특징은 청소년기에 발견된다. 이들은 그 당시 어린이의 창조적 상상이 겪는 전환점을 반영하기 때문이다. 일부 어린이들에게서는 과거의 특징이 더욱 두드러질 수 있으며 일부 어린이들에게서는 그들의 미래 상상의 특징이 두드러질 수 있다.

*S. 번펠트(Siegfried Bernfeld, 1892~1953)는 프로이트와 함께 활동한 빈 정신분석학회 창립 회원 중 하나이다. 교육에 대해 광범위한 저술을 남겼다. 사회주의자로서 그는 시오니즘 운동에도 적극적으로 참여하였다. 그의 저술 중에서는 신생아의 심리학에 대한 것과 노동 교육에 대한 것이 잘 알려져 있다.

1-6-83] 이 사실이 특정 어린이의 개인적 특징과 직접 관련되어 있다는 데에는 의심의 여지가 없다. 톨스토이는 리보가 정의했던 조형적 유형과 정서적 유형의 상상에 상응하는 두 가지 유형을 감지하였다. 톨스토이의 셈카는 조형적 유형의 창조를 보여 주었다. 그의 이야기는 기술記述 방식에서의 예술적 본성, 잇달아 기술되는 삶에 가장 진실한 세부 묘사로 두각을 드러내었다.

1-6-84] "셈카는 이야기를 할 때 눈앞에 있는 것을 보고 기술하였다. '딱딱하게 언 나무껍질 샌들과 샌들이 녹아서 뚝뚝 떨어지는 진흙 그리고 노파가 그 샌들을 페치카 속에 던져 이들이 건빵сухари처럼 타는 모습.'" 그의 상상은 외적인 시각적 심상을 재생산하고 결합하여 이로부터 새로운 그림을 만들어 냈다. 반면 페트카는 주로 정서적 요소들을 결합하고 외적인 심상들을 그에 엮음으로써 창조하였다. 그는 '그에게 익숙한 감정을 불러일으키는 세부 사항들'만을 보았다. 그는 공통된 정서를 토대로 자신을 사로잡고 있는 주요 감정, 즉 연민, 동정, 온화함과 상응하는 인상들만을 선택하였다. 비네는 이와 같은 두 가지 유형들을 '관찰자'와 '해석자'라고 불렀다. 비네는 이 두 가지 유형 모두가 성인 예술가와 학자들 그리고 청소년들에게서 동일한 정도로 발견된다고 했다. 비네는 주관적인 유형과 객관적인 유형의 창조자에 각각 속하는 11세와 12세 반인 두 소녀들의 창조적 노력을 연구하였다.

1-6-85] 솔로비요프 교수는 두 명의 청소년을 분석하여 이 둘이 어떤 유형에 속하느냐 하는 사실이 그들이 쓴 이야기의 모든 세부 사항과 정교한 구조에 어느 정도 영향을 미치는지 보여 주었다. 그들의 유형은 형용어구, 즉 기술어記述語의 선택과 그들의 심상 그리고 그들이 빠져 있는 감정을 통해 반영되었다. 이 소녀들의 작품에 나타나는 기술어들의 전형적인 사례는 다음과 같다. 객관적 성향의 소녀의 경우 눈은 폭신폭

신하고 희며 은빛이고 깨끗하다. 제비꽃은 푸르고 나방은 다채로운 색을 가졌으며 구름은 위협적이고 녹아서 떠다니며 이삭은 황금빛이고 숲은 달콤한 향기를 가졌으며 어둡다. 태양은 붉고 맑으며 금빛이고 봄과 같다. 이 모두는 실제의 시각적 지각에 상응하며 이들 모두는 사물의 시각적 그림을 제공한다. 다른 소녀의 경우는 이와 달랐다. 이 소녀의 기술어들은 비록 매우 표현적이고 시각적이었지만 그럼에도 다음과 같이 주로 정서적인 표현들이 사용되었다. 희망 없는, 침울한, 어두운 생각, 까마귀와 같은 우울함 등.

여기서 지적되고 있는 창조적 지성의 두 유형, 즉 '현실적', 외부 지향적 유형과 '비현실적', 내부 지향적 유형의 구분은 1장부터 일관되게 사용되고 있는 프레임이다.

1-6-86] 이제 결론을 도출할 때가 되었다. 어린이의 창조적 글을 본 이라면 누구나 다음과 같은 질문을 가지게 된다. 그와 같은 노력이 어린이를 미래의 작가나 창조적 예술가로 발전시키는 것도 아니고, 청소년 발달에서 짧게 간혹 일어나는 현상으로서 이후에 완전히 사라지는 것은 아니더라도 그 후에 상당 정도 쇠퇴하게 된다면 그 노력의 의미는 과연 무엇일까? 그와 같은 창조적 노력의 의미와 중요성은 오직 그것이 창조적 상상의 발달에 급격한 전환점을 만들도록 도와준다는 사실에 있다. 이 전환점을 계기로 어린이의 환상은 새로운 방향으로 나아가며 이 방향은 그의 인생 전반에 걸쳐 지속된다. 그 중요성은 어린이의 정서적 삶을 심오하게 만들고 확장하며 순수화한다는 사실에 있다. 처음으로 어린이의 정서적 삶이 일깨워지고 진지한 음조로 조율된다. 마지막으로, 그것은 어린이가 자신의 창조적 성향과 기술을 발휘함으로써 인간의 언어, 즉 인간의 사고와 인간의 감정 그리고 인간의 내적 세계

를 형성하고 표현하는 극도로 미묘하고 복잡한 도구를 숙달할 수 있도록 해 준다는 점에서 중요하다.

●학령기 어린이의 문학적 창조

문학적 창조는 그리기가 끝나기 전까지는 발달하지 않음을 확립하였음에도 비고츠키는 그림 그리기에 대한 장이 제시되기 전에 문학적 창조에 대한 장을 배치하고 있다. 이는 이 책이 청소년들을 가르치는 학교 교사들을 대상으로 쓰였기 때문일 수도 있고, 비고츠키 자신이 발달의 종착점으로부터 그 기원을 되짚어 가는 방식으로 논의를 전개하고자 했기 때문일 수도 있다. 비고츠키는 먼저 쓰기 교육에 대한 일반적인 조언으로 논의를 시작한다. 이러한 조언들은 대부분 그의 동료이자 친구인 블론스키로부터 따온 것들이다. 그런 후 그는 톨스토이가 두 명의 농촌 어린이들에게 문학 용어를 가르친 예화에 대해 심도 있게 검토한다. 그는 전쟁 이전에 독일에서 수집된 방대한 어린이 글들에 대한 연구를 살펴본 후 이를 이와 유사하지만 규모는 더 작은 러시아의 연구와 비교한다. 비고츠키는 이를 통해 문학적 창조와 다음 장의 주제인 드라마 사이의 강력한 연결을 지적한다. 마지막으로 비고츠키는 톨스토이를 다시 한 번 언급하면서 그가 농촌 어린이들을 대상으로 한 실험은 상이한 문학 장르가 아닌 상이한 창조 유형, 즉 조형적이고 기술記述적인 창조와 정서적이고 표현적인 창조를 분명히 구분해 준다고 지적한다.

I. 비고츠키는 그림 그리기가 전 학령기 어린이의 내면적 욕구와 흥미에 부응함에 틀림없으며 어린이가 쓰기와 문학으로 이행하기 위해서는 그러한 내적 특성이 발달해야 한다는 가정으로부터 논의를 시작한다. 그러나 자신의 제자인 솔로비요프의 연구를 인용하면서 비고츠키는 글말이 입말에 어떻게 뒤처지는지 보여 주며 이를 통해 어린이는 구어적 대화에서 느끼게 되는 직접적 접근성의 감각을 글말에서는 느끼지 못하고 글을 통한 매개적 접근성의 필요를 전혀 느끼지 않는다고 추정한다. 동료인 블론스키의 작품을 인용하면서 글쓰기는 유목적적이어야 한다고 주장한다. 그는 대화를 통해 말하기에는 너무 멀리 떨어져 있는 이들을 비롯해 다양한 지인知人들이 글쓰기의 동기를 자극하는 데 유용하다고 말한다. (1-6-1~1-6-14)

II. 이제 비고츠키는 톨스토이의 교수 실험을 검토한다. 톨스토이는 농촌 어린이들에게 속담을 통해 글쓰기의 주제를 제시하고 그와 관련하여 어린이들이 만들어 내는 이야기를 글로 써 내려갔다. 비고츠키는 이 방법의 흥미로운 점 중 하나는 실험이 집단적, 협력적으로 이루어졌다는 데 있음을 지적하고, 톨스토이의 루소적인 입장, 즉 인간은 완벽하게 태어나 사회화의 과정에서 타락한다는 낭만적 관점을 비판적으로 바라본다. 비고츠키는 오히려 톨스토이의 실험 자체가 교육을 통한 사회화의 가능성을 확증한다는 점을 지적한다. 그는 톨스토이의 실험에서 농촌 어린이들이 보여 준 것과 같은 진지한 정서와 구체적 심상이 도시의 길거리 어린이들에게도 나타난다고 말한다. 그와 동시에 비고츠키는 어린이를 그림으로부터 문학적 창조로 이행하도록 하는 어린이 내부의 어떤 결정적 요소가 있다는 점을 인정한다. 비고츠키는 그러한 내적 요인은 2장에서 지적했던 감각과 정서 사이의 강력하고 상호적인 연결과 사춘기 무렵에 나타나며 객관적인 조형적 창조에 대응되는 주관적인 정서적 창조의 결정적인 출현이라고 결론짓는다. (1-6-15~1-6-40)

III. 비고츠키는 다양한 연령대의 어린이를 대상으로 전쟁 전에 독일에서 수행된 대규모 횡단 연구를 소개한다. 이 연구는 5~20세에 이르는 연구 대상들의 3,000여 점의 글쓰기 작품을 조사한 것이다. 기제는 사회적 주제에 대한 작품이 매우 적음을 발견하였다. 개인적 경험과 관련된 주제는 어린이 연령이 증가함에 따라 산문에서 더 높은 비율로 나타나지만 시에서는 그렇지 않으며 소녀들은 소년에 비해 낭만적인 주제에 대해 글을 쓰는 비율이 훨씬 높았다. 어린이들이 청소년기에 접어들면서 철학적인 주제들이 증가한다. 그러나 무엇보다도, 비고츠키는 어린이들이 학교에서 쓰는 것과 집에서 쓰는 것 사이의 커다란 차이점에 주목한다. 학교 글쓰기에서 지배적인 영웅적 주제와 동화를 소재로 한 주제는 집에서의 글쓰기에서는 거의 나타나지 않고, 대신 성애적 주제와 철학적 주제가 독립적 작업에서는 각각 18.2%와 29%의 비중을 차지하였다. 소비에트의 어린이들을 대상으로 한 연구에서는 보고서와 비예술적 작품이 큰 비중을 차지함이 지적된다. 문법적인 측면에서, 비고츠키는 어린이들의 입말이 언제나 글말보다 높은 수준으로 나타나며 움직임과 관련된 개념을 대단히 선호하는 경향이 있다는 것을 발견한다. 비고츠키는 이로부터 두 가지의 일반적인 결론을 도출한다. 첫째, 학생들의 문학 작품은 '혼합적'인 경향을 갖고 있다. 어린이들이 아직 문학 장르들을 명확히 분화시키지 않았기 때문이다. 둘째, 드라마 혹은 극화는 어린이들의 혼합적 문학 활동에 어울리는 배출구를 제공한다. 극화는 산문과 시, 쓰기와 말하기를 모두 결합하기 때문이다. (1-6-41~1-6-59)

IV. 비고츠키는 앞에서 검토된 어린이의 글들이 어른들의 글에 많은 영향을 받았으며 어른들의 글을 모방하고 있음을 경고한다(아마도 독일 어린이들의 독립적 글쓰기와 학교 글쓰기의 차이와 소비에트 어린이들의 글에서 보고서와 학교 수필이 압도적으로 많이 나타난다는 것을 염두에 둔 듯하다). 그는 농촌 어린이들의 글과 길거리 어린이들의 자서전은 어린이들이 책의 문체를 직접적으로 모방하지 않았을 경우에 어떻게 글을 쓰는지 알 수 있게 해 준다고 말한다. 그는 어린이가 어리면 어릴수록 그의 글은 입말과 유사하며, 심지어 나이가 든 어린이들도 운율을 가진 문장과 산문적 문장과 섞어 쓰는 경우가 흔하다고 지적한다. 무엇보다 비고츠키는 어린이 문학은 성인의 기준에 빗대어 평가되어서는 안 된다고 경고한다. 어린이의 글쓰기의 '공통적 기원'은 어린이의 개인적 흥미와 경험과 연결된 놀이 활동이기 때문이다. 어떤 연구자들은 어린이가 객관적 글쓰기와 주관적 글쓰기라는 서로 매우 다른 두 가지의 글쓰기 유형을 이미 분화시킨다고 믿지만 비고츠키는 이것이 여러 어린이들 사이의 차이일 뿐이며 모든 어린이의 글쓰기에서 나타나는 공통적인 특성은 아니라고 주장하며 리보, 톨스토이, 비네 그리고 솔로비요프가 예시한 조형적 상상과 정서적 상상의 출현을 지적한다. 글을 맺으며 비고츠키는 어린이 발달 과정에서 대부분 소멸할 운명을 지녔음에도 불구하고 문학적 창조가 가지는 발달적 의미에 대해 논한다. 문학적 창조는 그림과 달리 내적 관계와 정서적 의미로 주의를 기울이도록 하여 상상의 새로운 방향을 열어 주며, 언어를 매개로 사용함에 따라 어린이들이 언어를 숙달할 수 있도록 해 준다는 점에서 중요하다. (1-6-60~1-6-85)

7장
학령기 어린이의 연극 창조

1-7-1] 어린이의 연극 창조 혹은 극화적 노력은 그들의 문학적 창조 활동과 매우 가깝다. 언어적 창조와 더불어 극화 혹은 무대 활동, 연극 은 가장 흔하고 널리 퍼진 어린이의 창조적 실천의 형태이다. 어린이가 이런 유형의 창조성을 그토록 친숙하게 여기게 되는 이유는 쉽게 이해 할 수 있다. 여기에는 두 가지 주요한 이유가 있다. 첫째, 행동 특히 어 린이 자신의 행동에 바탕을 두는 드라마는 실제 경험과 가장 밀접하고 능동적이며 실제 경험과 직접적으로 상응하는 창조의 형태이다.

1-7-2] 페트로바는 다음과 같이 적는다.

"삶의 인상을 드라마적으로 표현하는 것은 어린이의 본성에 깊숙이 자리 잡고 있으며 어른의 욕구와는 무관하게 자연 발생적으로 일어난 다. 어린이는 외부로부터 수용하는 인상들을 파악하고 그들을 모방함 으로써 그들을 구체적으로 만든다. 본능과 상상을 통해 어린이는 자신 이 전혀 경험한 바 없는 영적 자질(영웅심, 용기, 자기희생)들을 표현하며 아직 자신이 삶을 통해 겪을 기회가 없었던 상황과 정황들을 창조한다.

어린이의 환상은 어른의 경우처럼 몽상의 영역으로 후퇴하지 않는다. 어린이는 상상하는 것, 경험하는 것 모두가 생생한 형태와 활동으로 구체화되기를 원한다."

*A. 페트로바(А. Е. Петрова, 1888~?)는 장애아에 대해 연구하였으며 『아동 원시성』이라는 책을 1925년에 출간하였다. 비고츠키는 손상학에 관한 자신의 저서에서 페트로바를 반복적으로 인용하는데, 특히 두 개의 언어를 불완전하게 습득했지만 진정 모국어를 습득하지는 못한 어린 타타르 소녀에 대한 사례 연구에 대해 많은 관심을 보였다.

1-7-3] 따라서 드라마적 형태는 1장에서 기술했던 상상의 전체 순환 주기를 가장 명확하게 표현한다. 여기서 현실의 실제 요소로부터 상상이 창조한 심상은, 비록 무대라는 일시적 현실에서만 그렇기는 하지만, 현실에서 구체화되고 실현된다. 상상의 과정 자체에서 행동과 구체화, 현실화의 동인이 여기에서 완전히 충족된다. 기차를 처음 보는 어린이는 자신이 보는 것을 흉내 내려고 발을 구르고 휘파람을 분다. 기차가 형성한 인상을 이와 같이 극화하는 것은 어린이에게 대단한 즐거움을 준다. 위에서 방금 인용한 저자는 9살 난 한 소년에 대해 쓴다. 이 소년은 굴착기에 대해 배운 후에 며칠 동안을 끊임없이 굴착기 흉내를 냈다. 그는 가능한 최대로 자신의 몸을 바퀴 모양으로 만들고, 흙을 파기 위해 '바퀴'에 달려 있는 삽을 나타내는 자신의 주먹을 쉬지 않고 흔들어 댔다. 이런 행동이 매우 힘듦에도 이 소년은 마을을 산책하는 내내, 그리고 집 안과 마당에서도 지속적으로 흉내 내기에 몰두했다. 길 어귀를 따라 흐르는 냇물은 이 소년의 영감을 더더욱 자극했다. 그는 용수로와 강둑을 내기 위해 길을 뚫는 흉내를 냈다. 그는 새로운 강이 흐를 길을 내기 위해 방향을 전환하고 설정하는 굴착기 운전사의 역할을 할

때에만 흉내 내기를 멈추었고, 그런 후에는 쉼 없이 일하는 삽 달린 기계를 나타내기 위해 바퀴 모양으로 다시 몸을 구부렸다. 또 다른 한 소녀는 모래 속에 발을 묻고 팔을 양옆으로 벌리고 꼼짝없이 서서는 이렇게 말했다. "나는 나무예요. 내가 자라는 것을 보세요. 여기는 내 가지들이고요. 여기서 나뭇잎들이 나와요." 그리고 소녀는 천천히 손가락을 펼치면서 팔을 위로 올리기 시작했다. "바람이 나를 휘게 하는 것을 보세요." 나무는 손가락 나뭇잎을 흔들면서 '휘기' 시작했다.

1-7-4] 드라마적 형태가 어린이들에게 친숙한 또 다른 이유는 모든 극화와 놀이 사이의 연결이다. 드라마는 그 어떤 다른 창조의 형태보다 놀이와 밀접하고 직접적으로 연결되어 있다. 놀이는 어린이의 모든 창조의 뿌리이다. 따라서 드라마는 가장 혼합적인 창조 양식이다. 즉, 놀이에는 가장 다양한 창조 형태의 요소가 포함되어 있다. 그런데 이는 어린이가 무대에서 연극을 공연하도록 함으로써 얻는 가장 큰 가치이다. 드라마의 무대 공연은 어린이에게 매우 다양한 창조의 형태를 위한 계기와 재료를 제공한다. 어린이 스스로가 연극 대본을 쓰고 즉흥 창작을 하거나 준비하고, 역할을 그 자리에서 만들거나 때로는 기존 문학 작품을 극화하기도 한다. 어린이는 이러한 언어적 창조의 필요와 본성을 이해한다. 그것은 전체의 부분으로서 의미를 가지기 때문이다. 즉, 이것은 완전하고 매혹적인 놀이를 위한 준비이거나 혹은 그러한 놀이의 자연스러운 일부인 것이다. 소품과 배경, 의상을 제작하는 것은 시각적 미술 활동의 계기를 제공한다. 어린이들은 그림을 그리고, 모형을 만들며 (천을-K) 자르고 꿰매며, 또다시 이 모든 활동들은 어린이가 하고 있는 활동의 일반적 목표의 일부로서 의미와 목적을 갖는다. 마지막으로 놀이 자체는 연기자의 실제 연극 공연을 포함시킴으로써 이 작업을 완성시키며 작업에 완전하고 최종적인 표현을 부여한다.

1-7-5] 페트로바는 다음과 같이 쓴다.

"인용된 사례들은 세상에 대한 어린이의 표상이 어느만큼이나 행동에 근원을 두고 있는지를 보여 준다. 놀이는 어린이를 영적으로 그리고 신체적으로 교육하는 실생활의 학교이다. 그것이 미래 성인의 인격과 세계관의 발달에 가지는 중요성은 엄청나다. 우리는 놀이가 배우, 청중, 작가, 무대 설계자, 무대 감독이 모두 한 사람 속에 녹아 있다는 귀중한 특징으로 부각되는 기초적인 형태의 드라마라고 말할 수 있다. 드라마에서 어린이의 창조는 종합이라는 본성에 놓여 있다. 즉 그의 지적, 정서적 그리고 의지적 힘들은 삶 자체의 힘에 의해, 어린이의 정신에 과도한 부담을 전혀 지우지 않고 직접적으로 활성화된다."

1-7-6] 어떤 교육자들은 어린이가 극화적 작업에 참여하는 것에 대해 매우 반대한다. 그들은 이러한 형태가 어린이의 허영심을 일찍 자극하고, 극장이 부자연스러운 본성을 가지고 있다는 점 등과 같은 위험을 지적한다. 그리고 사실 성인극의 형태를 그대로 모방하려 하는 극적 산출물들은 어린이에게 적합하지 않다. 문학적 텍스트를 이용해 시작함으로써 어린이가 스스로의 이해와 감정에 항상 상응하는 것이 아니라 다른 누군가의 말을 암기하도록 하는 것은 어린이의 창조를 억압하고 어린이를 텍스트로 묶어서 다른 사람의 말을 전달하는 이로 만든다. 이 때문에 어린이 자신에 의해 쓰이거나 만들어지거나 혹은 공연 과정에서 즉흥 창작된 연극이 훨씬 더 어린이에게 이해되기 쉽다. 여기에는, 잘 준비되고 예비 연습된 문학적 텍스트로부터 개별 역할에 대한 일반적인 지적 사항만을 주고 공연을 하면서 어린이 스스로 창조하여 새로운 언어적 텍스트를 만들어야 하는 경우에 이르기까지 넓은 범위의 가능성이 있다. 후자의 경우는 필연적으로 전문 성인 작가가 쓴 기성의 연극보다 더욱 어색하고 덜 문학적이 되겠지만 그들은 어린이 자신의

창조적 노력을 통해 발생되었다는 엄청난 이점을 가질 것이다. 어린이 창조의 기본 법칙은 그것의 가치가 창조의 결과나 산물에 있는 것이 아니라 과정 그 자체에 있다는 점을 잊어서는 안 된다. 어린이가 무엇을 창조했는가보다는 그들이 실제로 창조를 하고 자신들의 창조적 상상을 실천하고 살을 입힌다는 것이 중요하다. 진정한 어린이의 생산물에서 드라마의 모든 것은 막이 오르기부터 그 대단원에 이르기까지 어린이 자신의 손과 상상에 의해 창조되어야 하며 오직 그러한 때에만 극적 생산물이 어린이에게 가지는 완전한 의미와 힘이 획득된다.

1-7-7] 이미 지적된 바와 같이 이러한 일이 일어나면 어린이 창조의 매우 다양한 형태, 즉 진정한 의미에서의 기술적, 장식적/미술적, 문학적 그리고 드라마적인 형태가 (극적-K) 산물을 중심으로 나타나고 조직될 것이다. 어린이의 창조적 과정의 내재적 가치는, 보조적 조작들 예컨대 배경 장면을 준비하기 위해 필요한 기술적 작업도 어린이가 보기에는 연극과 연기 자체의 중요성에 비해 사소하지 않다는 사실에서 특히 명백히 드러난다. 페트로바는 한 학교의 (극적-K) 산물과 그와 관련된 기술적 작업에 대해 어린이들이 가지는 흥미에 대해 쓰고 있다.

구멍을 뚫기 위해서는 학교에서 항상 제공되는 것은 아닌 장비, 즉 드릴이 필요하다. 아주 작은 어린이도 구멍 뚫기의 과정을 배울 수 있다. 유치원 어린이들은 내게 이 간단한 기술을 어떻게 수행하는지 보여 준 바가 있다. 내가 가져온 드릴은 어린이 그룹의 삶에 전혀 새로운 시대를 열었다. 어린이들은 두꺼운 블록과 판자에 구멍을 뚫은 후 막대기를 이용하여 그들을 다양한 방식으로 결합하였다. 이 구멍들을 통해 숲과 정원 그리고 벽이 생겨났다. 어린이가 보기에 드릴은 일종의 테크놀로지의 기적이었다.

1-7-8] 이는 놀이 자체에 대해서도 유사하게 적용될 수 있다. 어린이

는 연극에 필요한 모든 재료를 창조하는 작업에 참여할 수 있어야 한다. 다른 이가 쓴 대사로 어린이에게 부담을 지움으로써 어린이의 심리적 상태에 분열이 일어나듯이, 연극의 객관적이고 기본적 본성은 어린이에게 친숙하고 이해하기 쉬운 것이어야 한다. 성인극의 무대와 온갖 장식이 곧장 어린이 연극으로 옮겨진다면 어린이들은 그에 속박되고 혼동을 겪을 것이다. 다른 이들이 볼 때 어린이가 형편없는 배우일 수 있지만 그 스스로의 생각에는 뛰어난 배우이며, 전체 극적 산물은 어린이가 스스로를 위해서, 놀이 자체의 흥미, 즉 결과가 아닌 과정 자체에 사로잡혀 연기한다고 느끼도록 조직되어야 한다. 연극이 제공하는 최고의 보상은 공연의 성공이나 어린이가 어른으로부터 받는 칭찬이 아니라, 공연을 준비하면서 그리고 연기 과정 자체에서 경험하는 기쁨이 되어야 한다.

1-7-9] 만일 어린이가 문학 작품을 쓰려 한다면 자신이 글을 쓰는 이유를 이해하고 글쓰기의 목적에 대해 의식적으로 파악해야 하는 것과 같이, 어린이의 극적 산물 역시도 구체적 목적을 위해 사용되어야 한다.

1-7-10] 리브스는 다음과 같이 쓴다.

"피오네르의 산출물은 단지 연극을 하기 위한 연극이 아니라 언제나 규정된 목적을 가지고 있다. 예컨대 혁명의 다양한 측면이나 두드러진 정치적 사건을 조명하거나 이전 학기에 공연된 작품들을 극화를 통해 표현하는 것이다. 그와 같은 목적을 가지고 있는 모든 피오네르의 산출물은 물론, 미적 교육이라는 목적도 가지고 있다. 모든 피오네르의 산출물은 그 선전적 목적 이외에도 모종의 창조적 측면을 반드시 포함하고 있어야만 한다."

피오네르(Пионер, Pioneer)는 소련의 보이스카우트 단체이다. 베이든 파웰이 설립한 국제 보이스카우트 연맹은 당연히 친영국적이었으므로 러시아 내전 중에서 적군이 아닌 백군을 지지하였다. 이에 따라 공산주의 청년 연맹은 나데즈다 크룹스카야의 지도하에 청년 피오네르단을 창설하였고 이 단체는 크룹스카야의 남편인 레닌의 이름을 따서 블라디미르 레닌 청년 피오네르단으로 불렸다. 피오네르단은 소련에서 청소년들의 문화 운동에 중요한 축을 담당하였으며 후에는 반反나치 투쟁의 중요한 지지대 역할을 하였다.

청년 피오네르의 배지. 구호는 '항상 준비!'이다.

1-7-11] 스토리텔링, 즉 좁은 의미에서의 구어적 창조와 극화는 어린이의 극화적 창조 노력과 본성상 유사하다. 교육자인 A. B. 치체린은 그의 어린이 중 한 명의 산출물을 다음과 같이 기술한다.

"여러 탁자들이 밀어 옮겨지고 그 위에 긴 의자들이 놓였다. 여기저기에 마분지로 만든 파이프나 깃발이 꽂혀 있었고 판자가 마룻바닥에서 구조물까지 연결되었다. 사람들이 증기선을 타면서 심한 혼란이 일어났다. 미국으로 도주하는 두 명의 소년이 나타나 선창(탁자 밑의) 속으로 숨어 들어갔다. 여기는 기관사와 화부들이 자리 잡고 있는 장소이기도 했다. 그들 위에는 조타수와 선장, 선원 그리고 승객들이 있었다. 증기선은 휘파람 소리를 울렸고 건널 판자는 치워졌다. 선창 속에서는 탁탁 소리가 울려났다. 갑판 위의 사람들은 앞뒤로 규칙적으로 흔들렸다. 덧붙여 이 뒤에는 '바다'라고 쓰인 판자도 앞뒤로 흔들거리고 있었다. 여기서 보조적 재료들의 주요 의미는 그들이 청중들에게 환상을 창조한다는 것이 아니라 연극 자체가 플롯의 종류에 상관없이 움직임에 토대를 두고 능동적으로 묘사될 수 있다는 데 있다."

*A. B. 치체린(Чичерин, Алексей Владимирович, 1900~1989) 시인이자 문학비평가, 교사 교육자였다. 1926년에 출간된 『예술 교육이란 무엇인가』의 저자이다.

1-7-12] 그러한 놀이는 극화와 매우 가깝다. 이 둘은 너무도 가깝기 때문에 흔히 그들 사이의 경계는 완전히 사라지곤 한다. 어떤 교육자들은 어린이 상상의 본성에 맞도록 신체를 움직여 심상을 효과적으로 표현하도록 하는 교수 방법으로 극화를 도입한다는 것을 우리는 알고 있다.

●학령기 어린이의 연극 창조

비고츠키가 이 책을 역할극과 그리기로 마무리 짓는 것은 얼핏 당황스럽게 느껴진다. 그러나 『어린이 자기행동숙달의 역사와 발달 Ⅱ』에서 볼 수 있듯이, 상징 놀이와 시각적 표상화는 문해의 기원이 되는 두 개의 뿌리들이다. 따라서 비고츠키는 기지旣知의 것으로부터 미지未知의 것으로 나아가는 방법을 취한다. 즉, 어린이의 문학적 창조에 대한 관찰로부터 그것의 기원이 되는 놀이와 그리기로 향하는 것이다.

I. 비고츠키는 드라마가 어린이의 창조에 선호되는 장르가 되는 두 가지 이유를 설명한다. 이는 드라마가 개인적 활동과 경험과 연결되어 있으며, 또한 놀이와 연결되어 있기 때문이다.

II. 비고츠키는 학교에서의 극화 활동에 반대하는 주장들을 인용한다(영어 연극 페스티벌과 같은 보여 주기식 행사의 폐단은 당시에도 있었던 것으로 보인다). 비고츠키는 이러한 반대 주장을 통해 극화 활동이 학교 잡지와 같이 어린이에 의해, 어린이를 위해서 이루어져야 하며(오늘날에는 과정극過程劇으로 불리는) 어린이의 즉흥적 창조로 구성되어야 한다고 주장한다.

8장
아동기의 그림

1-8-1] 이미 지적했다시피 그림 그리기는 초기 아동기의 주요한 창조적 활동 형태이다. "어린이가 자라서 후기 아동기에 접어들면서 일반적으로 그리기에 염증을 느끼고 흥미를 잃기 시작한다." 어린이의 그림에 대한 연구를 출간한 H. 루켄스는 이러한 냉각 기간이 10~15세 사이라고 한다. 그의 의견에 따르면 이러한 냉각 기간이 끝난 후 그림에 대한 흥미는 15~20세 사이에 다시 증가한다. 그러나 예술적 노력이 새롭게 증가하는 것은 오직 특별한 예술적 재능을 가진 어린이들에게만 나타난다. 처음 흥미를 상실한 이후 대부분의 어린이들은 평생 동안 그리기를 포기하게 되고, 주기적으로 그림을 그리지 않는 어른의 그림은 그리기를 좋아하는 단계를 이제 막 완료한 8~9세 어린이의 그림과 별반 다르지 않다. 이 데이터는 청소년기에 그리기가 쇠퇴하여 어린이는 대체적으로 그리기를 포기한다는 것을 보여 준다. 1만 5,000점 이상의 그림을 연구한 반스는 이러한 변곡점이 13세 혹은 14세에 나타난다고 확립한 바 있다.

초기 아동기рaннем возраст는 8, 9세까지의 연령기를 지칭한다. 비고츠키가 아동 발달의 시기를 구분할 때 사용한 초기 아동기(1~3세)와 혼동하지 말 것.

반스와 루켄스 인용의 출처는 G. S. 홀이 편저한 *Pedagogical Seminary*에 수록된 다음의 논문들이다.

E. Barnes, (1893), 'A study on children's drawings'

H. T. Lukens, (1896), 'A study of children's drawings in the early years'

1-8-2] 그는 다음과 같이 쓴다.

"13세의 소녀들과 14세의 소년들은 표현에서 과감함이 줄어든다. 그림 그리기를 완전히 거부하는 어린이들은 모두 13세 이상의 어린이들이다. 이 분야의 다른 연구들 역시 어린이들이 13세, 즉 사춘기에 그들의 이상理想에 변화를 겪는다는 것을 보여 준다."

1-8-3] 어린이가 그리기에 흥미를 잃는다는 사실은 그리기 능력이 새롭고 고등한 발달 단계로 변형된다는 사실을 감춘다. 이러한 변형은 어린이들이 유리한 외적 자극, 예컨대 학교에서 그림 그리기 지도를 받거나 가정에서 예술적 역할 모형을 가지는 경우에 혹은 어린이들이 이러한 창조적 양식에 특별한 재능을 가지고 있는 경우에만 가능하다. 청소년기의 그리기에 대한 이와 같은 변곡점을 이해하기 위해서 우리는 어린이 그리기의 기본적 발달 단계를 간략하게 기술해야 한다. 어린이의 그림에 대한 체계적인 연구를 수행한 G. 케르셴슈타이너는 전체 과정을 네 단계로 구분한다.

1-8-4] 난화, 무작위적인 흔적 남기기, 특정 요소들의 무형태적 묘사의 단계를 무시하고 어린이가 진정한 의미에서 그리기를 시작하는 단계로부터 논의를 시작한다면 우리는 첫 번째 단계 혹은 도식의 단계(아동화를 긁적거리는 단계-K)에 있는 어린이와 마주치게 된다. 이 단계의 인

물 형태 그림은 일반적으로 머리와 다리를 포함하고 종종 팔과 몸통을 포함하기도 한다. 인물화는 이러한 요소에 제한된다. 이러한 그림들은 소위 두족화(頭足畵, головоноги)라고 불리는데, 이는 어린이가 인물 형태를 그릴 때 나타나는 도식적 그림이다. 어린이의 그림을 연구한 리치는 이러한 유형의 두족화를 그리고 있는 어린이에게 "이게 뭐지? 이 사람은 머리와 다리밖에 없어?"라고 물은 적이 있다. 이 어린이는 "물론이죠. 보고 걷는 데는 그것이면 충분해요."라고 대답했다.

 *이 부분은 1911년에 러시아어로 번역된 C. 리치(Corrado Ricci, 1858~1934)의 『어린 예술가(L'arte de bambini)』에서 인용되었다. 리치는 시인이자 고고학자였으며 후에 박물관 관장을 지내기도 했다. 그러나 무엇보다 그는 미술 사학자였다. 1883/84년 겨울 그는 폭풍우에 갇혀 어떤 오두막에 대피한 적이 있는데 벽에서 어린이들의 낙서를 보고 특이한 점을 발견하고 이러한 예술 형태에 대해 저술하기로 마음을 먹는다. 위쪽 벽에 그려진 그림보다 아래쪽 벽의 그림들이 기법 면에서는 떨어지지만 더욱 논리적으로 (또한 외설적이지 않게) 그려졌던 것이다. 1925년 파시스트 정치인이 되었다.

 1-8-5] 이 단계의 본질적 특징은 어린이가 실물이 아닌 기억으로 그림을 그린다는 것이다. 한 심리학자는 어린이에게 어린이 자신의 앞에 앉아 있는 어머니의 그림을 그리도록 한 적이 있는데, 이 어린이는 어머니를 보기 위해 한 번도 고개를 들지 않았다고 한다. 그러나 관찰뿐 아니라 그러한 그림에 대한 분석도 어린이가 기억으로 그림을 그린다는 것을 즉각 드러낸다. 어린이는 자신이 본 것이나, 보고 나서 마음속에 나타낸 대상을 그리는 것이 아니라 그 대상에 대해 자신이 알고 있는 바를 그린다. 어린이가 말과 기수의 옆모습을 그릴 때, 옆에서는 기수의 다리가 하나만 보임에도 불구하고 두 다리를 모두 그리는 경우가 종종

있다. 사람의 옆얼굴을 그릴 때 어린이는 두 눈을 모두 그린다.

1-8-6] 뷜러는 다음과 같이 쓴다.

"어린이가 옷을 입고 있는 사람을 그리고자 하면 그는 마치 인형에 옷을 입히듯이 그려 나간다. 즉, 먼저 옷을 입지 않은 사람을 그리고 그 위에 옷을 입힌다. 그렇게 함으로써 몸 전체가 비쳐 보이고 인물의 주머니 속에 들어 있는 지갑이나, 심지어는 지갑 속의 동전까지 모두 보이게 된다."

1-8-7] 여기서 나타난 것은 뢴트겐화라고 타당하게 불리는 것이다. 〈그림 6〉과 〈그림 7〉은 그러한 그림을 보여 준다. 어린이가 옷을 입고 있는 사람을 그릴 때 그는 바지 속의 다리를 볼 수 없음에도 불구하고 이를 모두 그린다. 이 단계의 어린이가 기억으로부터 그림을 그린다는 것을 명백히 보여 주는 또 다른 증거는 외적 불합치성과 실물감의 결핍

〈그림 6〉 기억하여 그린 그림. 그림책을 갖고 있지 않은 7세 소녀의 그림. 장방형 상체. 순수한 도식.

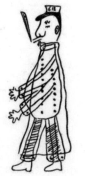

〈그림 7〉 순수한 도식. 곡선 형태의 몸통. 제복, 바지, 모자를 갖춰 입은 인물화. 모든 단추가 보임 (게다가 단추가 바지 위에도 잘못 그려져 있음. 집에서 그림을 그리는 10세 소년 작품. 전차 차장인 자신의 아버지를 그림.

이다. 몸통과 같은 인간 신체에서 큰 비중을 차지하는 부분이 완전히 사라져 버리고 다리들이 (때때로 팔들도) 직접 머리에서 뻗어 나온다. 신체 부분들은 어린이가 다른 이들의 신체를 보고 관찰할 수 있는 것과는 완전히 다른 방식으로 연결된다. 부록의 그림은 도식적 스케치가 어떠한지 명백히 나타내는, 인간에 대한 도식적 묘사를 보여 준다. J. 설리는 이 단계에 대해 완전히 타당하게 말한다.

서너 살의 어린이가 가지고 있는 인간 얼굴에 대한 내적 표상이, 자신이 그리는 것보다 낫지 않다고 생각하는 것은 우둔한 것으로 보인다. 그러한 생각을 의심할 수도 있겠지만 그럼에도 불구하고 머리카락과 귀, 몸통 혹은 팔이 없는 그의 인물화는 (신체에 대한-K) 그의 지식에 비해 훨씬 뒤떨어져 있는 것이 사실이다. 이는 어떻게 설명될 수 있을까? 나는 이 어린 화가가 자연주의자가 아니고 그보다는 상징주의자에 훨씬 가깝다는 사실을 통해 이를 설명한다. 그는 완전하고 정확한 합치성에 연연하지 않고 가장 피상적인 지시성指示性을 추구한다.

1-8-8] 어떤 진지한 예술적 목적의 결핍으로부터 생겨나는 이러한 세부 묘사의 결핍은 또한 기술적 한계의 결과이기도 함은 명백하다. 두 개의 지지선 위에 놓인 둥근 얼굴은 어린이가 쉽고 편하게 그릴 수 있는 것이다. 도식은 바로 개념이 그러하듯이 오직 대상의 본질적이고 지속적인 특징만을 포함하므로, 어린이의 도식이 완전히 편의적인 것이라고 뷜러가 말한 것은 전적으로 타당하다. 어린이가 그림을 그릴 때 그는 자신이 보는 것이 아니라 대상에 대해 알고 있는 바를 그림 속에 넣는다. 이러한 이유로 그는 자신이 실제로 보는 것 이외의 것을 그리는 경우가 흔하며 또한 자주, 그의 그림은 자신이 틀림없이 보고 있음에도 스스로 생각하기에 묘사되고 있는 대상에 필수적이지 않은 것을 대부분 생략해 버린다. 심리학자들은 이 단계에서 어린이의 그림은 일종의

목록 혹은 좀더 정확히는 묘사되는 대상에 대한 어린이의 도해적 서사를 나타낸다는 결론에 도달하였다.

1-8-9] 뷜러는 다음과 같이 쓴다.

"7세 어린이에게 말馬에 대해 기술하라고 하면, 당신은 어린이가 말 그림을 그릴 때 나타내는 신체 부분과 본질적으로 동일한 다음과 같은 목록을 얻게 될 것이다. '말은 머리 하나 꼬리 하나고요, 앞쪽에 다리 두 개 뒤쪽에 다리 두 개가 있어요.' 이것이 기억으로부터 그린 그림이 단순히 도해적 서사로 이해될 수 있는 이유이다."

1-8-10] 사실 이러한 현상은 다음과 같이 설명할 수 있다. 즉, 그림을 그리는 동안 어린이는 자신이 묘사하고 있는 대상에 대해 스스로에게 기술하듯이 생각하고 있는 것이다. 이러한 언어적 기술에서 그는 시간적 혹은 공간적 연속성에 엄격히 매이지 않으며 그에 따라 그는, 일정한 한계 내에서, 어떤 부분이든 포함하거나 생략할 수 있을 것이다. 예를 들어, 난쟁이는 커다란 머리와 매우 짧은 두 다리를 갖고 있으며 손가락은 눈처럼 희고 코는 빨갛다. 만일 어린 화가의 손이 순박하게, 더 정확하게는 무비판적으로 이러한 단순한 대비에 바탕을 둔 기술記述에 인도된다면 짧은 다리들은 커다란 머리에서 쉽게 뻗어 나올 수 있을 것

〈그림 12〉 군인

이고 팔들도 얼추 비슷한 곳에 붙여질 것이며 코는 아마도 둥근 머리 한가운데 자리 잡을 것이다. 그리고 이것은 실제로 초기 아동기의 그림에서 많이 보게 되는 것이다.

1-8-11] 다음 단계는 선과 형태 감각이 시작되는 단계라고 불린다. 어린이는 기술되는 대상의 구체적 특징을 나열하려는 욕구뿐 아니라 부분들 사이의 형태적 관계를 표현하려는 욕구를 점진적으로 발달시킨다. 어린이 그림의 이 두 번째 단계에서 우리는 형태적 표현과 도식적 표현의 혼합을 보게 된다. 그림들은 여전히 도식적이지만 이제 진정한 표상과 현실에의 유사성을 포함한다. 물론 이 단계가 전 단계와 뚜렷이 분리될 수 없지만 이 단계는 훨씬 많은 세부 묘사, 더욱 현실감 있는 대상 부분의 배치로 특징지어진다. 몸통을 생략한다든가 하는 노골적인 생략은 더 이상 나타나지 않으며 그림 전체가 대상의 실제 외형에 가까워지기 시작한다.

〈그림 13〉 경례하는 피오네르

1-8-12] 케르셴슈타이너의 세 번째 단계는 형태 표현의 단계이다. 이 단계에서 도식은 어린이의 그림에서 이미 완전히 자취를 감춘다. 그림은 실루엣 혹은 윤곽을 가진다. 어린이는 아직 원근법이나 대상의 삼차

〈그림 14〉 엄마와 아기

원적 성질을 표현하지 못한다. 대상은 아직 이차원적이지만 일반적으로 어린이는 실제와 유사하고 현실적이며 원래 대상과 닮은 대상 묘사를 생성하기 시작한다. 케르셴슈타이너는 다음과 같이 쓴다.

"비교적 매우 소수의 어린이들만이 배우지 않고도 스스로의 힘으로 세 번째 단계를 넘어선다. 10세 이전의 어린이가 그렇게 하는 것은 매우 예외적인 경우에만 볼 수 있다. 11세부터는 대상의 삼차원적 표현에 재능을 가지고 있는 어린이들을 어느 정도 발견할 수 있게 된다."

1-8-13] 네 번째인 삼차원적 묘사 단계에서는 대상의 개별 부분들이 명암을 이용하여 입체적으로 표현된다. 원근법이 나타나고, 대상이 만들어 내는 어느 정도 완전한 삼차원적 인상을 따라 움직임이 제시된다.

1-8-14] 이 네 단계들 사이의 구분과 어린이 그림의 점진적 진화를 명백히 하기 위해 우리는 여러 가지 사례를 제시할 것이다. 전차를 그린 그림을 순차적으로 살펴보자. 첫 번째 그림(그림 8-K)은 순수한 도식이다. 여러 개의 불규칙한 원들은 창문을 나타내며, 두 개의 가늘고 긴 선은 전차 자체를 나타내고 있다. 이것이 전차를 나타내고자 한 어린이가 그린 전체 그림이다. 다음 그림(그림 9-K) 역시 순수한 도식이지만 다만 창문들이 차의 옆에 배치되어 있고 따라서 부분들 사이의 형태적 관계를 더욱 정확히 나타냈다는 점은 비도식적이라고 할 수 있다. 세 번

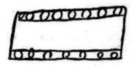

〈그림 8, 9〉 전차를 기억하여 그린 그림. 완전히 원시적 그림. 집에서 그림을 그리지 않으며 그림책을 갖고 있지 않은 7~10세 사이 소녀의 그림.

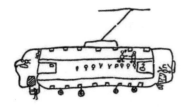

〈그림 10〉 전차를 기억하여 그린 그림. 순수한 도식. 12세 소녀의 그림. 주로 횡단면을 그린 것이 흥미롭다.

〈그림 11〉 전차를 기억하여 그린 그림. 원근법이 드러나 있다. 집에서 그림을 그리는 13세 소년의 그림. 일관된 측면 시각이 눈에 띈다.

째 그림(그림 10-K)은 전차의 다양한 구성 요소와 부분을 상세하게 열거한 도식적 묘사를 보여 준다. 우리는 사람들, 좌석들, 바퀴들을 볼 수 있지만 여전히 도식적 표상들을 보여 준다. 그리고 마지막으로 13세의 소년이 그린 네 번째 그림(그림 11-K)에서 우리는 원근법을 보여 주며 대상의 실제 외양을 표현하는 삼차원적인 전차의 그림을 보게 된다.

1-8-15] 어린이 그림의 네 가지 발달 단계의 특징은 어린이가 즐겨

〈그림 1〉 버스(난화)

〈그림 2〉 두족화

〈그림 3〉 두족화

그리는 대상들인 사람과 동물을 나타낸 어린이 그림(그림 2~6-K)에서
훨씬 더 명백해진다. 첫 번째 그림들에서 우리는 두세 개의 신체 부분
만을 나타내기 일쑤인 순수하게 도식적인 사람의 표상을 본다. 점차 이
러한 도식은 특정한 세부 묘사와 더불어 풍부해지며 이제 전체적으로
일련의 세부 묘사를 포함하는 뢴트겐화가 나타나게 된다.

〈그림 4〉 7세 소녀의 기억하에 그린 그림. 몸통이 없는 인물의 전형적인 그림. 순수한 도식. 이 소녀는 집에서 그림을 그리지 않으며 그림책을 갖고 있지 않음.

〈그림 5〉 기억하여 그린 그림. 순수한 도식. 타원형 상체. 4세 소년이 유치원에서 그림.

〈그림 6〉 기억하여 그린 그림. 그림책을 갖고 있지 않은 7세 소녀의 그림. 장방형 상체. 순수한 도식.

1-8-16] 두 번째 단계에서, 예컨대 차장 제복을 입은 아버지를 그린 10세 소년의 그림(그림 7-K)에서 명백히 볼 수 있듯이 우리는 다시 도식적인 뢴트겐 표상을 보게 된다. 옷 속의 몸통과 다리가 비쳐 보이며 모자에는 숫자가 있고 웃옷에는 두 줄의 단추가 있다. 그러나 풍부한 세부 묘사에도 불구하고 이 그림은 첫번째 단계인 순수한 도식의 수준에

머무르고 있다. 도식적 표상과 형태적 표상이 결합된 두 번째 단계에서 대상을 더욱 현실적으로 묘사하려는 시도가 보인다. 우리는 도식이 실제 모양이나 형태와 결합되는 것을 본다. 다음은 10세 어린이가 자신의 아버지와 어머니를 그린 그림(그림 15-K)이다. 이 그림에서 도식적인 표상의 흔적을 찾기가 매우 쉬우나 이 흔적들은 형태적으로 정확한 대상 표현에 지배되고 있다. 마침내 세 번째 단계의 그림은 대상의 실제 외양을 나타내는 평면적 윤곽을 보여 준다. 비율과 균형의 어긋남 같은 일부 오류에도 불구하고 어린이는 사실주의자가 되었다. 즉, 자신이 보는 것을 그리며 자세와 움직임을 표현하고 관찰자의 관점을 고려한다. 그의 그림에는 도식이 전혀 나타나지 않는다.

〈그림 15〉 3단계. 비도식적 그림. 10세 소년의 그림. 집에서 그림을 그리며 그림책들을 가지고 있음. (팔이 너무 긴 등의) 부분적 오류에도 불구하고 이 그림은 4단계에 접근하고 있다(소매와 재킷 모서리 부분의 입체감 표현).

〈그림 16〉 3단계. 6세 소년의 비도식적 그림. 4단계가 시작되고 있다(소매와 치마 주름의 음영 표현).

1-8-17] 마지막으로 네 번째 단계는, 묘사되는 대상의 삼차원적 형태를 고려하고 표현하는 삼차원적 표상의 단계이다. 이 단계의 예는 잠을 자고 있는 소년의 그림이다(그림 18-K). 이 그림은 13세 소년이 그린 것이다.

〈그림 17〉 대상의 실제 형태와 일치하는 묘사가 시작됨. 일용직 노동자의 아들인 12세 소년의 그림.

〈그림 18〉 실물을 보고 그린 삼차원적 인물 표현(4단계). 실제로 자고 있는 소년을 묘사한 그림. 마구馬具 제작자와 일용 노동자의 아들인 13세 소년의 그림. 다리 묘사 특히 오른쪽 다리의 근육 묘사가 매우 두드러짐.

1-8-18] 동물을 그린 그림에서도 이와 동일한 네 단계가 발견된다. 이는 표상의 차이가 그림 주제의 내용과 본성으로부터 나온 결과가 아니라 어린이 자신의 진화와 연관되어 있다는 것을 완전히 설득력 있게 보여 준다.

1-8-19] 첫 번째 그림(그림 19-K)은 말이 아니라 사람과 비슷한 얼굴을 하고 있는 말을 묘사한다. 이 첫 번째 단계에서 어린이들은 모든 동물들을 완전히 동일하게 그린다. 고양이, 개 그리고 때때로 심지어 닭의

〈그림 19〉 1단계. 순수한 도식. 6세 소녀의 그림. 집에서 그림을 그리며 그림책을 가지고 있음. 말을 켄타우로스와 같이 묘사한 점이 주목할 만하다. 머리는 기수騎手가 아니라 말의 것이다.

도식도 서로 다르지 않다. 여기서 어린이는 도식적으로 몸통, 머리, 발을 열심히 표현하였다. 그림에서 머리는 말의 것임에도, 분명히 인간의 모습을 하고 있다. 두 번째 단계에서 어린이는 말의 도식을 표현하면서 이를 말의 실제 외형이나 형태와 상응하는 어떤 특징, 예컨대 머리와 목의 전형적인 형태와 혼합한다. 이 어린이의 말 그림은 이미 고양이나 다른 동물 특히 새 그림과는 명백히 차이를 갖기 시작한다.

1-8-20] 세 번째 단계에서 어린이는 이차원적 윤곽이기는 하지만 사실적인 말의 묘사를 보여 준다. 〈그림 20〉에서 볼 수 있듯이 네 번째 단계에서 어린이는 원근법을 활용한 삼차원적 말 그림을 보여 준다. 이 단계에 와서야 비로소 어린이는 자신이 보는 것을 그리기 시작한다. 이 네 단계를 고려할 때 도출되는 결론은 일견 모순적으로 보인다. 관찰하여 그리는 것이 기억하여 그리는 것보다 더 쉽다고 생각했을지 모르지만, 실험적 관찰은 관찰하여 그리는 것, 즉 대상에 대한 사실적 묘사는 어린이 그림 발달에서 오직 네 번째이자 마지막 단계, 즉 예외적인 어린

〈그림 20〉 도식의 탈피(4단계). 삼차원적 묘사 시도. 페인트공이자 예술가의 아들인 8세 소년의 작품 그림. 아버지의 격려 속에서 집에서 열심히 그림을 그리고 있다.

이들만이 도달하는 단계라는 것을 보여 준다.

1-8-21] 이는 어떻게 설명될 수 있을까?

물론, 이는 어린이가 실제 보고 있는 것을 그린 것은 아니다. 말의 네 다리가 땅에서 떨어져 있는 모습을 실제로 보고 그리는 것은 불가능하다. 그림 그리는 데 걸리는 시간에 비해 말의 다리가 떠 있는 시간은 비할 수 없이 짧기 때문이다. 이 그림은 실제로 보고 그린 것이 아니라 다른 그림을 보고 그렸음을 짐작할 수 있다. 그리고 이는 어린이가 그림을 본격적으로 배우지 않는 이상 위의 그림과 같은 4단계의 사실주의 수준을 발달시키지 못하는 이유를 설명해 준다.

1-8-22] 어린이 그림을 연구해 온 A. B. 바쿠신스키 교수는 최근에 이를 설명하려 시도하였다. 그에 의하면 어린이 발달의 첫 번째 시기는 운동-촉각적 (내적-K) 지각 양식과 환경에 대한 동일한 (외적-K) 지향적 양식에 초점을 맞춘다. 이는 시각적 인상보다 우위를 점하며 시각적 인상은 어린이의 운동적, 촉각적 지향 양식에 종속된다.

1-8-23] 이 저자는 다음과 같이 말한다.

"어린이의 모든 행위와 그의 창조의 산물은 어린이가 세계를 지각하는 운동-촉각적 방식과 시각적 방식 사이의 상호작용을 통해 전체적, 부분적으로 이해되고 설명될 수 있을 것이다. 어린이는 진정 자연 발생적으로 움직이는 존재이다. 그는 진정한 행위를 창조한다. 그는 주로 행위의 결과가 아닌, 과정에 관심을 가진다. 그는 대상을 묘사하기보다는 대상을 만드는 것을 선호하며 가능한 실용적 방식으로, 주로 놀이를 통해 대상을 사용하려 하지만 그에 대한 심사숙고에는, 특히 오랜 기간 동안의 심사숙고에는 더욱 냉담하거나 거의 관심이 없다. 이 시기 동안 어린이의 행위는 강한 정서적 풍미를 지닌다. 신체적 행위는 의식의 분석적 과정을 지배한다. 창조적 산물들은 극도로 도식적이며, 사물의 가장 일반적인 상징을 전형적으로 포함한다. 사물의 변화와 움직임은 표상화되지 않는다. 이는 낱말을 통해 기술되거나 놀이의 과정에서 드러날 뿐이다."

이 부분은 바쿠신스키의 1925년 저작인 『예술적 창조성과 교육(Художес-Художественное творчество и воспитание)』에서 인용된 것으로 보인다.

어린이가 진정(구체적) 자연 발생적으로(비반성적으로) 움직이는(감각-운동 행동) 존재라는 표현에는 다음과 같은 피아제적인 이론이 함의되어 있다.

*어린이는 자기 행위의 지각적, 외적 결과뿐 아니라 자기 신체의 구체적, 감각적인 움직임 자체에 관심을 가지고 있다.

*어린이는 순수한 행위, 즉 지성의 감각 운동적 형태로부터 시작한다.

*어린이는 사물의 본성에 대해 탐구하는 것보다는 사물을 조작하는 것을 선호한다.

*어린이는 조절보다는 동화를 선호하며 이는 어린이의 행동이 정서적으로 짙게 채색되어 있는 이유를 설명한다.

*어린이는 신체적으로 활성화되어 있다. 즉, 어린이의 지성은 대체로 감각-운동적이며 완전히 구체적이다.

*어린이의 창조성은 도식적(부분으로 분화되지 않았음)이다.

*어린이는 그림으로 역동적 변화를 표현할 수 없지만, 행동으로는 표현할 수 있다.

이 모두는 피아제의 책 『아동의 언어와 사고』에서 발견할 수 있다. 이 책은 바쿠신스키의 책이 출판되기 1년 전에 나왔으므로 우리는 바쿠신스키에 미친 피아제의 영향을 미루어 짐작할 수 있다.

여기 모순이 존재한다. 바쿠신스키는 어린이의 그림 그리는 방식을 '자연 발생적, 신체적, 운동-촉각적'이라고 설명한다. 어린이는 나중에야 비로소 감각-운동 방식으로 보고 지각하는 법을 배우게 된다는 것이다.

이는 어린이의 그림 그리기가 지각 이전에 일어난다는 것을 뜻한다. 이는 끼적거리기나 색칠하기에는 해당될지 몰라도 그림 그리기에는 적용되기 어려운 가설이다. 어린이가 그림을 그릴 때 단지 대상의 느낌을 종이 위에 옮겨 놓는 것은 아니다. 아무리 간단한 그림이라도 맹목적으로 그려지지 않으며 언제나 대상의 이미지가 머릿속에 있다.

『역사와 발달』(7-36)에서 비고츠키가 지적했듯이 어린이가 처음 그릴 때에는 대상을 전혀 바라보지 않는다. 그러나 그렇더라도 그림은 단순한 끼적임이나 (잭슨 폴락의 작품과 같이) 어린이 행동의 구체적, 감각적 흔적을 보여주기만 하는 것은 아니다.

어린이의 그림은 세상에 대한 어린이의 지식과 명백한 관련이 있으며 어린이는 그 관련성을 설명할 수 있다. 어린이가 대상을 보지 않고 그림을 그리더라도 이 그림은 자연 발생적으로 생겨나는 것은 아니다. 어린이는 기존의 지식으로부터, 기억으로부터, 따라서 궁극적으로는 지각으로부터 그림을 그리는 것이다.

다른 모든 고등심리기능에서 심리적 기능의 발달은 외적, 사회적으로 매개된 활동의 발달로부터 일어난다. 주의는 가리키기, 지시하기로부터 일어나며 숫자는 수 세기로부터 생겨난다. 말로 하는 생각은 말로부터, 쓰기는 그리기로부터 생겨난다.

그렇다면 그리기는 무엇에서 유래하는 것일까? 도식적 유형의 그림은 실제로 지각, 기억, 세계에 대한 지식으로부터 유래한다. 그러나 그것은 또한 '명명하기'로부터도 유래한다. 그렇다면 사실적 그림은 어떠할까? 사실적 그림이 지각에 기초한다고 하는 것은 매우 순진한 생각이다. 사실적인 말馬의 묘사를 배울 때(〈그림 20〉 참조) 어린이가 하는 것은 지식, 기억, 지각을 동원해 그리는 것 이상이다. 타인의 그림을 모방하는 것이다.

우리는 외적 창조 활동이 상상이라는 모종의 내적 활동에서 유래한다고 생각하는 경향이 있다. 이는 낭만주의자들의 전형적인 사고이기도 하다. 실제, 미소 발생적 측면에서는 그러한 주장이 지지를 얻을 수도 있다. 그러나 비고츠키를 주의 깊게 따라가 보면, 개체발생의 측면에서 그 방향은 반대이다. 창조의 방향은 내부의 상상으로부터 외부로의 창조가 아니라 외부의 타인 창조로부터 내부의 개인적 상상으로 움직인다는 것을 쉽게 깨달을 수 있다.

1-8-24] 어린이 진화의 주요 방향은 세계를 숙달하는 과업에서 지속

적으로 증가하는 시각의 역량을 포함한다. 그것은 최초의 종속적 위치로부터 점차적으로 지배적이 되며 어린이의 행동적 운동-촉각 체계는 시각에 종속된다. 이행적 시기 동안 우리는 어린이 행동의 두 가지 상반되는 원칙 사이의 투쟁을 발견하게 될 것이다. 이 투쟁은 세계를 시각적으로 지각하는 양식의 완전한 승리로 끝나게 된다.

비고츠키는 바쿠신스키의 주장을 인용하는 것은 아니지만 재진술하고 있다. 그러나 이 주장을 받아들이면 저차적 심리 기능, 즉 지각이 능동적 고등 심리기능, 즉 도식적·상징적 표상인 그리기를 지배한다는 결론도 받아들여야 한다. 어린이와 청소년의 창의성에 대한 비고츠키의 입장이 뚜렷이 나타나는 '청소년의 상상과 창조'나 '유년기의 상상과 발달'은 이러한 관점을 정면으로 반박한다.

1-8-25] 바쿠신스키는 다음과 같이 말한다.

"새로운 시기는 외적인 신체적 활동의 감소와 정신적 능동성의 증대와 관련이 있다. 분석적이고 논리적인 시기가 유년기의 발달에 나타나 후기 유년기와 청소년기까지 지속된다. 세계를 지각하고, 이러한 지각을 창조적으로 표상하는 지배적 역할은 이제 시각적 측면에 의해 수행된다. 청소년은 점점 더 구경꾼이 되어 한발 물러나 세계를 관망하며, 세계를 복잡한 현상으로 정신적으로 경험하며, 이러한 복잡성 속에서 이전 시기의 경우와 같이 다양한 사물들의 존재를 지각하기보다는 그들 사이의 관계를 지각한다."

1-8-26] 또다시 어린이는, 스스로의 행동이 아니라 외적 세계에서 생겨나는 과정에 몰두하게 된다.

1-8-27] 이 시기의 시각 예술에서 청소년은 환각적이고 자연주의적인 형태를 추구한다. 그는 자신이 나타내는 것이 실제처럼 보이기를 원

하며 그의 시각적 태세는 공간을 묘사하는 원근법을 숙달할 수 있도록 해 준다.

> 물론 이는 원근법이 서양에서만 그것도 오직 르네상스 시대에만 발달한 이유를 설명해 주지 못한다. 단일점 원근법은 도구를 필요로 한다. 단일점 원근법이 단순히 대상을 바라봄으로써 생긴다는 주장은 사실이 아니다.

1-8-28] 따라서 우리는 새로운 그리기 형태로의 전환이 이 시기 청소년 행동의 심오한 변화와 관련이 있음을 보게 된다. 여기서 네 단계의 빈도에 대한 케르셴슈타이너의 데이터는 흥미롭다. 우리는 케르셴슈타이너의 네 번째 단계가 11세에, 즉 대부분의 저자에 따르면 어린이가 그림에 흥미를 잃기 시작할 때 비로소 나타나기 시작함을 이미 보았다. 이미 지적된 바와 같이, 여기서 우리는 한편으로는 특별히 재능을 타고난 어린이들과, 다른 한편으로는 학교의 수업이나 특별한 가정의 상황이 그리기 발달에 유리한 조건을 조성해 준 어린이들을 나누고 있음이 분명하다.

> 케르셴슈타이너와 비고츠키는 '예술적 배경'을 가진 어린이들과 그렇지 않은 어린이들을 분명히 구분하고 있다. 그러나 비고츠키는 후에 잘킨드의 연구가 이와 동일한 입장을 취한 데 대해 '조야한 결정론'을 내포한다고 비판한다. 물론 예술가 부모를 둔 자녀들이 예술가로 성장하는 경우가 많은 것은 사실이다(예: 모차르트). 그러나 그와 반대가 되는 경우도 많다(예: 셰익스피어).

1-8-29] 어린이의 입장에서 그리기는 더 이상 대중적이고 자연 발생적이며 자발적인 창조적 활동이 아니라 능력, 특정한 창조적 기능, 재료의 숙달 등과 관련된 창조가 된다. 케르셴슈타이너가 인용하는 데이터는 네 단계가 연령에 따라 다르게 분포되었음을 보여 주는 데 사용될

수 있다. 우리는 6세 어린이 모두가 첫 단계인 순수한 도식 단계에 있다는 것을 볼 수 있다. 11세 이후에 이 단계는 희귀해지며 그리기가 향상됨에 따라 13세부터는 진정한 의미에서의 그림을 보게 된다.

1-8-30] 역시 어린이의 그림을 연구한 레벤슈타인(폴켈트, 1930에서 인용)은 어린이들의 연령에 따라서 사람 형태에 대한 도식적 표현에 포함되는 특징의 정도가 어떻게 달라지는지 보여 주는 흥미로운 데이터를 얻었다.

*F. 레벤슈타인은 폴켈트의 제자를 가리키는 것으로 보인다. 괄호 속의 정보는 러시아어 원전에는 포함되어 있지 않다. 레벤슈타인은 비고츠키의 유아기 강좌에서 인용되는 '삼각형 우유' 실험을 수행한 사람이다. 삼각형 우유 실험에서 아기들은 우유와 삼각형 병, 타원형 병을 연관 짓도록 훈련받아, 다른 모양의 병에 담긴 우유는 먹으려 하지 않게 된다.

1-8-31] 따라서 우리는 몸통의 모습이 4세 어린이 그림의 50%에 존재하며 13세 어린이의 그림에는 100% 존재하는 것을 본다. 13세 어린이 그림의 92%에서 속눈썹과 눈썹이 나타나며 4세 어린이의 그림에서는 그 9분의 1 비율로 나타난다. 이 데이터를 토대로 도출할 수 있는 일반적인 결론은 다음과 같이 공식화될 수 있다. 머리, 다리, 팔은 어린이 그림 발달 단계의 매우 이른 시기에 나타나며 다른 신체 부분과 세부 사항, 옷은 어린이가 나이 듦에 따라 나타나는 빈도가 증가한다.

1-8-15의 〈그림 2〉, 〈그림 6〉 참조.

1-8-32] 이는 우리가 '청소년기의 조형 예술적 창조를 어떻게 다루어야 하는가'라는 질문을 제기하도록 한다.

그리기, 조각하기와 같은 조형 예술이 장려되고 고취되어야 하는 것일까 아니면 자연적 수순에 따라 소멸되고 청소년들이 이를 문학적 창조로 대치하도록 그냥 두어야 하는 것일까?(오늘날에는 이 질문이 큰 비중을 갖지 않을 수도 있다. 영화의 발명으로 어린이들은 시각적 예술과 서사적 예술을 연결하는 기회를 얻게 되었기 때문이다. 그러나 발달의 각 시기에 '선도적 활동'이 있다고 믿는다면 이 질문은 매우 중요한 질문이 된다.)

이 질문에 대한 비고츠키의 답은 1-8-33~38에서 제시된다. 즉 어린이에게 조형 예술에 대한 천재성이나 재능이 없다고 하더라도 그가 예술적 활동에 능동적으로 참여할지 그렇지 않을지를 스스로 선택할 수 있는 기회가 주어져야 한다는 것이다.

1-8-33] 그것은 예외적으로 매우 희귀한 것인가? 우리는 이에 중요성을 부여하고 청소년들에게 이를 장려하고 고무해야 하는가? 아니면 우리는 이러한 창조의 형태는 청소년기 초기에 자연스러운 사멸에 도달한다고 결론지어야 하는가?

1-8-34] 다음은 한 청소년기 소녀가 사쿨리나의 지도하에 예술 감상부에서 학습한 성과를 평가한 것이다.

이 책에서 인용되는 이 저자의 연구들은 논문집 『노동학교에서의 예술(Искусство в трудовой школе)』(모스크바, 1926)에서 찾아볼 수 있다(러시아어판 주석).

*Н. П. 사쿨리나(Сакулина, Нина Павловна, 1898~1975)는 교사이자 미술 전문가였다. 최초에는 비고츠키와 함께 '손상학', 즉 특수교육을 연구했다. 과업과 발달 단계에 기초한 예술 교육 프로그램을 개발하였다.

1-8-35] "요즘 색깔들이 나에게 말을 건다. 색들이 조합된 방식은 다양한 기분을 불러일으킨다. 색과 선рисунок(contour-K)은 그림의 내용

과 의미를 설명해 주며, 나의 주의는 생생한 활기를 포함한 빛과 그림자뿐 아니라, 대상들이 배치된 방식에도 이끌리기 시작한다. 대상의 배치 방식 역시 그림의 분위기를 생성한다. 나는 빛에 큰 관심을 갖고 있다. 실물을 그릴 때면 나는 언제나 빛을 표현하기 위해 온갖 노력을 했다. 빛은 사물을 더욱 생생하게 보여 주기 때문이다. 그러나 이는 매우 어렵다."

비고츠키의 요점은, 일부의 혹은 심지어 대부분의 청소년들이 조형 예술에서 문학적 활동으로 이행한다고 해도 그림 그리기에 대한 흥미가 완전히 상실되는 것은 아니라는 것이다. 본 문단의 인용 부분은 청소년이 그림에 대해 가지는 흥분과 설렘을 보여 준다.

1-8-36] 시각 예술을 비롯한 어린이의 창조성을 육성하려 할 때 우리는 일반적으로 모든 종류의 창조성의 본질적 조건인 자유의 원칙을 준수해야 한다. 이는 어린이의 창조적 활동이 의무적이거나 강제적으로 이루어질 수 없으며 오직 그들 스스로의 흥미로부터 생겨나야 한다는 것을 의미한다. 이러한 이유로 그림 그리기 지도는 대중적이고 일반적인 현상이 될 수 없다. 그러나 재능이 있는 어린이나 심지어 직업 예술인이 될 계획이 없는 어린이들에게조차 그림 그리기는 어마어마한 문화적인 중요성을 가질 수 있다. 앞에서 인용된 어린이의 평가에서 기술된 바와 같이 색깔과 선이 청소년에게 말을 걸기 시작할 때 이 청소년들은 그들의 지평을 넓히고 감정을 심화시키며, 이 언어가 아니었다면 결코 의식하지 못했을 것을, 이미지의 언어로 그들에게 전달하는 새로운 언어를 숙달한 것이다.

1-8-37] 두 가지 매우 중요한 화제가 청소년기의 그림이라는 문제와 연관되어 있으며, 이에 대해서는 결론에서 논의할 것이다. 첫째 청소년

들에게 있어 창조적 상상을 단순히 연습하는 것은 충분하지 않다. 기존 방식의 그리기라면 무엇이든 청소년들을 만족시키지 못한다. 스스로의 창조적 상상을 구체화하기 위해서 청소년은 전문적인 예술 기능과 능력을 습득해야 한다.

'기존 방식의 그리기'는 나이 어린 아동들의 그리기 방식, 즉 우연적, 무작위적, 비체계적 그림 혹은 끼적임 등을 의미한다.

1-8-38] 그는 재료를 다루는 법을 배워야 하며 회화에서의 특정한 표현 방법도 배워야 한다. 이와 같이 재료를 다루는 법을 숙달함으로써만 우리는 어린이의 그림이 연령에 맞는 발달 경로 위에서 나아가도록 할 수 있다. 따라서 우리는 이 문제에 내포된 모든 복잡성을 보게 된다. 여기에는 두 측면이 있다. 한편으로, 우리는 창조적 상상을 배양할 필요가 있다. 다른 한편, 상상이 창조해 낸 이미지를 구체화하는 과정을 위해서는 특별한 문화가 필요하다. 이 두 측면이 모두 적절히 발달될 때 어린이의 창조는 올바르게 발달할 수 있으며 우리가 어린이에게 기대할 수 있는 것을 그들에게 제공할 수 있게 된다. 이 연령의 그리기와 연관된 또 다른 측면은 어린이의 그림이 생산적 작업 혹은 예술적 산물과 매우 밀접하게 관련되어 있다는 것이다. 포스펠로바는 어린이들에게 판화 제작법을 가르친 자신의 경험을 기술한다. 판화 제작은 어린이로 하여금 판화를 만들고 인쇄하는 일련의 전체적인 기술 과정을 숙달하도록 요구한다.

H. П. 포스펠로바는 예술 교사였다. 1930년대에 러시아 민속 교육을 위해 일종의 로또 게임을 개발하였다. 이 문단에서 비고츠키는 포스펠로바와

 소볼례프가 1928년에 학교 판화 클럽 활동에 대해 쓴 저서를 언급하고 있다.

『학교와 클럽에서 하는 리놀륨 판화(Гравюра на линолеуме в школе и клубе)』 책 표지의 물레방아는 비고츠키가 1-8-41에서 언급하는 내용과 연관이 있는 것으로 보인다.

1-8-39] 그녀는 다음과 같이 쓴다.

"어린이에게 판화 인쇄의 과정은 판화 조각 과정 자체에 비해 흥미도가, 더는 아닐지라도 덜하지 않았으며, 첫 인쇄가 끝난 후에 우리 동아리 부원의 숫자는 눈에 띄게 불어나 있었다."

1-8-40] 판화는 어린이의 예술적 창조의 대상일 뿐 아니라 기술적 창조의 대상이 되었다. 기술적 특성상 판화는 순수하게 예술적 목적 이외에 다른 목적을 위해 사용되는 경우가 흔히 있었다. 어린이들은 헤드라인과 광고, 도장을 만들었으며 신문에 판화 기법을 사용하였고 자연과학과 사회과학의 삽화를 만듦으로써 그들의 작업과 인쇄의 더 깊은 관계를 보여 주었다. 저자가 내리는 다음의 결론은 완전히 타당하다.

1-8-41] "기술적技術的 측면에 대한 청소년들의 흥미를 볼 때, 모종의 산업적 기술이 요구되는 개인적 예술 창조를 통해 이러한 산업적 기술에 주의를 기울이도록 하는 것이 매우 성공적인 교육 방법이라는 것은 분명했다." 이와 같은 예술과 산업의 종합은 이 연령대의 창조성과 가장 잘 어울린다. 저자가 인용하는, 물레방아와 농부를 묘사하는 두 판화는 기술과 창조의 과정이 서로 엮였을 때 이들이 얼마나 복잡해질 수 있는지 보여 준다.

예술 교육은 산업 훈련의 중요한 형태라는 점이 강조되고 있다. 소련에서 인쇄는 산업적 예술로 간주되었고 그렇게 가르쳤다. **1-8-38**의 책 표지 참조.

1-8-42] 모든 예술은 각 분야의 심상을 구체화하는 특별한 방법의 개발을 통해 그 나름의 특별한 기술을 가지고 있으며 이러한 기술적 훈련과 창조 행위의 병합은 의심의 여지없이 이 연령의 학생들을 가르치는 교사가 사용할 수 있는 방법 중 가장 가치 있는 것이다. 라분스카야와 페스텔은 어린이들과 함께 예술적 생산의 분야에서 작업했던 경험을 기술한다.

라분스카야
Галина Виктор-
овна Лабунская,
1893~1970

Г. В. 라분스카야, В. Г. 페스텔이 1926년에 발간한 『어린이의 창조와 예술적 생산(Детское творчество и художественное производство)』에 대한 언급으로 보인다. 이 책은 바쿠신스키가 책임 편집자로 발간한 총서 『예술과 창조』 중 한 권이었다. 라분스카야는 어린이 예술 작품으로 전시회를 열기도 했던 예술 교육자였다. 1937년 그녀와 바쿠신스키는 '반혁명적 활동'을 했다는 이유로 숙청되었다. 바쿠신스키는 1년이 안 되어 심장마비로 사망하였으나 라분스카야는 오히려 검찰을 고발하여 누명을 벗었다.

1-8-43] 예술적, 교육적 의미에서 가장 다루기 어려운 연령이며, 가장 우수한 학생들조차도 "잘할 수 없어요. 그리고 우리가 할 수 있는 방식으로 해서는 아무 소용이 없어요."라고 말하며 분위기를 흐리는 13, 14, 15세의 청소년에게 예술적 생산이 가지는 의미는 무엇일까? 예술 교육을 지속하는 것은 이들을 예술적 생산에 참여하도록 함으로써 창조의 동기를 보존하고 재료 다루기에 숙달하도록 하는 것을 도울 뿐이다. 연필, 찰흙, 물감이 순전히 예술적인 작업을 위해 사용되는 경우 학생들은 이에 물리고 마는 것으로 보인다. 새로운 재료와 새로운 실용

적 작업은 그들의 창조성에 새로운 힘을 불어넣을 것이다. 그들이 더 어렸을 때에는 기술적 난관을 극복하고자 하는 욕구가 그들의 창조적 노력을 소멸시키고 억눌렀지만 이제는 그 반대가 된다. 즉, 곤란함과 기술적 난관, 그들의 창조력을 특정한 구조 틀 내에서 발휘해야 하는 필요성은 학생들의 창조적 노력을 증대시킨다. 이것이 직업과 생산의 방향을 관련지음으로써 얻게 되는 이점이다.

1-8-44] 이 시기에 창조성이 가능해지기 위해 창조성과 결합되어야 하는 기술적 측면의 중요성은 그것이 창조적 활동의 핵심을 어린이에게 최대한 사용 가능한 형태로 제공한다는 사실을 기억한다면 매우 명백해진다. 저자들은 이러한 유형의 창조가 어린이로 하여금 자신의 창조적 능력을 사회적인 프롤레타리아적 삶의 건설(클럽 꾸미기, 깃발, 포스터, 연극 소품, 학급 신문 준비)에서 발휘하는 것에 익숙해질 수 있도록 한다고 올바르게 말한다. 그들의 연구에서 저자들은 자수, 나무에 그림 그리기, 옷 스텐실하기, 장난감, 바느질, 목재 공작 등을 사용하였으며 이들 모두는 동일하게 생산적 결과를 낳았다. 어린이들은 자신의 창조적 잠재력을 발달시켰을 뿐 아니라 기술적으로도 발전하였다. 작업 자체가 유의미하고 즐겁게 되었으며 창조는 청소년의 진지한 흥미에 어울리지 않는 유희나 장난이 되지 않고, 청소년들이 작업에 임할 때 가지는 진지하고 비판적인 태도를 충족시키기 시작했다. 창조가 어린이들이 점진적으로 숙달시켜 온 기술과 작업에 토대를 두고 있었기 때문이다. 연극을 무대에 올린 어린이들의 경우와 마찬가지로, 여기서 이를 어린이들의 순수한 기술적 창조의 분야로 확장시킬 방법을 찾는 것은 매우 쉽다.

연극 활동은 사회적 활동이므로 배경, 소품, 무대 등의 제작에 협력이 필요하며 이를 위해서는 단순히 미적 기능뿐 아니라 다양한 기술이 요구된다.

1-8-45] 모든 어린이의 창조력이 오직 예술적 창조의 분야에만 제한되어 있다고 생각하는 것은 잘못일 것이다. 불운하게도 어린이들을 일과 멀리 떨어뜨린 전통적 교육은 어린이들의 창조적 능력을 주로 예술 분야에서만 발휘하고 발달시키도록 하였다. 그러나 기술 분야에서도 역시 우리는 어린이, 특히 여기서 우리가 관심을 가지고 있는 연령대의 어린이의 창조력이 강하게 발달하는 것을 본다. 모형 비행기와 기계 제작, 새로운 디자인의 창조, 젊은 자연주의자 클럽의 활동—어린이를 위한 이 모든 기술적 창조의 형태들은 어린이의 흥미와 주의를 인간의 창조적 상상이 작동할 수 있는 새로운 영역으로 돌린다는 점에서 거대한 중요성을 가진다.

1-8-46] 우리가 본 바와 같이 과학은 예술과 같이 창조적 상상을 활용하도록 한다. 과학 기술은 (예술과-K) 동일한 활동의 산물이며 리보의 말을 빌리자면 결정화된 상상이다. 과학적 기술적 창조 과정을 숙달하고자 하는 어린이는 예술적 창조의 경우와 동일한 정도로 창조석 상상에 기대는 것이다. 오늘날 라디오의 발달과 기술 교육에 우호적인 일반적인 선전宣傳은 최근 몇 년 동안 전기 공학 클럽의 전체 네트워크의 형성을 낳았다. 이에 덧붙여 공장에서 일하는 젊은이들을 대상으로 한 항공 클럽, 화학 클럽, 디자인 클럽 등과 같은 일련의 기술 클럽들이 있다.

젊은 자연주의자 클럽кружках юных натуралистов은 1920년대 소련에서 유행하던 일종의 청소년 단체 활동이었다. 이 활동은 피오네르 등과 더불어 정부의 지원하에 활발히 이루어졌다. 단원들은 나무 심기, 자연보호 활동, 캠핑 등을 하였으며 단체에서는 일하는 젊은 근로자 부부를 위한 탁아 서비스도 제공하였다. 최초의 젊은 자연주의자 클럽은 혁명 직후

젊은 자연주의자 클럽 공식 배지.

1-8-47] 창조적 활동과 경제 발전 프로젝트를 결합하려는 젊은 자연주의자 클럽은 어린이의 창조적 잠재력을 발달시키는 것과 관련하여 (기술 클럽과-K) 유사한 과업을 수행한다. 피오네르 조직에서 뻗어 나온 젊은 자연주의자 클럽과 젊은 과학기술자 클럽은 우리 청소년들의 미래 과학기술 창조를 위한 학교가 되어야 한다.

1-8-48] 우리는 어린이의 모든 유형의 창조성을 완전히 그리고 체계적으로 열거하려 하는 것은 아니므로 음악, 조각 등과 같은 다른 창조의 형태에 대해서는 자세히 다루지 않을 것이다. 또한 우리의 목표는 열거된 창조의 유형 각각을 어린이들과 함께 작업하는 방법을 나열하는 것도 아니었다. 우리에게 중요한 것은 어린이 창조성의 기저에 놓인 기제와 학령기 창조의 가장 중요한 특성 그리고 학령기 어린이의 창조 형태에 대해 가장 잘 연구된 사례들에 주의를 환기시킴으로써 이 기제의 작용과 이 특성들의 존재를 드러내는 것이었다.

1-8-49] 결론적으로 우리는 학령기 어린이의 창조성을 개발하는 것이 각별히 중요하다는 것을 강조해야 한다. 인류의 온전한 미래는 창조적 상상을 통해 얻어질 것이다. 미래로의 지향, 미래에 토대를 두고 이 미래로부터 도출된 행동을 하는 것은 가장 중요한 상상의 기능이다. 교수 학습의 주요 교육적 목적이 학교 어린이들의 행동이 미래를 대비하도록 인도하는 것인 한 상상의 발달과 개발은 이 목적에 도달하기 위해 열거된 주요 원동력 중 하나가 되어야 한다.

비고츠키에게 상상은 원동력, 즉 객관적 '힘'이다. 즉 실제적 창조 활동의

'이상적' 경향이다. 그리고 사회적 창조에서 상상은 완벽하게 객관적이 된다. 이는 낭만적 관점이 아니다. 미학 이론은 과학 이론보다 결코 작은 힘이 아니다. 미적 이상이 예술 작품으로 실현될 때, 미적 이상은 과학 이론이 발명으로 실현될 때만큼이나 큰 힘인 것이다.

1-8-50] 미래를 추구하는 창조적 개인의 발달은 현재에 실현된 창조적 상상을 통해 가능해진다.

●아동기의 그림

8장에서 비고츠키는 문해의 또 다른 정신 내적 근원, 즉 그리기에 대해 논의한다. 첫 번째 부분에서 그는 케르센슈타이너와 다른 이들의 연구를 이용하여 어린이의 시각적 표상의 발달을 네 단계로 나눈다. 그런 후 그는 이러한 네 단계가 존재하는 이유를 탐색하고, 이는 관련된 기능들의 '외부로부터 내부로의' 숙달과 관련이 있다고 결론짓는다. 즉, 촉각-운동 기능은 지각-개념적 기능보다 먼저 숙달되는 것이다. 이를 통해 비고츠키는 어린이들이 그리기를 포기하는 이유를 설명하고 그에 대해 우리가 할 수 있는 일이 무엇인지 제안할 수 있는 위치에 선다. 한편으로 그는 창조성 교육을 단순히 상상적 예술로서가 아니라 기술 교육과 더불어 수행할 것을 강력히 주장한다. 다른 한편 그는 창조성 교육을 오직 예술적 창조의 분야에만 제한하는 것에 반대한다. 그는 창조성은 모든 교육의 핵심적 요소이며, 사실상 어린이들이 미래를 만들어 가는 것은 오직 창조적 상상을 통해서만 가능하다고 말한다.

I. 비고츠키는 기본적인 그리기 기능이 부족한 어린 유아들은 그리기에 열정적으로 참여하는 반면 많은 수의 13세 어린이들은 그리기를 거부하게 되는 비극에 대해 다시 한 번 논의한다. 그는 난화亂畵(끼적거리기)나 색칠하기와 같은 시각적 '제스처'를 제외하고 표상적 그리기 발달에서 나타나는 네 단계에 대하여 논의한다. 즉, 1) 두족화나 뢴트겐화, 대상의 부분에 대한 도해적 서사와 같은 도식(스키마) 단계, 2) 선과 형태 감각이 시작되는 단계, 3) 입체성이 포함되지 않은 사실적 묘사의 단계, 4) 원근법, 명암 등의 입체성의 사용 단계. 비고츠키는 이러한 단계의 예를 부록에 포함하여 각 단계의 어린이들이 전차, 사람, 동물 등을 어떻게 표현하는지 보여 준다. (1-8-1~1-8-22)

II. 비고츠키는 그림을 그리는 어린이들이 기억으로부터 그리기 시작하여 후에야 비로소 관찰을 통한 묘사로 이행하게 되는 까닭을 묻는다. 그는 이를 설명하기 위해 바쿠신스키의 연구를 참조한다. 바쿠신스키는 어린이가 스스로의 몸이 행하는 행동을 숙달하는 것으로부터 시작하여, 신체적 움직임을 지배하게 된 이후에야 의도적인 관찰과 의식적인 심사숙고의 단계로 이행하게 된다고 가정한다. 그러나 어린이가 스스로의 그림에 대해 객관성이 부족하고 현실감이 떨어진다고 느끼게 되는 것은 그가 그림을 단순히 행동의 양식이 아니라 지각의 양식으로 경험하면서부터이다. 예를 들어 4세 어린이 중 절반만이 인물을 묘사하면서 몸통을 포함시켰지만 13세 어린이들은 하나도 빠짐없이 몸통을 그렸다. 그러나 그림 그리기를 포기하는 것도 13세부터이다. (1-8-23~1-8-29)

III. 비고츠키는 두 가지의 결론을 제시한다. 첫 번째 결론은 창조성의 실현 과정을 위해 교사들이 문화와 집단성을 만들어야 한다는 것이다. 한편으로 비고츠키는 상상의 완전한 자유를 강조한다. 다른 한편으로 학생 신문과 연극부 활동의 예에서와 같이 비고츠키는 분업과 창조적 활동에 포함되는 기술적 측면을 강조한다(이를 위해 비고츠키는 판화와 인쇄의 사례를 든다). 이런 식으로, 1장을 시작하면서 비고츠키가 지적한 창조적 활동의 두 측면, 즉 상상과 생산은 다시 한 번 하나로 묶인다. (1-8-30~1-8-40)

IV. 두 번째 결론은 창조의 상상적 측면이 예술 교육에만 한정될 수 없으며 교육 전체에 스며들어야 한다는 것이다. 이를 통해 비고츠키는 '삶이 예술 속에 스며들도록 하자'는 19세기 현실주의의 모토를 뒤집어 '예술이 일상생활의 모든 측면에 스며들도록 하자'는 당대의 혁명 예술가들의 주장에 동의한다. (1-8-40~1-8-46)

2
청소년의 상상과 창조

스티븐 윌트셔Stephen Wiltshire. 런던의 샤드the Shard 건물 건축 모습을 묘사한 그림을 들고 있다. 자폐증을 가지고 있는 윌트셔는 풍경을 잠깐 본 후에 순전히 기억을 통해 자신이 본 풍경을 정확히 묘사하는 능력으로 널리 알려져 있다. 윌트셔는 이 장에서 소개되는 아이데틱의 전형적인 사례이지만 또한 대단히 드문 사례이기도 하다. 옌쉬가 연구한 아이데틱들이 실제로 윌트셔와 같은 진정한 아이데틱이었다고 생각하기는 대단히 어렵다.

수업 내용

1. 정신 병리학에 비추어 본 상상과 창조의 문제.

2. 청소년기의 상상과 생각/청소년기의 직관상의 문제.

3. 청소년기의 구체적 상상과 추상적 상상.

4. 구체적 생각과 '시각적 개념' 형성의 문제.

5. 유년기와 청소년기 상상에 대한 비교 연구.

6. 청소년기의 창조적 상상

　정서와 생각의 종합으로서의 창조적 상상.

학습 계획

1. 수업 교재를 읽고 전체 장을 개관하고 요약할 것.

2. 청소년기 상상 발달을 나타낸 자료로부터 교육적 적용이 가능한 어떤 결론을 도출할 것.

3. 어떤 주제에 대한 연구 자료를 분석하고 창조적 상상에 의존하는 측면을 추출할 것.

정신 병리학에 비추어 본
상상과 창조의 문제

2-1-1] 카시러는 프랑크푸르트 신경학 연구소에서 관찰할 기회를 가졌던 고등 지적 기능에 복합 장애를 보이고 있는 환자에 대해 묘사한다. 이 환자는 전에는 아무런 문제없이 어떤 문장도 따라서 말할 수 있었으나, 이제는 오직 자신의 구체적·감각적 경험에 직접적으로 상응하는 실제적이고 구체적인 상황만을 말할 수 있었다.

*E. 카시러(Ernst Cassirer, 1874~1945)는 신칸트주의자인 관념주의 철학자였다. 헤르만 코헨의 제자였으며 함부르크 대학과 옥스퍼드, 그리고 후에는 예테보리 대학에서 교편을 잡았다.

그는 하이데거에 반대하여, 물리학과 같은 정밀과학과 도덕 모두가 상대주의의 오류를 입증하였다고 주장하였다. 따라서 그는 물리학에 대한 신칸트주의적 접근법을 옹호하는 저서를 여러 권 저술하였다. 그러나 비고츠키가 감명받았던 것은, 인간이 객관적인 진실을 생성하기 위해 기호를 사용한다는 그의 생각

2-1-2] 한번은 매우 화창한 날에 있었던 대화에서, 그에게 "오늘은 날씨가 궂고 비가 오고 있다."라는 문장을 따라 할 것을 요구했을 때, 그는 이 요구를 이행할 수 없었다. 그는 처음 몇 낱말은 쉽고 자신 있게 발화하였으나, 곧 당황하여 말하기를 멈추고 주어진 그대로 문장을 끝마칠 수 없었다. 그는 관찰된 현실과 일치하는 형태로 계속해서 문장을 바꾸었다.

2-1-3] 같은 연구소에 있던 오른쪽 신체 전체가 심각하게 마비되어 오른손을 사용할 수 없었던 또 다른 환자는 "나는 오른손으로 글을 잘 쓸 수 있다."라는 문장을 따라 할 수 없었다. 그는 매번 사실과 다른 '오른쪽'이라는 낱말을 '왼쪽'이라는 올바른 낱말로 대체했다.

"반신불수hemiplegia로 인해 오른손을 쓸 수 없는 환자는 예컨대 '나는 오른손으로 쓸 수 있다.'와 같은 말을 할 수 없었다. 그는 의사들이 그러한 말을 해 주었을 때조차 이를 따라 하기를 거부하였다. 그러나 그는 '나는 왼손으로 쓸 수 있다.'는 말은 쉽게 할 수 있었다. 이는 그에게 있어 사실이었으며 가정이나 거짓이 아니었기 때문이다."

Cassirer, E. (1944), *Essay on Man*. (New York: Doubleday), p. 90.

카시러는 어린이들도 가정법을 매우 어려워한다는 점을 지적한다. 수학 문제에서 어린이들이 어려워하는 것은 문장이 상정하는 가상의 상황들인 것이다. 언어 장애가 있는 어린이들의 경우에 이러한 어려움은 특히 심하다. 헬렌 켈러와 같이 농맹아였던 로라 브리지먼은 "사이다 1배럴에 4달러라면 1달러로는 몇 배럴의 사이다를 살 수 있는가?"라는 수학 문제에 다음과 같이 답하였다. "사이다는 별로 사고 싶지 않아요. 너무 시어서요."

비고츠키는 병리학적 사례를 통해 장을 마무리 짓는 경우가 많다. 그는 병리학에서, 발달의 지층들이 파헤쳐져서 좀 더 원시적이고 초기적 형태의 층들이 나타난다고 믿기 때문이다. 그러나 이 장에서 비고츠키는 병리학적 사례들을 통해 창조의 영점, 즉 거짓말을 하지 못하는 지점을 확립하는 것으로 논의를 시작한다.

사이다는 탄산 알코올음료이다. 로라가 '시다'고 말한 것은 사이다가 술이기 때문이다.

2-1-4] 종류는 다르지만 위와 마찬가지로 말과 개념적 사고 위에 구조화된 고등 지적 기능에 복합 장애가 있던 다른 환자 또한 직접적 구체적 지각에 대한 분명하고 절대적인 의존성을 드러냈다. 이 환자들 중한 사람은 어떤 일상적 물건도 친숙한 상황과 익숙한 조건하에서 완벽히 올바르게 사용할 수 있었다. 그러나 상황이 변하면 그는 물건을 전혀 올바르게 사용할 수 없게 되었다. 예를 들어, 그는 식사를 하는 동안은 정상적인 사람처럼 숟가락과 컵을 사용했지만, 다른 때에는 동일한 물건을 가지고 완전히 무의미한 행동을 하였다.

'무의미한' 행동은 내적, 외적 욕구에 의해 동기화되지 않은 행동을 말한다. '무의미한' 행동은 목적이 없으며 심리적, 사회적 기능을 하지 못하는 행동이다. 물론 이는 '무의미한' 소리와는 다르다. 무의미한 소리는 그 내막을 보면 분명한 동기가 있어 농담을 의도하거나 공상을 이야기로 풀어내기 위한 경우일 때가 많다.

무의미한 행동의 예를 들어 보자. 아침 식사시간에 환자에게 숟가락과 요구르트를 주면 환자는 숟가락으로 요구르트를 떠먹는 데 전혀 어려움을 겪지 않는다. 그러나 한밤중에 이 환자에게 요구르트 없이 숟가락만을 준다면 이 환자는 숟가락으로 머리를 빗기 시작한다. 이는 무의미한 행동이다. 단지 숟가락이 머리 빗는 데 적합하지 않기 때문일 뿐 아니라, 한밤중에 머리를 빗을 아무런 이유가 없기 때문이다.

2-1-5] 또 다른 환자는, 물을 한 잔 따르라는 지시를 받고는 이를 수행할 수 없었지만 갈증이 나서 스스로 행동하게 된 경우에는 어떤 어려움도 없이 이 조작을 수행할 수 있었다. 이 모든 경우에서, 눈길을 끄는 것은 주어진 실제 상황에 대한 행동, 생각, 지각, 행위의 완전한 의존성이다. 이 의존성은 엄밀한 규칙성을 갖는다. 즉 고등 지적 기능의 장애로 인해 개념적 사고의 기제가 붕괴될 때면 언제나 구체적 생각이라는 발생적으로 더 오래된 기제가 그 자리를 대체하는 것이다.

다시 말해 환자는 완전히 합리적이고 현실적인 존재인 것이다. 이는 정신병에 대한 상식적인 관점은 아니다. 우리는 흔히 정신병자는 체계적 법칙에 따르지 않고 그들의 환경에 반응하지 않는다고 생각한다. 비고츠키는 체계적 법칙에 순응하지 않는 능력 그리고 환경을 무시하는 능력이야말로 정상적인 고등정신기능을 특징짓는 것이라고 말한다. 예를 들어 말의 소리를 무시하고 눈에 보이지 않는 낱말의 의미에 주의를 기울이는 것은 언어 처리 과정에서 근본적으로 요구되는 것이다.

이런 식으로, 우리는 '합리적 현실주의'와 '상상적 지성화'를 구분해야 한다. 앞으로 보게 될 바와 같이 전자는 어린이의 특징이며 후자는 이행적 시기, 즉 청소년기의 핵심적 측면이다.

2-1-6] 이러한 사례들에서 분명하고 날카롭고 극도로 명백한 형태로 우리가 보게 되는 것은 환상과 창조에 완전히 반대되는 것으로 간주될 수 있다. 만일 상상과 창조를 구성하는 그 어떤 요소도 없는 행동 형

태를 찾고자 한다면 우리는 위의 예를 인용해야 할 것이다. 갈증이 그에게 행위의 동기를 부여할 때는 물병에서 물 한 잔을 따를 수 있지만, 다른 때에는 동일한 행위를 수행할 수 없는 사람, 또는 날씨가 좋을 때 날씨가 궂다는 문장을 따라서 말할 수 없는 사람-이 모두는 환상과 창조의 근저에 놓여 있는 것을 이해하기 위해 의미 있고 근본적인 것을 많이 알려 주며, 위의 사례에서는 혼란되고 붕괴된 고등 지적 기능을 환상과 창조에 연결시켜 주는 것이 무엇인지 알려 준다.

왜 환자는 목이 마르지 않은 경우에는 물을 따르지 못하는 것일까? 비고츠키는 우리가 목이 마르지 않을 때에도 물을 따르는 것은 잠깐이나마 갈증이 어떤 것이라는 것을 상상할 수 있기 때문이라고 한다. 그러나 환자가 본인이 물을 원하는 상황, 즉 목이 마른 상황을 상상하지 못한다면 어떨까?

환자는 어째서 그냥 문장을 따라 하고 그 문장의 진위에 대해서는 개의치 않을 수 없는 것일까? 비고츠키는 정상인들이 그렇게 할 수 있는 것은 스스로에게 "말만 따라 하고 의미는 무시하자."라고 말할 수 있기 때문이라고 주장한다. 스스로에게 무언가를 하자고 말할 때 우리는 일종의 '자아'를 상상한다. 즉, 우리 자신의 의지에 복종하는 일종의 가상의 인격 모델을 상정하는 것이다.

물론 이러한 가상의 '자아'를 상상할 수 없는 것이 바로 프랑크푸르트 연구소의 환자들이 처한 상황이다.

2-1-7] 이러한 환자들에게서 관찰되는 행동이 우리의 눈길을 끄는 것은, 무엇보다도 그 행동이 자유롭지 않다는 사실에 있다고도 심지어 말할 수 있다. 이 사람들은 실제 상황에 의해 직접적으로 동기가 부여되지 않은 행동은 전혀 할 수 없다. 외적 자극과 내적 자극의 직접적 영향에서 자유로워지는 방식으로 상황을 창조하거나 수정하는 것은 그의 능력을 넘어서는 것으로 보인다.

2-1-8] 앞에서 이미 언급한 것처럼, 병리적 사례들이 우리에게 흥미가 있는 것은 단지 그 사례들이 정상적 행동 발달에 적용되는 것과 동일한 법칙을 분명히 보여 줄 때뿐이다. 병리학은 발달을 이해하는 열쇠이며 발달은 병리적 변화를 이해하는 열쇠이다. 따라서 이 경우 우리는 어린아이와 원시적 인간에게 존재하는 것과 동일한, 행동 발달 과정에서 창조와 상상의 영점零點을 관찰할 수 있다.

2-1-9] 이 둘 모두는 행동의 부자유스러움과 구체적 상황에 대한 전적인 종속이 정상적인 기제인 발달의 단계에 있다. 외적 상황에의 완전한 종속, 현재 자극과의 완전한 연결은 앞에서는 병리적 징후로 간주되었던 기제이다.

2-1-10] 최근에 의도가 어떻게 형성되는지에 대한 많은 연구에 전념해 왔던 레빈은 매우 흥미로운 문제, 즉 온갖 종류의 결심에 있어서의 자유라는 문제로 주의를 돌렸다. 그는 말한다.

"인간은 많은 유형의 의도적 행위를, 심지어 그것이 전혀 의미 없는 행위일지라도 이행할 기회를 가진다는 의미에서 이러한 놀랄 만한 자유를 갖는다는 것은 그 자체로 가장 흥미로운 일이다. 이 자유는 문명화된 인간의 특징이다. 그것은 어린이에게 도달 가능하고 훨씬 더 작은 정도로나마 원시적 인간에게도 가능해 보이며, 아마도 이는 고등 지성보다 훨씬 더 명확하게, 인간과 가장 유사한 동물과 인간을 구별해 주는 유일한 요인이다. 이 차이는 자신의 행동 숙달 문제와 공존하는 듯하다."

우리가 앞에서 기술한 환자들의 행동은 바로 어떤 해결책도 형성하지 못하는 무능력을 보여 준다. 이미 말했던 것처럼, 이 현상이 개념적 사고의 근원인 고등 지적 기능이 붕괴된 경우에 가장 흔하게 관찰될 수 있다는 것은 놀라운 일이 아니다. 이는 실어증, 즉 언어활동과 개념적 사고의 교란으로 인한 장애의 사례에서 가장 명백히 볼 수 있다.

위 문단의 인용은 비고츠키의 저작에서 여러 번 언급된다(『역사와 발달』 4-21, 『도구와 기호』 6-19). 그러나 이 인용의 정확한 출처는 찾기 어렵다. 비고 츠키와 레빈은 서로 친구였으므로 이 인용이 사적인 대화에서 유래했을 가 능성도 배제하기 어렵다.

2-1-11] 연구 과정에서 우리는 그러한 환자들이 아무런 행위나 하도 록, 아무런 말이나 하도록 혹은 무엇이든 그리도록 요구받은 경우 극도 의 난관에 부딪히는 모습을 보았다. 그들은 언제나 무엇을 할지, 무엇을 말할지 가르쳐 주기를 요구하며 그렇지 않은 경우 이 과업을 해결하지 못한다. 헤드가 지적한 바와 같이, 실어증 환자에게 양 끝 모두에서 시 작될 수 있는 과업을 수행하길 요구하였을 때 동일한 상황이 발생한다. 출발점을 찾을 수 없어서 어디서 시작할지를 모르기 때문에 그 문제를 해결할 수 없다. 이 출발점은 자유롭게 선택되어야 하는데, 그에게는 이 것이 바로 어려움의 주원인이 된다. 연구를 하는 동안 우리는 어떤 실 어증 환자들에게 구체적 개념의 관점에서는 부정확한 표현을 포함하는 문장을 따라 하는 것이 얼마나 어려운지 빈번히 관찰할 수 있었다.

* H. 헤드(Sir Henry Head, 1861~1911)는 영국인 신경학자이다. 비고츠키는 『생각과 말』(5-4-13)이나 『도구와 기호』(1-73)에서도 그를 인용한다. 전쟁시 인이기도 했던 헤드는 지크프리트 서순과 토마스 하디의 가까운 친구였다. 파킨슨병을 앓고 있던 헤드는 자기 스스로를 대상으로도 실어증 연구를 하 였다.

2-1-12] 예를 들어, 아주 많은 문장들을 완벽히 바르게 따라 할 수 있는 한 환자는 '눈♣은 검다'라는 말을 따라 할 수 없었다. 그는 그 말

을 따라 하라는 실험자의 반복된 요구에도 불구하고 이 과업을 해결할 수 없었다.

2-1-13] 이 유형의 환자는, 특정한 낱말에 대한 응답으로 그것이 아닌 것, 또는 그것이 할 수 없는 것을 말하라는 요구를 받았을 때 동일한 어려움과 만나게 된다. 이 실어증 환자는 반대의 문제는 쉽게 해결한다. 그가 자신의 답변을 '눈은 결코 검지 않다'라는 식으로 나타내는 것이 허용될 경우에도 역시 이 문제를 잘 해결한다. 그러나 단지 잘못된 색깔, 잘못된 속성 또는 잘못된 행위만을 말하는 것은 그의 능력을 넘어선다는 것이 증명된다. 실어증 환자에게, 특정 색깔을 가지고 있거나 특정한 행위를 수행하고 있는 어떤 실제의 대상을 보면서 그와는 다른 색깔이나 행위를 말하도록 하면 과업은 훨씬 더 어려워진다. 다양한 사물의 속성들을 전이시키기, 한 속성을 다른 속성과 바꾸기, 속성과 행위의 조합 형성하기는 불가능한 과업임이 증명된다. 그는 구체적으로 인지한 상황에 단단히 확고히 속박되며 그 제한 밖으로 나갈 수 없다.

2-1-14] 우리는 개념적 사고가 행위의 자유와 의도성에 어떻게 연결되어 있는지 앞에서 이미 논의했다. 겔브는 사고의 언어는 자유의 언어라고 말한 헤르더의 주장을 상기하면서, 역설적이지만 완전히 올바른 방식으로 동일한 개념을 공식화한다. 겔브는 "무의미한 일을 할 수 있는 능력이 있는 것은 인간뿐이다."라고 말하면서 이 개념을 더욱 발전시킨다. 그리고 이는 분명한 사실이다. 동물은 실제 상황의 맥락에서 의미가 없는 행동은 결코 수행할 수 없다. 동물은 외적 자극의 내적 동기에 의해 야기된 행동만을 수행한다. 그러나 동물은 그들의 상황에 대해 임의적이거나 사전에 계획되었거나 자유롭거나 또는 무의미한 행동을 수행할 수 없다.

인간만이 무의미한 행동을 할 수 있다는 것은 인간만이 오직 완전히 자의적인 행위, 즉 환경적 자극과 필연적인 관계가 없는 행위를 수행할 수 있다는 뜻이다. 이러한 자의성은 카시러와 비고츠키가 인간 생각의 특징으로 간주하는 상징 생산에 있어 본질적이다.

연기는 불火과 필연적, 자연적 관계를 갖는다. 발자국 역시 발과 필연적이고 자연적인 방식으로 관련된다. 그러나 인간은 지칭 대상과 오직 관습적인, 즉 문화적인 관계만을 가지는 상징을 만들 수 있으며 이 능력은 언어에 있어 필수적이며, 따라서 모든 고등정신기능에 필수적인 능력이 된다.

* A. 겔브(Adhemar Gelb, 1887~1936)는 유태계 독일 심리학자이다. 모스크바에서 태어나 베를린에서 칼 스텀프 아래에서 공부하였고 1차 세계대전 때 뇌 손상에 대해 연구하였다. 그는 M. 베르트하이머와 함께 정교수로 임용되었고 K. 골드슈타인의 긴밀한 협력자로서 형태주의 심리학계의 중심에 서게 되었다. 프리츠 펄스와 함께 형태주의를 국제적인 치료 운동으로 확장시킨 로라 펄즈는 겔브의 제자였다. 겔브는 유태인이었으므로 나치는 그를 해임하였고 그는 네덜란드, 스웨덴 등지로 떠돌아다녔다. 병환으로 병원에서 머무는 동안 독일인 환자들은 그와 그의 아들을 박해하였고 그가 죽은 후 그의 아들은 자살하였다.

2-1-15] 덧붙여 말하자면, 오랫동안 자유의지에 관한 철학적 논쟁과 일상적 사고 모두에서, 무의미하고 완전히 무익하며 외적 또는 내적 환경 어느 쪽에 의해서도 일어나지 않은 일을 할 수 있는 우리의 능력은, 대개 결심의 의도성과 행위의 자유를 가장 명백히 드러내는 것으로 간주되어 왔다. 실어증 환자가 무의미한 행위를 수행하지 못하는 무능력이 동시에 자유로운 행위를 수행하지 못하는 무능력으로 이어지는 것은 이러한 이유 때문이다.

2-1-16] 우리는 우리가 제공한 예들이 상상과 창조는 자유롭게 결합

된, 경험의 다양한 요소를 자유롭게 재가공하는 것과 연결되어 있다는 생각과, 상상과 창조는 개념적 생각을 숙달한 이만이 도달할 수 있는 사고, 행위, 인지의 내적 자유의 수준을 반드시 그 전제 조건으로 요구한다는 분명한 생각을 예증하기에 충분하다고 생각한다. 따라서 이 기능에 문제가 생겼을 때 상상과 창조가 사라지는 것은 그럴 만한 이유가 있는 것이다.

이 절에서 비고츠키는 고등정신기능의 장애는 즉각적 상황을 무시하는 이들이 아니라, 즉각적 상황을 무시하지 못하는 이들에게 나타난다고 주장한다. 정신병자들이 환각을 보는 것은 여기 지금으로부터의 이탈을 보여 주는 증거가 아니라, 그들이 시각적 이미지에 의존한다는 것을 나타내는 증거인 것이다.

이와 유사하게, 다음 절에서 비고츠키는 청소년들의 특성은 상상과 환상이 전면에 두드러지는 것이 아니라고 주장한다. 청소년기의 상상과 환상은 시각적, 구체적 특성이 잔존함으로써 나타나는 현상이다. 대신, 청소년기에 새로운 것은 (따라서 아직 강력히 부각되지 않는 것은) 청소년의 추상적 생각이다. 마음의 눈으로만 '보는' 능력인 것이다.

2절
청소년기의 상상과 생각
청소년기의 직관상의 문제

2-2-1] 우리는 다분히 의도적으로 이 짧은 정신 병리학적 탐방을 통해 청소년의 환상과 창조에 대한 조사를 시작했다. 동시에, 우리는 이 문제가 청소년 심리학 분야에서 전통적이고 일반적으로 인정된 것으로 간주될 수 있는 것과 반대되는, 청소년 심리학에 대한 우리의 기본적인 이해에 비추어 완전히 새로운 공식화를 요구한다는 것을 정확하고 명백하게 강조하고자 하는 바람에 의해 처음부터 인도되어 왔다.

2-2-2] 전통적인 관점은 이 기능을 청소년의 온전한 심리적 발달의 중심적이고 필수적인 기능으로 간주한다. 그것은 상상을 청소년의 전체 지적 생활의 전면에 내세운다. 상상을 출발점으로 삼아, 그것은 청소년 행동의 모든 다른 측면을 이 기본적 기능에 종속시키고자 한다. 전통적 관점은 이 기본적 기능을 사춘기 시기의 모든 심리적 측면의 근본적이고 지배적인 모든 요소들의 일차적이고 독립적인 발현으로 간주한다. 여기서 우리는 청소년의 모든 지적 기능의 구조에 대한 왜곡된 비율과 그릇된 그림뿐 아니라 청소년기 상상과 창조의 과정 자체에 대한

잘못된 해석을 보게 된다.

2-2-3] 환상에 대한 이러한 잘못된 해석은 그것을 감정적 생활, 즉 성향과 감상의 생활과 연결된 기능의 측면에서만 일방적으로 바라보기 때문이다. 그러나 지적 생활과 연결된 다른 측면은 불명료하게 남는다. 하지만 푸시킨이 적절히 말했던 것처럼, "상상은 시에서만큼 기하학에도 필요하다." 현실의 예술적 변형을 요하는 모든 것, 무엇이든 새로운 것의 발명과 창조를 이끄는 모든 것은 불가피하게 환상의 개입을 필요로 한다. 이런 의미로 어떤 저자들은 상당히 올바르게도 창조적 상상으로서의 환상과 재생적 심상으로서의 기억을 대비시킨다.

이것은 비평가에 대한 푸시킨의 답이다. 그는 상상의 두 상태를 구분한다. 하나는 브도흐노베니야 вдохновенья(재생)이고 다른 하나는 바스토르크вост opг(환희)이다. 푸시킨은 다음과 같이 말한다.

"브도흐노베니야? 그것은 감각을 더욱 능동적으로 지각하려는, 따라서 생각을 더욱 빠르게 파악하려는 영혼의 성향이다. 이 성향은 감각과 생각의 표현을 촉진시킨다. 브도흐노베니야는 기하학에서만큼이나 시에도 필요하다. 이 비평가는 브도흐노베니야를 바스토르크와 혼동하고 있다. 이 둘은 같지 않다. 명백히 다르다. 바스토르크는 정적靜寂을 배제한다. 이는 미美의 본질적 조건이다. 바스토르크는 정신의 힘을, 부분을 전체와 관련지어 배열하는 정신의 능력을 내포하지 않는다. 바스토르크는 짧게 지속되며 순간적으로 지나간다. 따라서 진정 위대한 완성을 창조할 수 있는 힘을 가지고 있지 않다(이것 없이는 서정시가 불가능하다)."

Pushkin, A. S. (1825/1984), "To Zhukovsky" In Collected Works, 5: 7.

시는 정서이지만 이는 정적 속에서 재편집된 정서이다. 다시 말해 반추를 통해 매개된 정서인 것이다. 물론 이는 페리지바니переживаний(생생한 경험,

lived experience), 즉 정적 속에서 반추된 정서적 경험의 정의이기도 하다. 비고츠키는 '환경의 문제'에서 페리지바니를 어린이 발달 전체의 분석 단위로 사용한다.

Vygotsky, L. S. (1935/1994), The Problem of the Environment. In van der Veer and Valsiner, (eds.) *The Vygotsky Reader*, Oxford and Cambridge, MA: Blackwell. 352.

2-2-4] 게다가 청소년의 환상 발달에서 본질적으로 새로운 모든 것은 청소년의 상상이 개념적 사고와 밀접한 관계를 형성한다는 사실에 있다. 말하자면 그것은 지성화되고, 그런 후 지적 활동 체계 속에 포함되고 새로운 인격 구조 속에서 완전히 새로운 기능을 수행하기 시작한다. 리보는 자신의 연구에서 청소년의 상상 발달 곡선을 그리고, 사춘기 시기는 이전까지 지적 발달 곡선과 분리된 경로를 따랐던 상상 발달 곡선이 지적 발달 곡선에 근접하고 평행한 경로를 따르기 시작한다는 사실로 특징지어진다고 지적했다.

리보의 곡선에 대해서는 이 책의 『유년기의 상상과 창조』 1-4-6 참조.

2-2-5] 만약 우리가 청소년의 생각 발달을 실천적 현실주의로부터 지적 합리주의로의 전이로서 만족스럽게 정의했다면, 그리고 만약 우리가 또한 기억, 주의, 시각적 지각, 의지적 행위와 같은 기능들의 지성화를 바르게 상세히 기술했다면, 동일한 논리적 일관성을 따라 우리는 환상에 관하여 동일한 결론을 이끌어 낼 수 있어야 할 것이다. 그것은 환상이 실제로 청소년 심리 발달의 일차적, 독립적, 선도적 기능이 아니라, 그 발달은 개념 형성의 결과로 뒤이어 일어나는 것이며, 즉 청소년의 전체 지적 생활이 극복해야 하는 모든 복잡한 변화 과정을 완결하고 이

행한 최종적인 결과라는 것이다.

비고츠키는 청소년 이전 시기 어린이의 실행 지성, 실제적 현실주의와 청소년의 상상적 지성주의를 구분하고 있다. 어린이의 현실주의는 고도로 합리적이지만 반드시 지성적이지는 않다. 그것은 단순히 환경에 반응하는 것에 토대를 둘 수 있기 때문이다. 청소년 상상의 지성화는 반드시 현실적일 필요가 전혀 없다. 예컨대 청소년의 개념 형성은 현실로부터의 비행, 이탈을 포함한다.

2-2-6] 지금까지 청소년기 상상의 본질에 관한 질문은 서로 다른 사조의 학파에 속하는 심리학자들 사이에서 여전히 논쟁적 주제로 남아 있다. Ch. 뷜러와 같은 많은 저자들은, 청소년들이 추상적 사고로 이행함과 동시에 또한 반대쪽 극단인 그의 환상에서는 구체적 생각의 모든 요소들이 모습을 갖추기 시작한다고 지적한다. 이 사례에서 환상은 개념적 사고에 독립적인 기능으로 간주될 뿐 아니라, 심지어 완전히 정반대 기능으로 간주된다. 개념적 사고가 추상과 일반의 왕국에 존재하는 특징이 있는 반면, 상상은 구체적 영역에 존재한다. 그리고 청소년기 환상은 성인의 성숙한 환상과 비교했을 때 생산의 영역에서는 열등함에도 불구하고 그 강도와 독창성이 성인보다 뛰어나다. 따라서 이 저자들은 환상과 지적 기능은 완전히 반대로 생각될 수 있다고 제시한다.

상상想像이라는 말은 생각想과 그림像을 의미하는 두 부분으로 나뉜다. 즉, '그림'과 '구체적 상황으로부터 그 그림을 추출해 내는 추상'의 과정이 함축되어 있다. 그렇다면 상상은 그림에 더 가까운 과정일까 아니면 생각, 즉 추상에 가까운 과정일까?

한편으로 많은 심리학자들은 상상이 청소년의 정신 발달에 있어 중심적,

선도적인 기능이라고 가정했던 것으로 보인다. 다른 한편, 뷜러는 대체로 청소년의 상상이 어린이의 이미지들이 정교화된 것이라고 본다. 그것은 성질상 도식적, 시각적이라는 것이다.

그러나 물론 이는 청소년 정신 발달의 중심적, 선도적 기능이 어린이의 그것과 본질적으로 같다고 말하는 것이다. 이러한 주장은 비고츠키가 볼 때 비非발달적이다.

아마도 청소년의 마음이 시각적 이미지를 처리하는 방식에 무언가 새로운 것이 있지 않을까? 이것이 비고츠키가 다음에 조사하는 연구 대상이다. 이를 조사하기 위해서 비고츠키는 매우 뜻밖에도, 나치 심리학자였던 옌쉬와 크로의 '아이데틱'에 대한 실험을 살펴본다.

옌쉬와 크로는 인종차별적 심리학의 일부로 아이데틱에 관심을 가졌다. 그들은 아이데틱들이 지나치게 많이 보고, 지각 대상이 없을 때에도 대상들을 계속해서 보기 때문에 시각적 자극에 쉽게 영향을 받고, 따라서 정신적으로 장애를 가지고 있다고 믿었다.

옌쉬와 크로는 특정 종족, 특히 유태인은 아이데틱적인 성향을 갖기 쉬운 반면 독일인들은 훨씬 더 집중력이 높으며 합리적이라고 믿었다. 결국 이러한 관점은, 아이데틱을 비롯해 정신적으로 '적합하지 않은' 사람들을 가스실에서 학살한 악명 높은 T-4 프로그램을 이끌었다.

비고츠키가 이러한 나치의 아이디어에 관심을 갖게 된 이유는 무엇일까? 물론 비고츠키뿐 아니라 모든 이들이 그들에게 관심을 가지고 있었다. 독일은 심리학 연구에서 세계 일류였고 옌쉬와 크로는 독일에서도 가장 선도적인 연구자들이었기 때문이다. 그러나 비고츠키에게는 더욱 심오한 다른 이유가 있다.

비고츠키에게는 해결해야 할 모순이 있었다. 한편으로 청소년의 상상은 어린이의 상상과 달라 보인다(예를 들어 청소년의 경우는 물리적 활동과 덜 연계되어 있고 더 지성화되어 있다). 다른 한편 그 둘 사이에는 분명히 공통되는 요소들이 존재한다(두 경우 모두 생생한 시각적 이미지가 중요한 요소로 포함된다). 상상의 내용도 한편으로는 매우 다른 반면(청소년기에는 성적 상상이 부각된다) 또 다른 한편으로는 완전히 같다(청소년과 어린이 모두 폭력적인 상상을 한다).

이 모순을 해결하는 방법은 변증법적인 동시에 유물론적이어야 했다. 즉, 해답은 더 큰 전체 즉, 도상적/시각적인 동시에 비도상적/비시각적인 전체를 찾는 것으로 이루어져야 하며, 동시에 전적으로 유물적, 즉 실제 세계, 감각적 경험과 연결되어 있어야 한다. 잔상에 기초를 둔 옌쉬의 개념인 직관상은 바로 비고츠키가 찾고 있던 것으로 보인다.

물론, 이것이 비고츠키가 단 한순간이라도 옌쉬의 인종차별적 심리학에 동조했음을 의미하는 것은 아니다. 그는 '정신 신경학에서의 파시즘'에서 인종차별적 심리학과 옌쉬를 통렬히 비판한다.

Vygotsky, L. S. (1934/1994), Fascism in psychoneurology. In R. van der Veer and J. Valsiner (eds.) *The Vygotsky Reader*, Oxford and Cambridge, MA: Blackwell, pp. 327-337.

2-2-7] 이런 점에서 최근에 옌쉬와 그의 학파에서 조사된 소위 직관상 эйдетических образов(直觀像, eidetic images-K)의 운명은 매우 흥미롭다. 일반적으로 직관상이라는 명칭은 어린이가 어떤 상황이나 그림을 시각적으로 지각한 후 그것의 환각을 보듯이 정확하게 기억해 낼 수 있는 시각적 표상을 일컫는다.

*E. 옌쉬(Erich Rudolf Jaensch, 1883~1940)는 비고츠키가 이 글을 쓰던 시기에 가장 널리 인용되던 독일 심리학자였다. 그는 에빙하우스, 뮐러 등과 함께 수학했으며, 실험 심리학을 통해 헤르만 코헨이 이끌던 신칸트 학파를 퇴출시키기 위해 노력하였고 실제로 마르부르크 대학에서 코헨의 자리를 물려받았다. 아이데틱에 대한 그의 연구는 오늘날까지도 여전히 중요하게 간주되지만, 그의 다른 연구들은 완전히 신빙성을 잃었다.

옌쉬는 나치당의 일원으로 일반적으로 유태인들과 비독일인들이 직관적 지각을 하는 경향이 있기 때문에, 그들이 약한 의지와 형편없는 판단력을

2-2-8] 성인이 빨간색 정사각형을 몇 초 동안 응시한 후 회색이나 흰색 배경 위에서 그 보색 잔상을 보게 되는 것과 마찬가지로, 잠시 동안 한 그림을 본 어린이는 그 그림이 제거된 후에 빈 스크린 위에서 동일한 그림을 계속 보게 된다. 이것은 자극 원천이 사라진 후 계속 기능하는 일종의 시각적 자극의 연장된 관성과 같다. 요란한 소리가 사실상 중지된 후에도 우리 귀에서 한동안 지속되는 것처럼 느껴지는 것과 동일한 방식으로, 말하자면 어린이의 눈은 그 이후에도 한동안 생생한 시각적 자극의 흔적과 지속되는 반향을 유지한다.

2-2-9] 이 단계에서 우리는 직관상에 대해 세세히 논의하는 문제나 실험 연구에 의해 밝혀진 모든 사실들에 대해서는 그리 큰 관심을 갖고 있지 않다. 우리의 목적을 위해서는, 옌쉬의 발견에 의한 바와 같이, 이러한 이미지적인 시각 지각이 지각과 개념 사이의 일종의 이행적 단계로 간주될 수 있다고 말하는 것으로 충분하다. 이것들은 발달 과정에서 여전히 존재하면서도, 유년기 끝에 사라지는 경향이 있지만, 완전히 사라지는 것이 아니라, 한편으로는 개념의 시각적 토대로 변형되며, 다른 한편으로는 지각의 구성 성분이 된다. 어떤 저자들에 따르면, 이러한 직관상은 청소년기에 가장 빈번하게 나타난다.

2-2-10] 이러한 현상들은 기억과 생각이 시각적, 구체적, 감각적 특성
을 가진다는 증거를 제공하기 때문에, 그리고 이들은 세상에 대한 표상
적 지각과 실제에 대한 표상적 생각의 기초 재료이기 때문에, 이 현상
들이 정말로 청소년 연령을 특징짓는 특성으로 간주될 수 있는지 의문
이 든다. 최근에 몇몇 연구자들에 의해 이러한 질문이 다시 제기되었고,
그들은 실제로 유년기에는 직관적인 시각적 이미지가 전형적이며 특히
매우 초기 유년기의 가장 큰 특징이라고 생각하는 것은 당연하다는 것
을 확인할 수 있었다. 매우 어린 어린이는 그의 기억, 상상, 생각이 원래
경험 그대로, 구체적 세부 사항을 온전히 포함하며 생생한 환각을 통해
실제의 지각을 여전히 직접적으로 재생산할 수 있다는 점에서 직관적
이라고 기술될 수 있다.

2-2-11] 직관상은 개념적 사고로 전이하는 동안 사라지는 경향이 있
다. 사춘기 시기는 시각적이고 구체적인 사고 양식이 추상적인 개념적
사고로 이행되는 지점이기 때문에, 우리는 그것이 사춘기에 이르러서는
사라질 것이라고 먼저a priori 가정해야 했다.

2-2-12] 옌쉬는 직관상이 기억의 개체발생에서뿐만이 아니라 계통발생에서도 인간 문화의 원시적 단계를 지배했음을 확립했다. 그러나 사고가 문화적으로 발달함에 따라, 이러한 현상들은 추상적 사고에 자리를 내주고 점차 사라졌으며, 단지 어린이에서만 원시적 사고 형태로 살아남았다. 옌쉬는 다음과 같이 말한다.

"후속 발달 과정에서 낱말의 의미는 점점 일반적이고 추상적이 되었다. 직관적 경향은 구체적 심상에 대한 관심과 더불어 배경으로 물러난 것처럼 보이며, 언어의 특성이 변한 결과로 직관적 성향은 훨씬 더 뒤로 밀려나게 된다. 문명화된 인류의 경우에 이러한 경향의 후퇴는 원시적 언어의 개별적 낱말 의미와는 반대로, 주어진 사실의 감각적 측면에 할애되는 주의를 촉진하기보다는 제한하는 일반적 낱말의 의미를 수반하는 문명화된 언어의 결과였을 것이다."

2-2-13] (계통-K) 발생적 측면에서와 동일한 방식으로, 언어 발달과 개념적 사고로의 전이 시기가 도래한 결과 직관적 특질은 쇠퇴하게 된다. 마찬가지로 청소년 발달에서 사춘기 시기는 두 가지의 내적으로 연결된 계기, 즉 추상적 사고의 증대와 직관적인 시각적 이미지의 소멸에 의해 특징지어진다.

2-2-14] 지금까지 직관상의 정점 도달 시기에 관한 질문은 여러 저자들 사이에서 많은 불일치를 보여 왔다. 어떤 저자들은 이른 유년기

에 정점에 도달한다고 말하고, 다른 저자들은 곡선의 정점을 청소년기에 위치시키는 반면, 세 번째 그룹은 그 둘 사이의 어딘가, 대략 학령기 초기에 일어난다고 생각한다. 그러나 최종적으로 최근에 확고하게 확립된 바에 따르면, 시각적 이미지 발달의 성장에 있어서 청소년기에 관찰된 것은 가파른 상승이 아니라 급격한 하강이다. 청소년의 지적 활동에서 일어나는 변화는 그의 개념 생활에서의 변화와 매우 밀접하게 연결되어 있다. 직관적 심상 분야의 저명한 연구자인 크로에 의해 입증되었듯이, 주관적인 시각적 이미지가 성적 성숙 시기의 전조가 아니라, 유년기의 본질적 속성이라는 것은 아무리 강조해도 지나치지 않다.

*O. 크로(Oswald Kroh, 1887~1955)는 옌쉬의 제자였으며 아이데틱을 대상으로 중요한 연구를 수행하였다. 그는 나치를 지지했으며 스승인 옌쉬가 수행하던 독일 심리학 학회의 회장직을 이어받는데, 이 학회의 회원들은 T-4 프로그램으로 알려진 '정신 장애인' 말살 프로그램에 참여한다.

그럼에도 불구하고 비고츠키는 실험에 의해 지지되는 크로의 관찰, 즉 청소년들은 어린이보다 직관상의 영향을 덜 받는다는 관찰에 깊이 공감한다. 이 사실은 비고츠키가 주장하고자 하는 발달적 논지에 매우 중요하기 때문이다.

2-2-15] 이것은 핵심적인 진술이다. 이러한 직관상을 사춘기 연령의 징후로 나타내려는 시도가 수도 없이 다시 되풀이되고 있기 때문이다. 이에 대항하기 위해서는, 이 저자의 가장 초기 실험조차 사춘기에 이러한 이미지 발달 곡선에서 뚜렷한 하락을 드러냈다는 것이 지적되어야 한다. 다른 실험들은 직관적 현상의 최대 빈도가 11세와 12세 즈음에 감소하며, 사춘기의 도래와 함께 한층 더 감소한다는 것을 보여 주었다.

2-2-16] 크로는 말한다. "이것이 우리가 시각적 이미지를 사춘기 연

령의 징후를 나타낸다거나, 그 연령의 심리적 불안정성으로부터 직접적으로 기인하는 것으로 간주하려는 어떤 시도도 단호히 거부해야 하는 이유이다." 동시에 이러한 시각적 이미지는 즉시 사라지지 않으며, 대개 사춘기 연령에서 상당히 오랫동안 지속된다는 것을 잊지 말아야 한다. 그러나 이러한 이미지가 발생하는 영역은 점점 더 제한되고 특화되며, 지배적인 흥미와의 관계 속에서 기본적으로 설명될 수 있다.

2-2-17] 앞 장에서 우리는 이미 청소년기 동안 기억에서 일어나는 근본적인 변화에 대해 논의했다. 우리는 기억이 직관상으로부터 논리적 기억의 형태로 나아가며, 내적인 기억 기술은 청소년들의 주요하고 기본적인 기억 형태가 된다는 것을 보여 주고자 했다. 그러므로 직관상을 특징짓는 것은 그것이 청소년의 지적 활동의 영역에서 완전히 사라지는 것이 아니라, 말하자면 동일한 영역의 다른 부분으로 이동한다는 것이다. 기억 과정의 기본 형태가 되기를 멈춘 후에, 그것은 상상과 환상에 봉사하기 시작하며, 이런 식으로 그것의 기본적인 심리적 기능의 본성이 변화된다.

'앞 장'은 본문이 발췌된 『청소년 아동학』의 앞 장을 지칭한다. 기억술이 논리적 기억과 맺는 관계에 대해서는 『역사와 발달』 10장 참조.

2-2-18] 크로는 청소년기 동안 진정한 꿈과 추상적 사고 사이의 중간에 위치하는 이른바 몽상과 공상이 출현하기 시작한다고 매우 바르게 지적한다. 이러한 공상 속에서 청소년은 대개 긴 서사시를 엮어 내기 시작한다. 그 서사시에서, 어느 정도 오랜 기간 동안 일관성을 유지하며, 각각의 결정적 계기перипетии(peripeteias-K)와 상황 그리고 에피소드를 포함하는 각 부분들이 서로 연결되어 있다. 그것은 청소년의 상

상과 깨어 있을 때 경험한 것에 의해 만들어진 창조적인 꿈이라고 할수 있다. 그래서 청소년의 몽상, 즉 이러한 환상적 생각은 종종 자연 발생적으로 야기된 시각적인 직관상과 뒤얽히게 된다.

2-2-19] 크로는 다음과 같이 말한다. "바로 이러한 이유로 무작위로 떠오른 이미지(직관상-K)의 출현이 완전히 멈춘 이후에도 자연 발생적 시각적 이미지가 사춘기 초기에 흔히 나타나게 된다." 기억 영역에서 일어나는 심리적 기능의 변화에 근본적 요인이 되는 현상, 즉 기억 영역으로부터 직관상이 소멸하고 상상의 영역으로 옮아가는 현상의 주요 원인이 무엇이냐는 질문에 대해 크로는 옌쉬의 관점과 완전히 일치하는 다음과 같은 답을 내놓는다. 즉, 개체발생과 계통발생의 영역 모두에서 생성 과정의 주요한 원인이 되는 것은 개념 형성, 자발적 말, 개념적 생각의 수단이 되는 언어이다.

2-2-20] 청소년의 개념 속에서 본질적 요소와 비본질적 요소가 분리된 형태로 직관상과 뒤섞여 발견될 수 있다. 그러므로 주관적인 시각적 이미지는 대략 15~16세에서 사라지기 시작한다는 크로의 일반적 결론은, 그와 동시에 개념이 이전의 이미지를 대체하기 시작한다는 자신의 이론과 완전히 일치한다.

2-2-21] 따라서 우리는 청소년기 상상이 구체적 특성을 갖는다고 규정한 전통적 관점을 확증하는 것처럼 보이는 결론에 도달한 것으로 보인다. 우리는 어린이의 직관상이 연구되었을 때, 이러한 이미지를 환상과 연결하는 요소의 존재가 이미 확인되었다는 것 또한 기억해야 한다. 직관상이 언제나 그것을 이끌어 낸 지각 대상을 정확히, 그대로 반영하는 것은 아니다. 지각 대상은 매우 자주 변화를 겪고 직관적인 재구성 과정에서 재처리된다. 직관적 경향의 기초를 이루는 원인은 시각적 자극뿐만이 아니다. 우리는 또한 직관상 속에서 시각적 개념의 복잡한 교

정 기능, 즉 흥미 있는 재료의 선택과 심지어 독특한 일반화 과정을 발견한다.

2-2-22] 옌쉬의 중요한 기여 중 하나는 시각적 개념, 즉 말하자면 구체적 사고 영역에서의 개념과 유사한 그런 시각적 직관상의 일반화를 발견한 것이다. 이러한 구체적 사고 과정은 엄청난 중요성을 가진다. 교육을 지배해 왔던 주지주의가 단지 한 방향으로만 어린이를 발달시키는 경향이 있었으며 그 접근법은 편향적이었다는 옌쉬의 말은 완전히 옳다. 왜냐하면 이 접근법은 어린이를 본질적으로 논리학자로 간주했으며 그의 심리적 조작 체계 전체를 논리화했기 때문이다.

2-2-23] 청소년 사고의 대부분이 여전히 구체적 사고 영역에 남아 있다는 것은 전혀 의심의 여지가 없으며, 이 구체적 사고는 또한 고등 발달 수준에서도 심지어는 성인기에도 존속한다. 많은 저자들은 구체적 사고 과정과 상상을 동일시하지만, 사실상 우리가 여기서 관찰하고 있는 것은 구체적 감각 이미지를 시각적으로 재처리한 것으로 보이며, 결국 이것은 언제나 상상의 기본적 특성으로 간주되어 왔다.

이는 『생각과 말』 5장의 주장과 완전히 일맥상통한다. 비고츠키는 복합체적 생각이 청소년 시기까지 지속된다고 말한다. 그런데 그는 6장에 이르러서는 도상적, 시각적 이미지는 심지어 초등학생조차 '학교 문 밖'에 남겨 두어야 한다고 주장한다.

두 주장은 서로 상충되는 것일까? 그렇지 않다. 『역사와 발달 Ⅱ』는 창조와 같은 외적 활동이나 상상과 같은 내적 기능을 포함한 모든 고등심리기능들은 자연적 토대 구조와 문화적 상부 구조의 충돌이라고 가르친다.

즉, 고등 상상은 상상의 상(像, 시각적 측면을 도상적 재현으로 일반화한 것)과 상(想, 시각적 측면을 추상화한 것) 사이의 갈등으로부터 나타나는 것이다.

3절
청소년기의 구체적 상상과 추상적 상상

2-3-1] 환상에 대한 전통적 관점은 환상이 포함하고 있는 이미지의 시각적 부분을 필수적이고 독특한 특질로 간주한다. 연구자들은 대개, 청소년의 추상적 사고 영역에서 점차적으로 사라지는, 현실에 대한 구체적, 이미지적, 시각적 개념의 모든 요소들이 환상의 왕국 내로 모여드는 경향이 있다는 것을 지적한다. 우리는 그것을 뒷받침하는 많은 사실들에 의해 확인된 것처럼 보일지라도, 엄밀히 말하면 그러한 진술이 전적으로 사실인 것은 아니라는 것을 이미 보았다.

2-3-2] 환상의 기능을 오로지 시각적, 이미지적, 구체적 활동으로만 간주하는 것이 그리 올바른 것은 아닐 것이다. 상당히 타당하게도 동일한 종류의 시각적 특질은 또한 기억 심상의 특징이라는 것이 지적되어 왔다. 다른 한편으로는 환상 속에도 도식적이거나 거의 시각적이지 않은 활동 유형이 존재한다. 린드보르스키는 "우리가 만약 환상을 오로지 시각적 개념의 왕국에만 제한하고 그로부터 생각의 모든 측면을 완전히 제거한다면, 시적 창조를 환상 활동의 산물로 묘사하는 것은 가

능하지 않을 것이다."라고 말한다. 정확히 똑같은 방식으로 모이만은, 환상과 생각의 차이가 전자는 시각적 이미지로 작동하며 추상적 사고 요소를 전혀 포함하지 않는다는 사실에 있다고 보았던 라우의 관점에 동의하지 않는다.

*E. 모이만(Ernst Meumann, 1862~1915)은 C. 지그바르트와 W. 분트의 제자였다. 그는 취리히에서 철학 교수가 되었고, 이후 함부르크에서 심리학 교수로서 특히 W. 스턴과 E. 카시러를 가르쳤다. 그는 연합주의자였으며 그의 연구의 대부분은 무의미 음절의 기억과 관련이 있었다.

*E. 라우(Ernst Lau, 1893~1978)는 이중 초점 안경의 발명가로 잘 알려져 있다. 그러나 그는 베를린과 튀빙겐에서 심리학과 철학을 연구했으며 특히 베를린의 노동자 계급 청소년에 대한 연구의 맥락에서 비고츠키가 인용한 아동 심리학에 관한 몇 권의 책을 저술했다.

2-3-3] 모이만은 "추상적 사고의 요소는 우리의 이미지와 지각 속에 결코 부재하지 않는다."라고 말한다. 그리고 성인의 경우 개념적 재료 전체가 추상적 사고에 의해 재처리된 형태로 존재하기 때문에, 그것(추상적 사고-K)이 그곳에 존재하지 않을 수 있는 방법은 전혀 없다. 또한 분트가 환상을 단지 시각적 개념의 산물로 간주하는 것에 반대했을 때 동일한 생각을 드러낸 것이다.

2-3-4] 실제로 우리가 나중에 계속 보게 될 것처럼 환상이 청소년기에 겪게 되는 본질적 변화 중 하나는 순수하게 구체적, 이미지적 특성으로부터의 해방이며, 동시에 추상적 사고 요소에 의한 침투이다.

2-3-5] 우리는 이미 청소년기의 본질적 특성 하나는 환상과 생각 사이의 화해이며, 상상이 개념에 의존하기 시작하는 것이라고 말했다. 그러나 이 화해가 생각이 환상을 완전히 흡수한다는 것을 의미하지는 않는다. 두 기능 모두 서로에게 접근하지만, 병합되지는 않는다. 즉 생산적

환상과 생각이 동일하다는 뮐러-프라이엔펠스의 공식은 실제 상황에 의해 증명된 적이 없다. 나중에 보게 될 것처럼, 환상과 그에 상응하는 경험을 특징지으면서, 환상을 생각과 구분해 주는 여러 계기들이 있다.

*R. 뮐러-프라이엔펠스(Richard Müller-Freienfels, 1882~1949)는 교사였으며, 후에 폴란드의 슈체친에서 철학과 교육 강사로 일했다. 그는 1933년에 나치 당원이 된 후, 즉시 베를린 경제 학교에서 교수가 되었다. 그러나 후에 그의 먼 친척이 유태인임이 밝혀지면서 유태인에 '오염되었다'는 이유로 해고되었다. 그는 시학, 대중 심리학, 기억, 정신 훈련에 관한 책을 저술했다.

2-3-6] 따라서 청소년기 상상의 특징인 추상적 측면과 구체적 측면 간의 고유한 관계를 발견하는 것이 우리의 문제로 남는다. 어떤 관점에서 볼 때, 청소년의 상상에서 우리가 보게 되는 것은 실상 청소년의 생각에서 배경으로 물러나는 구체적 시각적 사고의 모든 요소들의 집합이다. 청소년기 환상의 구체적 측면의 의미를 바르게 이해하려면, 청소년기 상상과 유년기 놀이 사이에 존재하는 연관을 고려해야 한다.

2-3-7] 발생적 관점에서, 청소년기 상상은 어린이 놀이의 계승자이다. 한 심리학자의 적절한 진술에 따르면, "어린이는 놀이에 열중한 속에서도, 놀이를 하는 동안 마음속에서 완벽하게 실제 세계와 자신이 만든 세계를 구분할 수 있다. 당연히 그는 실제 삶의 만질 수 있는 실제 대상 중에서 상상한 대상과 관계를 떠받칠 지지물을 찾는다. 어린이의 놀이와 상상을 구별하는 것은 바로 어린이가 찾는 이러한 지지물이다. 어린이는 성장함에 따라 놀이를 그만둔다. 어린이는 상상으로 놀이를 대체한다. 성장하고 있는 어린이가 놀이를 그만둘 때 어린이가 하는 것은 엄밀히 말해서, 실제 대상 속에서 이러한 지지물을 찾는 것을 포기하는 것에 지나지 않는다. 이제 어린이는 놀이 대신에 환상에 몰두한다.

어린이는 공중에 성을 쌓으며 공상이라 불리는 것을 창조한다."

2-3-8] 어린이 놀이의 계승자로서 환상은 명백히 실제 삶 속에 실재하는 구체적인 대상 속에서 찾을 수 있는 이러한 지지물에서 이제 막 벗어났을 뿐이다. 환상이 이러한 실제 대상을 상징하는 구체적 개념 속에서 지지물을 찾기를 바라는 것은 이 때문이다. 이미지, 직관적 그림과 시각적 개념은 어린이 놀이에서 어린이를 나타내는 인형이나 증기기관차를 나타내는 의자와 같은 역할을 상상 속에서 수행하기 시작한다. 이것이 청소년의 환상이 구체적인 감각 재료의 지지를 추구하는 근원이자, 형태성과 시각적 이미지를 향한 경향성의 원천이다. 그러나 이러한 시각적 이미지와 형태성의 사용이 스스로의 기능을 완전히 변화시켰다는 것 또한 마찬가지로 주목할 만하다. 그것들은 기억과 생각의 지지물 역할을 중단하고, 환상의 영역으로 넘어갔다.

우리는 앞에서 자기중심적 말과 서사시적 공상 모두가 이행적 구조라고 말할 수 있다고 하였다. 자기중심적 말은 타인을 향한 말과 소리 없는 언어적 생각 사이의 이행적 역할을 수행한다. 서사시적 공상은 어린이의 구체적 놀이와 성인의 추상적 개념 사용 사이의 이행적 역할을 수행한다.

이에 더해, 자기중심적 말과 서사시적 공상은 기능의 변화에 뒤따르는 구조의 변화를 포함한다. 자기중심적 말의 기능은 정보와 태도의 의사소통으로부터 정보와 태도에 대한 숙고와 고찰로 변한다. 그에 따라 그 구조는 변하여 소리는 사라지고 술어적 의미만 남게 된다. 서사시적 공상에서 구체적 심상(직관상)의 기능은 실제 기억을 소통하고 그에 대해 언급하는 것으로부터 허구의 창조로 변한다. 그러나 물론 심상을 통한 허구의 창조 역시 경험을 반추하는 기능에 기여한다.

2-3-9] 그러한 구체화 경향의 두드러진 예는 바서만의 소설 『마우리지우스 사건The Maurizius Case』에서 찾을 수 있다. 그 소설의 주인공 중

하나인 16세 소년은 법률적 오류 때문에 18년 동안 감옥에 갇혀 있는 마우리지우스에게 내려진 부당한 판결에 대해 곰곰이 생각한다. 부당한 판결을 받은 이 남자에 대한 생각이 그 청소년의 마음을 사로잡고, 여기서 흥분 상태에서 이 남자의 운명에 대해 생각하는 동안 그 소년의 격앙된 뇌는 그림을 그린다. 그와 동시에 에첼은 그것이 논리적 방식으로 기능하길 바랄 뿐이다.

그는 생각하고 있다. 그의 격앙된 뇌는 그림을 그리지만, 동시에 에첼은 그것이 논리적 방식으로 생각하길 요구할 뿐이다. 그러나 생각 기관이 언제나 그것의 기본적 기능을 수행하도록 하는 것은 불가능하다. 그는 18년 5개월이 221달 또는 대략 6,630일의 낮과 6,630일의 밤과 동등하다고 계산한다. 그것들을 구별하는 것은 매우 중요하다. 낮과 밤은 완전히 다른 것이기 때문이다. 그러나 이 순간 그는 상상을 멈추며, 남은 것은 이해할 수 없는 숫자뿐이다. 그것은 마치 개미 언덕 앞에 서서 우글거리는 곤충의 수를 세려고 하는 것과 같다. 그는 이 모든 것을 이해하려고 노력하며, 이 숫자에 의미를 부여하고자 한다.―6,630걸음―그러나 이것은 너무 어렵다. 6,630개의 성냥이 든 성냥통―가망이 없다. 6,630페니히가 든 지갑―그에게는 불가능하다. 6,630개의 객차가 달린 기차―부자연스럽다.―6,630장의 종미 더미.•

그리고 여기서 마침내 그는 시각적 개념을 획득할 것이다. 그는 선반에서 책 더미를 꺼낸다. 첫 번째 책은 150장이고, 두 번째 책은 125장이고, 세 번째 책은 210장이다. 그것들 중 어느 하나도 260장 이상은 아니다. 그는 어림을 잘못했다. 23권을 쌓은 후, 그는 그럭저럭 4,220장만을 얻었을 뿐이다. 말문이 막혀 그는 이 활동을 단념한다. 살아온 모든 날

•페이지가 아닌 장. 각 장의 두 페이지가 낮과 밤에 상응하기 때문이다.

들을 덧붙여야 한다고 생각할 뿐. 그 자신의 삶은 거의 5,900일도 채 되지 않지만 이는 그에게 얼마나 길고 느리게 느껴졌는가. 한 주를 사는 것은 시골길을 따라가는 행군과 같았고 하루하루는 벗겨 낼 수 없는 타르가 몸에 붙어 있는 것과 같이 느껴졌다.

그리고 그가 자고, 읽고, 학교에 가고, 놀고, 사람들과 이야기하고 계획을 세울 동안, 겨울이 왔다 가고, 봄이 왔고, 태양이 빛났고, 비가 내렸고, 저녁이 왔고, 아침이 왔으며 동시에 그 모든 시간에 그(마우리지우스-K)는 거기에 있었다. 시간은 오고 시간은 갔으며 그 모든 순간에 그는 거기에 있었고, 항상 거기에, 언제나 거기에 있었다. 에첼은 심지어 아직 태어나지도 않았으며(무한하고 신비로운 낱말, 그리고 갑자기 그가 태어났다), 첫 번째, 두 번째, 500번째, 2,237번째 날, 심지어 그날이 지났을 때에도, 언제나 그는 거기에 남아 있었다.

이 예를 통해, 청소년기 환상이 여전히 감각 개념에서 발견되는 구체적 지지물에 얼마나 단단히 속박되어 있는지 명백히 볼 수 있다. 이런 의미에서 시각적 또는 구체적 생각의 발생적 운명은 매우 흥미롭다. 추상적 생각의 출현에 따라 시각적 생각이 청소년의 지적 생활로부터 완전히 사라지는 것은 아니다. 그것은 다른 장소로 이동할 뿐이고, 환상의 영역으로 넘어가, 추상적 생각의 영향하에서 부분적으로 변화를 겪고 나서, 모든 다른 기능들처럼 고등 수준으로 고양된다.

*J. 바서만(Jakob Wassermann, 1873~1934)은 유태계 독일 작가로서, 그의 책 『마우리지우스 사건』은 에첼 안데어가스트라는 소년에 관한 3부작의 첫 번째 작품이었다. 겉으로 볼 때 『마우리지우스 사건』은 탐정 소설이지만, 근대적인 법과 정의의 관념과 이러한 관념에 반항하는 세대에 대한 고도로 복잡한 비평이기도 하다.

에첼은 자신의 아버지가 유죄 선고를 도왔던 마우리지우스의 결백을 확신한다. 결국 에첼이 옳았음이 증명되지만, 그것을 증명하기 위해 에첼은 비밀을 숨기고 있는 사악한 반유태주의자인 그레고르 바렘메(그는 금발로 피부가 희고 파란 눈을 가진 유태인이다)와 일해야 했다. 마침내 아버지와 아들 모두 미쳐 버려서, 비록 마우리지우스가 결백하다는 것이 증명되었지만, 정의가 실현되었다고 말하기는 매우 어렵게 되었다.

2-3-10] 직관적 그림을 가지고 수행된, 시각적 생각과 지성 간에 존재하는 관계에 대한 특수한 조사는 처음에 모순적인 결과들을 낳았다. 연구자들은 시각적 생각과 내용적 편향성의 우위가 정신 지체 어린이와 원시적 (글을 모르는-K) 어린이의 특징이라는 것을 발견했다. 이에 반해 다른 연구자들은 이러한 현상이 영재아에게 존재한다는 것을 발견했다. 그러나 슈미츠의 최근 조사는 지성과 직관적 경향 간에 어떤 단순한 관계가 존재한다고 할 수는 없다는 것을 보여 주었다. 강하게 표현된 직관적 경향은 어떤 수준의 지적 발달과도 공존할 수 있다. 그러나 또 다른 더 상세한 조사는 구체적 생각의 시기적절한 발달이 생각 과정을 고등 수준으로 고양시키는 데 필수적인 조건임을 보여 주었다.

『Vygotsky Reader』를 편집한 반 데 비어와 발시너는 슈미츠에 대한 다른 언급을 찾을 수 없다고 말한다. 소비에트 편집자의 지적처럼, 이 글은 교과서였기 때문에 비고츠키는 참고 문헌을 밝힐 필요를 느끼지 못했다. 학생들은 참고 문헌을 찾아 읽을 만한 능력이나 여건을 갖추지 못했기 때문이다.

여기서 비고츠키가 인용하는 슈미츠는 『청소년 아동학』의 3장에서 비네의 척도를 수정하여 카셀과 마르부르크의 학교 학생들에게 적용 연구한 것으로 소개되는 슈미츠와 동일 인물임이 분명하다. 비고츠키가 인용하는 이

2-3-11] 이 저자는 재능을 타고 나지 않은 어린이보다 영재아들이 구체적 개념 수준에 더 오래 남아 있다는 것을 확립한 지헨의 연구를 매우 타당하게 언급한다. 이는 마치 지성이 먼저 충분한 시각적 심사숙고를 함으로써 발달을 시작해야 했고 그럼으로써 추상적 사고의 추후 발달을 위한 구체적 토대를 건설한 것과 같아 보인다.

'이 저자'는 앞 문단에서 언급된 '슈미츠'를 지칭한다.

이 장에서 비고츠키는 잔상과 어린이의 묘사와 청소년의 공상에서 나타나는 종류의 구체적 심상이 정말로 청소년 상상의 중심적, 선도적 특질일 수 있는지 여부를 묻고 있다. 만일 그렇다면 어째서 기존에 존재하던 것을 청소년기 생각의 중심적 신형성이라고 부를 수 있는 것일까? 만약 그렇지 않다면, 왜 청소년의 공상은 그렇게 풍부한 구체적 이미지로 가득 차 있는가?

비고츠키의 대답은 '직관상'이 사실 이행적 구조라는 것이다. 그것은 어린이의 실천적 활동의 '잔상'이다. 그러나 이는 또한 청소년이 자아 개념을 중심으로 건설해야 하는 거대한 '서사시'의 지지대가 된다.

비고츠키는 직관상에 기반한 '시각적 개념'이라는 옌쉬의 생각을 받아들인 것으로 보인다. 그러나 이 장의 맨 앞에서 비고츠키가 제시한 '수업 내용'과 '연구 계획'을 다시 보면, 우리는 비고츠키가 '시각적 개념'에 따옴표를 붙인 것을 볼 수 있다.

비고츠키는 이 문제에 대해 다음 절에서 다룬다.

*G. 지헨(Georg Theodor Ziehen, 1862~1950)은 잘 알려진 독일의 심리학자이자 신경학자로 니체를 치료하기도 했다. 그는 연합 심리학자였지만, 임상학자로서 오늘날

에도 여전히 사용되는 많은 용어(예컨대 psychose, 정신병)를 도입했으며, 최초로 어린이 정신 이상에 대한 설명서를 저술했다.

구체적 생각과 '시각적 개념' 형성의 문제

2-4-1] 이런 점에서, 소위 시각적 개념 분야에서 수행된 연구는 특히 흥미롭다. 최근에 옌쉬 학파는 시각적 생각에서의 개념 형성에 대한 특수 연구를 수행하였다. 이 연구자들이 시각적 생각에서의 개념 형성이라는 용어를 통해 의미하는 것은 이미지를 개념과 유사한 새로운 형성물로 독특하게 융합, 조합, 결합시키는 것이다. 이 조사는 직관상에 관한 정보를 이용하여 수행되었으며, 이는 그런 연구에 매우 알맞은 주제로 간주된다.

2-4-2] 다시 설명하자면, 직관상은 (어떤 그림을 보고 난 후-K) 피실험자 앞에 놓인 빈 스크린에서 보게 되는 시각적 개념이며, 이는 빨간색 사각형을 응시한 후 (빈 스크린을 바라보면-K) 녹색 사각형을 보게 되는 것과 같다. 피실험자에게, 유사한 특징도 일부 있지만 다른 특징도 일부 가지고 있는 몇 개의 유사한 그림이나 표상을 보여 준다. 그 다음 단지 하나가 아니라 여러 개의 유사한 표상의 영향하에서 직관상이 나타날 때 피실험자가 보게 되는 것을 모두 조사한다. 그 결과 이 과정 동

안 직관상은 유사한 특징을 선택하고 다른 특징은 제거하는 갈톤의 사진판처럼 기계적으로 구성되는 것이 결코 아님이 밝혀졌다. 직관상은 결코 상이한 특징은 감추고 유사하고 규칙적으로 반복되는 특징만을 선택하지 않는다. 실험들은 직관상이 여러 가지 구체적 인상으로부터 새로운 전체, 새로운 조합, 새로운 이미지를 창조한다는 것을 보여 준다. 그 연구자들은 그런 시각적 개념의 두 가지 기본적 유형을 기술했다.

만약 잠시 동안 밝은 빛을 본 후 눈을 감으면, 우리는 '잔상'을 보게 될 것이다. 그러나 '잔상'이 분명 지각에 의해 야기되었지만, '잔상'이 지각을 그대로 반영하는 것은 아니다. 예를 들어 밝은 빛이 노란색이었다면, 잔상은 회색이나 녹색을 띠게 될 것이다. 원래 이미지가 밝았더라도 잔상은 어두워질 수 있다. 밝은 빛의 잔상은 원래 이미지와는 달리 종종 뚜렷하지만, 물체의 잔상은 종종 원래 이미지와는 달리 세부 사항이 뚜렷하지 않다.

만일 우리가 이런 잔상의 변화를 이용하여 상이한 잔상을 결합시키고 일반화한다면 어떻게 되겠는가? 예를 들어 우리가 닥스훈트와 같은 짧은 다리를 가진 동물의 이미지와 당나귀와 같은 긴 다리를 가진 동물의 이미지를 보여 준다면 어떤 일이 일어날까? 실험 대상은 이 잔상과 저 잔상 사이를 오가게 되는가, 아니면 어떻게든 그것들을 하나의 이미지로 결합하려고 할까? 만일 이를 충분히 반복한다면 우리는 개념을 얻을 수 있을까?

엔쉬는 그렇다고 대답한다. 그러나 엔쉬는 매우 반-주지주의적이고 또한 매우 개인주의적이다. 비고츠키의 대답은, 구체적 이미지의 결합이 일반화를 가능하게 할 수 있으나 구체적 이미지가 추상화를 가능하게 할 수는 없다는 것이다. 개념 형성의 두 번째 근원은 개인 외부, 즉 사회적으로 공유된 낱말의 의미로부터 찾아야 한다.

2-4-3] 첫 번째 유형은 소위 유동流動(움직이는 심상-K)에 토대를 두고 있으며, 이 경우 직관상은 많은 개별적인 구체적 인상들의 역동적 조합을 나타낸다. 아이데틱은 (빈-K) 스크린에서 그에게 제시된 많은 대

상들 중 하나를 본다. 그러고 나서 그 대상들은 윤곽을 변화시키기 시작하며 다르지만 유사한 대상으로 바뀐다. 한 이미지가 다른 이미지로 그리고 다시 제3의 이미지로 변화하고, 때때로 이 과정 동안, 차례로 각각의 개별적 대상을 나타내는 이미지의 역동적 변화에 모든 대상이 포함되는 하나의 전체 주기가 완성된다.

아이데틱은 옌쉬의 실험 대상이었던 정신 장애인을 일컫는다. 아이데틱은 시각적 이미지를 사진 찍듯이 그대로 기억하는 능력을 가진 이들을 지칭하지만 이는 매우 희귀하므로 옌쉬의 실험 대상들이 실제 아이데틱이었는지는 확인할 수 없다.

2-4-4] 예를 들어 피실험자에게 모두 동일한 크기를 가진 몇 개의 빨간 카네이션과 (노란-K) 장미 하나를 제시한다. 처음에 피실험자는 (빈 스크린에서-K) 마지막으로 제시된 꽃을 본다. 그 뒤 그 윤곽과 모양은 지워지게 되고 제시된 두 가지 색의 중간처럼 보이는 희미한 색깔의 점으로 혼합된다. 피실험자에게 두 개의 다른 꽃들을 보여 주었을 때, 그는 처음에 장미의 이미지를 보지만 이는 붉은 점으로 변해 간다. 서서히 그것은 노란색으로 물든다. 이런 식으로 하나의 대상이 다른 것으로 변한다. 연구자들이 이때 생기는 중간 이미지가 여전히 전통적 논리학이 개념의 기저에 놓인 구조로 인식한 그림과 어느 정도 비슷하다고 지적한 것은 타당하다. 왜냐하면 실제로 앞에서 묘사된 점과 같은 이미지는 개개의 대상 모두에 공통적인 어떤 특징을 포함하기 때문이다.

2-4-5] 이런 점에서 이러한 개념 형성이 형식 논리가 세운 도식을 따랐다면 실제로 어떻게 되는지에 대한 질문에 주의를 기울이는 것은 극도로 시사점이 큰 것으로 드러날 것이다. 두 개의 유사한 꽃들이 발생시킨 시각적 이미지는, 실제 대상과의 어떤 특성이나 유사성도 결여된

모종의 흐릿하고 일정한 형태가 없는 점이다. 형식 논리에서의 개념은 바로 여기서 관찰되는 점과 같은 것을 나타낸다. 형식 논리는 "개념이 기능한 결과 다수의 특성이 상실되며, 개념이 형성되는 것은 망각이라는 상서로운 선물 덕분이라고 본다."

개념 형성의 첫 번째 근원은 일반화이며, 우리는 이를 잔상에서 보게 된다. 즉 눈은 빈 스크린의 이미지를 '일반화'하거나 방금 본 이미지를 지금 보고 있는 이미지에 중첩시킨다. 마찬가지로 어린이가 복합체(예를 들어, 『생각과 말』5장에 기술된 연합 복합체, 수집체 복합체, 사슬 복합체, 분산 복합체)를 만들 때, 어린이는 하나의 대상에서 나온 구체적 특질을 다른 대상으로 일반화하고 있는 것이다.

개념 형성의 두 번째 근원은 추상화이다. 하나의 이미지를 다른 이미지에 '더하고' 구체적 특질을 함께 '더하는' 대신에, 추상화는 구체적 특질을 제거하는 과정이다. 비고츠키가 지적하듯이 추상화는 시각적 조작이 아니라 논리적 조작이다. 그러나 그 결과는 실제 개념과는 전혀 다른 다소 무력하고 생기가 없는 것이다. 비고츠키의 결론은 일반화와 추상화 양자가 개념 형성의 근원이라는 것이다.

2-4-6] 이러한 무력한 그림과는 반대로, 유동 유형의 이미지의 통합은 현실의 최대한의 풍부함을 전달한다. 그리고 사실상, 이 채색된 점은 현실과 비교했을 때 속성들의 손실을 드러낼 뿐이지만, 유동은 실제로 새로운 형성물과 새로운 모양을 만들어 내며, 그 본질은 개별 대상들의 특질들이 이전에 드러난 적이 없던 새로운 통합체로 결합된다는 사실에 있다. 몇몇 유사한 잎들의 표상에 따라 야기된 잎의 이미지는 유동의 예로 작용할 것이다. 이 이미지의 형태가 변화하는 과정에서, 이미지는 계속 움직이며 끊임없이 앞뒤로 이동한다.

Welche Thiere gleichen einander am meisten?

Kaninchen und Ente.

이것은 1892년에 독일의 유머 잡지에 처음으로 실린 '오리-토끼' 착시 그림이다. 이 그림은 후에 루드비히 비트겐슈타인에 의해 '대상을 보는 것'과 '대상으로 보는 것' 간의 차이(예컨대 오리를 보는 것과 오리를 토끼로 보는 것)를 예증하는 방법으로 이용되어 유명해졌다.

요점은 오리와 토끼를 동시에 모두 보는 것은 불가능하다는 것이다. 마음은 이것을 볼지 저것을 볼지 결정해야만 한다. 동일한 방식으로, 유동은 '오리-토끼'나 '꽃병-얼굴'과 같이 끊임없이 하나에서 다른 것으로 변하는 '흐름 속에' 있는 시각-도해적 잔상이며, 이 경우 실험 대상은 오직 카네이션을 보고 나서 장미를 보거나, 꽃병을 보고 나서 얼굴을 보게 된다. 그러나 이것이 유일한 종류의 직관상은 아니다.

2-4-7] 시각적 생각에서 이미지를 결합시키는 또 다른 과정은 합성이다. 이 결합은 구체적 대상들의 다양한 특질로부터 선택된, 어떤 기능적 속성에 따라 구성된 새롭고 유의미한 통일체를 형성하는 주체들에 의해 이루어진다. 따라서 예를 들면 실험 대상에게 닥스훈트의 모습과 당나귀의 모습을 보여 준다. 실험 대상이 스크린 위에서 보는 것은 (키가 큰-K) 사냥개이다. 여기서 이미지의 결합은 움직이고 변화하는 형태가 아니라 억제되고 안정된 형태로 주어진다는 점에서 합성은 유동과 구별될 수 있다. 예를 들어 실험 대상에게 세 개의 다른 집의 표상을 보여 준다면, 그는 결국 그에게 제시된 세 이미지 모두의 다양한 특질들을 포함하는 하나의 집을 보게 된다.

유동과 달리, 이러한 종류의 직관상에서 두 이미지는 결합된다. 예를 들어 닥스훈트와 당나귀가 결합되어 당나귀의 긴 다리를 가진 개나 짧은 다리

2-4-8] 옌쉬와 슈바이처에 의해 수행된 이 조사들은 개념들이 단순히 이미지들의 단순한 누적이나 조합의 결과로 생긴다는 생각이 얼마나 근거가 없는지를 생생하게 증명한다. 옌쉬의 시각적 개념은 이미지들의 조합이다. 그러나 진정한 의미의 개념이란 이미지들의 조합이 아니라 평가들의 조합, 즉 평가들로 구성된 모종의 체계이다. 그 둘 사이의 가장 중요한 차이점은 전자의 경우 우리가 보게 되는 것은 직접적인 것이고 후자의 경우는 대상에 대한 매개된 지식과 평가라는 것이다.

2-4-9] 헤겔의 유명한 구분을 이용하여, 시각적 생각 영역에서 우리는 감각의 산물과 관련되어 있는 반면, 추상적 생각의 왕국에서 우리는 지성의 산물과 관련되어 있다고 말할 수 있다. 어린이의 생각은 감각에 의해 지배된다. 청소년의 생각은 지적 생각이다. 실험 심리학이 마주치게 되는 가장 어려운 문제 중 하나인 비非시각적 생각의 문제는 그 개념이 이 결정적인 방식으로 이해될 때 해결될 수 있다. 말하자면 개념이란 평가가 응고된 것이고, 평가들로 이루어진 전체 복합체에 이르는 열쇠이며, 평가들의 기반 구조이다. 이것은 개념들이 비시각적 특성을 가지며, 개념들은 단순히 개념들을 다양하게 조합하는 것과는 다른 경로를 경유하여 존재하게 된다는 것을 매우 분명히 한다.

비고츠키가 개념은 응축된 이미지가 아니라 응축된 평가라고 말할 때 의미하는 바는 무엇인가? 우리는 평가를 순서도flow-chart 같은 것으로 간주할 수 있을 것이다. 예를 들어 한 동물이 개犬인지 아닌지 결정하기 위한 순서도는 "그것은 척추동물인가?", "그것은 포유류인가?", "그것은 육식동물인가?", "그것은 가축인가?", "그것은 애완동물인가?" 등과 같은 일련의 질문으로 이루어진다. 물론 고양이도 이 모두에 해당된다. 그러나 우리는 질문을 위한 평가의 기준을 다음과 같이 기능적으로도 세울 수 있다. "그것은 주로 실내에 있는가, 실외에 있는가?", "그것은 짖는가, 우는가?"

물론 역사적으로 이러한 평가는 변하며, 그것이 낱말 의미가 변하는 이유이다. 개념의 위계 구조(즉 척추동물-포유류-육식동물-가축 등과 같은 개의 '계통도')는 실제로 많은 수의 이러한 기능적 평가가 응축된 것이다. 할러데이에 따르면 이것은 명사뿐만이 아니라 모든 언어 구조에 해당된다. 언어 구조는 언어 체계 속 매우 많은 수의 선택들이 응축된 것이다.

모든 평가가 도해적이거나 시각적인 것이 아니라는 데 주목하자. 사실 그러한 평가들이 추상적인 낱말의 의미에 의존하는 한 결코 그 속에는 시각적 요소가 포함될 수 없다. 반대로 평가가 외적, 기능적, 시각적 재료에 의존하는 한 그들은 반드시 감각적일 수밖에 없다. 가장 중요한 평가의 일부는 생생한 경험, 즉 해석된 경험과 연결되면서도 또한 그와는 구분되는 '느낌'이나 '감정'이다. 다른 일부는 지각과 연결되면서도 그와 구분되는 개념들이다. 이것은 개념이 일반화와 추상화라는 두 가지 근원을 갖는다는 비고츠키의 이해를 구체적으로 실현해서 보여 준다.

2-4-10] 우리가 지금까지 논의해 온 연구는 최종적으로 시각적 생각 과정에서 실제 개념과 비슷한 어떤 것이 존재할 가능성을 일소했다. 개념들의 조합이 도달할 수 있는 최고점은 유동과 합성이다. 동시에 우리는 시각적 생각을 지성 발달에서 매우 중요한 특별한 형태의 생각으로 간주해야만 한다고 주장하는 저자들에 전적으로 동의해야만 한다. 우리의 관찰에 따르면, 개념이 형성되기 시작할 때 발달이 중단되는 시각적 생각이 환상의 왕국에서 계속해서 기능한다는 것은 확실하며, 거기서 시각적 생각은 중요한 역할을 수행하기 시작한다. 그러나 여기서조차, 우리가 나중에 보게 될 것처럼, 그것은 이전의 배역으로, 즉 오로지 시각적 생각으로만 계속 존재하지는 않는다. 그것은 상상의 활동으로부

터 제외될 수 없는 개념의 영향하에서 왕성한 변형을 겪게 된다. 다시 한 번 우리가 앞에서 논의했던 내용, 즉 인간이 낱말 없이 생각하는 것은 결국 낱말에 의존해야만 하는 것이라는 주장이 올바르다는 것이 증명되었다.

5절
유년기와 청소년기 상상에 대한 비교 연구

2-5-1] 청소년기 환상과 어린이의 환상 간의 이러한 본질적인 차이점은 무엇이며 이 시기에 어떤 새로운 특질들이 관찰될 수 있는가?

2-5-2] 어린이의 놀이가 청소년의 환상으로 변한다는 것을 지적했을 때, 우리는 이미 그것의 가장 본질적인 부분을 기술했던 것이다. 따라서 그 속에서 구체적이고 실제적인 요소가 여전히 발견되지만, 그럼에도 불구하고 청소년의 상상은 실제 대상과의 연결을 끊는다는 점에서 어린이의 놀이와 다르다. 그 토대는 여전히 구체적이지만, 어린이의 토대보다 덜 시각적인 특성을 갖는다. 그러나 우리는 청소년 환상의 점진적 추상성에 주목해야 한다고 생각한다.

2-5-3] 어린이는 잘 발달된 환상을 소유하며 유년기 초기는 환상이 꽃피는 시기라는 것을 옹호하는 널리 받아들여진 관점이 존재한다. 그 관점이 극도로 널리 퍼져 있음에도 불구하고, 이 의견은 잘못된 것으로 판명되었다. 분트가 바르게 지적하듯이, 어린이들의 환상은 생각만큼 그렇게 광범위하지 않다는 것이 드러났다. 오히려 그것을 충족시키는

것은 그리 어려운 일이 아니다. 어린이는 수레를 끄는 말에 관한 생각만으로 며칠을 보낼 수 있다. 또한 상상된 장면은 실제와 거의 다르지 않다.

2-5-4] 성인에 있어서 유사한 활동은 완전한 환상의 부재를 의미할 것이다. 어린이의 환상이 생생한 것은 그의 관념이 풍부해서라기보다는 그것의 강도가 더 크며 그의 감정을 격동시키기 쉽다는 사실 때문이다. 분트는 이 측면을 극단적으로 해석하는 경향이 있다. 그는 어린이에게는 종합적 (유형의-K) 환상이 존재하지 않는다고 말할 수 있다고 주장한다. 누구나 이 주장을 반박할 수 있으나, 어린이의 환상이 청소년의 환상보다 현저히 빈곤하며 환상이 어린이의 행동에서 더 중요한 위치를 차지하는 것은 단지 그 성격상 감정적 격동성이 크고 경험의 강도가 높으며 비판적 판단이 부재하기 때문이라는 기본적 주장의 진실성은 확인될 수 있다. 그리고 이는 또한 그것이 실제보다 더 풍부하고 더 발달된 것처럼 보이는 이유가 된다. 같은 이유로 우리는 청소년의 환상이 점점 더 추상적이 됨으로써 어린이 환상과 비교하여 더 빈곤해지는 것이 아니라 더 풍부해진다는 것을 관찰할 수 있다.

2-5-5] 분트가 어린이 환상의 창조적 측면의 극단적 빈곤을 지적하는 것은 옳다. 이러한 관점에서 볼 때 청소년의 환상은 어린이의 환상보다 더 창조적이 된다. 뷜러에 따르면 청소년의 환상이 생산적이라고 할 때 이 말은 성인에게 사용될 때와 다른 의미로 사용된다. 예술적 창조가 뒤늦게 출현한다는 사실이 바로 이를 증명한다. 이 연구자들에 따르면, 청소년기의 모든 예술적 창조 중에서 혼자 힘으로 만들어 낼 수 있는 유일한 창조로 간주될 수 있는 것은 이상적인 사랑이다. 그러나 동시에 이 저자들은 일기 쓰기와 시 쓰기와 같은 창조성이 극도로 널리 퍼진 것을 주목한다. 뷜러는 "시적 재능이 전혀 없는 사람들이 청소년

기에 시 쓰기를 시작하는 것은 놀라운 일이다."라고 말한다. 이 현상이 우연이 아니며 창조적 표현에 대한 내적 충동과 생산에 대한 내적 경향이 청소년 연령의 특질이라는 것은 분명하다.

2-5-6] 그런데 지금까지 논의해 온 두 가지 진술은 전혀 모순되지 않는다. 청소년의 환상은 어린이의 환상과 비교할 때는 창조적으로 보이지만, 성인의 환상과 비교하면 결코 생산적이라고 말할 수 없다. 이는 창조적 특성이 청소년기까지는 환상의 고유한 일부가 되지 않기 때문이다. 이는 그것이 초보적인 특성을 가지며 아직 완전한 창조력을 나타내지 못하는 이유를 설명한다. 뷜러가 이러한 청소년의 환상이 청소년기에 나타나는 새로운 욕구들에 단단히 묶여 있으며 그 결과로 심상이 구체적인 특질과 감정적 색조를 띠게 된다고 지적한 것은 매우 타당하다. 이것이 청소년기 환상이 작동하는 방법이다.

2-5-7] 나중에 다시 우리는 환상이 욕구와 감정과 맺는 연결 문제에 대해 좀 더 상세히 논의할 기회를 갖게 될 것이다. 그러나 지금 우리는 또 다른 문제, 즉 청소년의 환상과 지성 간의 관계에 흥미가 있다. 뷜러는 경험상 우리는 청소년기에 추상적 생각과 시각적 생각이 서로 떨어져 있다는 가정을 하게 된다고 말한다. 그것들은 아직 어떤 종류의 창조적 활동에서도 함께 작동하지 않는다. 감정에 의해 채색되고 강하게 경험된 내적 이미지들은 역동적으로 변화하지만, 어떤 식으로든 선택이나 연합의 형태로 창조적 생각의 영향을 받지 않는다. 왜냐하면 생각은 그 어떤 시각적 요소도 없이 추상적 방식으로 창조하기 때문이다.

2-5-8] 따라서 만약 누군가 발생적 측면의 문맥에서 이 주장을 받아들이고 발달을 참작하여 그것을 조정한다면, 이는 청소년 연령을 식별하는 것이 바로 지성과 상상의 화해라고 하는 앞에서 진술된 이론과 모순되어 보이지 않을 것이다. 리보가 보여 주었듯이, 지금까지 개별

적으로 진행되었던 두 발달 노선은 이제 이 연령에서 한 점에서 만나며 이후에 두 노선은 함께 단단히 결합되어 나아간다. 그러나 바로 이 만남과 이 화해가 청소년기에 처음으로 발생했기 때문에, 두 노선은 즉시 완전히 융합되지 않으며 또한 두 기능 간의 충분한 협력이 이루어지지 않는다. 그리고 그 결과로 뷜러가 기술했던 생각 과정과 상상의 소외가 나타난다.

2-5-9] 그동안 우리는 많은 저자들이 청소년기 생각과 상상 간의 이러한 분할을 설명하려고 하기보다는 생각과 상상을 구별하는 특성을 발견하려고 했음을 보아 왔다. 모이만은 상상 활동은 일차적으로 개념과 사고의 내용에 주의를 집중하는 반면 생각에서는 그로부터 결과하는 논리적 관계에 집중한다는 사실에서 이 차이가 생긴다고 말한다. 그는 "환상 활동은 우리가 실제로 이미지나 사고들의 내용 그 자체에 관심을 가지며 (……) 새로운 결합을 창조하기 위해 이미지와 사고들 간에 존재하는 관계를 해체한다는 사실로 구성된다."고 말한다.

2-5-10] 결국 우리의 생각 활동의 목적은 사고의 내용들 사이에 논리적 관계를 확립하는 것이다. 우리의 관점에서 볼 때 그런 정의는 상상과 생각을 충분히 명백하게 구별하지 못한다. 게다가 우리는 그렇게 정확한 경계선을 긋는 것은 불가능하다고 생각한다. 이것은 청소년의 상상이 겪게 되는 본질적 변화는 개념적 생각과의 외적인 화해라는 사실에 기인한다. 우리가 이전 장에서 논의했던 다른 모든 기능들과 마찬가지로, 청소년의 상상은 기본적 변화를 겪고 개념적 생각의 영향하에서 새로운 토대의 도움을 받아 변형된다.

한편으로 모이만은 주지주의적이다. 그는 환상의 정서적 측면과 밀접하게 연결된 판단과 평가의 전체적 측면을 무시한다. 이런 이유로 그는 상상과 생각(특히 기억)을 분명히 구별할 수 없다. 다른 한편으로 모이만은 지나치게 단순하다. 환상은 내용에 대해 흥미를 갖는다는 특징이 있으나 생각은 그렇지 않다거나, 환상은 이미지와 사고 사이에 존재하는 연결을 해체하지만 생각은 그렇지 않다고 말하는 것은 불가능하다.

반대로 비고츠키는 판단은 언제나 평가를 내포하며, 평가는 언제나 감정을 수반한다고 본다. 그러나 청소년이 이행적 국면에 접어들게 되면서, 평가 과정은 점점 더 객관적이 되고, 그 결과는 점점 더 개념과 유사해진다. 이러한 이유로 비고츠키는 청소년기에 상상과 개념적 생각 간의 '외적 화해'가 일어난다고 말한다. 이는 또한 레닌이 개념 형성은 언제나 환상을 향한, 현실로부터의 비행을 포함한다고 말하는 이유이기도 하다(『생각과 말』 2-6-15 참조).

2-5-11] 이 장의 맨 앞에서 인용했던 실어증 환자의 행동 예시를 이용하여 개념적 생각에 대한 상상의 내적 의존성을 명확히 할 수 있다. 개념 형성 수단으로서의 말을 잃어버림에 따라 상상 또한 사라진다. 다음 사항 또한 매우 흥미를 끄는 특질이다. 즉 우리는 실어증 환자들이 은유와 비유적 의미로 사용된 낱말을 사용하거나 이해하지 못하는 것을 종종 보게 된다. 우리는 이미 은유의 도움을 받는 생각이 청소년기에 와서야 비로소 가능해진다는 것을 보아 왔다. 초등학생은 여전히 속담을 그와 동일한 의미를 갖는 보통 문장과 연결 지어 생각하는 것을 매우 어려워한다.

2-5-12] 실어증에서도 유사한 분열이 나타난다는 것은 매우 의미심장한 일이다. 실어증에 걸린 실험 대상들 중 한 명은 어떤 상징적 표현도 전혀 이해하지 못했다. 어떤 사람이 황금 손을 가지고 있다고 말할 때 의미하는 것이 무엇이냐고 물었을 때, 그는 "그것은 그 사람이 금을 녹이는 방법을 알고 있다는 의미이다."라고 대답하였다. 그는 대개 모든

비유적 표현을 실없는 말로 치부하였다. 은유를 이해하는 일은 그의 능력을 넘어서는 것이었다. 그는 또한 속담이나 어떤 우화적 표현도 동일한 생각을 직접적으로 표현하는 문장과 연결 지어 생각할 수 없었다.

2-5-13] 여기서 우리는 이 장의 처음에 인용했던 예시와의 충분한 유사성을 볼 수 있으며, 우리가 이미 말했듯이 그 예시는 개념적 생각의 소멸과 함께 상상 또한 완전히 소멸되는 경향이 있다는 사실을 증명한다. 이것은 완전히 이해할 수 있다. 우리는 이러한 상상의 영점, 즉 환상의 절대적 부재가 관찰 가능하다는 것을 보아 왔다. 왜냐하면 그 사람은 구체적 상황 밖으로 자신의 주의를 돌리고, 그것을 창조적으로 변형시키며, 속성들을 재편성함으로써 실제 상황의 영향으로부터 자신을 해방시키지 못하기 때문이다.

2-5-14] 정확히 동일한 방식으로, 우리는 현재 예에서 실어증 환자가 어째서 낱말의 구체적이고 문자 그대로의 의미로부터 자신을 해방시킬 수 없는지 그리고 어째서 어떤 창조적 방식으로도 다양한 구체적 상황을 결합시켜 새로운 이미지를 만들어 낼 수 없는지를 알 수 있다. 이것을 가능하게 하기 위해, 실제 상황으로부터의 어떤 분리가 요구되며, 우리가 앞에서 보았듯이 이러한 분리는 개념적 생각에 의해서만 주어질 수 있다. 따라서 청소년기 창조적 환상의 가능성을 규정하는 주요 요인은 바로 개념적 생각이다.

2-5-15] 그러나 이 때문에 환상이 추상적 생각과 완전히 섞인다거나 그 시각적 특성을 잃어버린다고 가정하는 것은 잘못일 것이다. 그러나 우리는 바로 이 추상적 측면과 구체적 측면 간의 특유한 관계가 청소년기 환상의 주요한 특징이라고 간주한다. 이것은 어떤 개념도 갖지 않은 순수한 구체적 생각은 또한 환상의 흔적을 전혀 갖지 않는다고 말함으로써 더 잘 설명될 수 있다. 개념 형성은 구체적 상황으로부터의 해방

과 그 구성 요소들의 창조적 재가공과 변형의 가능성을 처음 가져온다.

초기 심리학자들은 환상이 단지 경험에 제한되지 않고 현실로부터 자유로운 순수한 사고의 흐름이라고 가정했다. 이 개념에 반하여 비고츠키는 독일 심리학자들에 의해 제시된 반反주지주의적 흐름을 받아들였다. 뷜러는 환상이 구체적 이미지의 마지막 피난처라고 주장했으며, 옌쉬와 크로와 같은 나치 당원조차도, '시각적 개념'이라는 생각을 통해 개념 형성을 마음이 아니라 신체 속에 위치시켰다.

그러나 이러한 반주지주의적 흐름에 반하여 비고츠키는 심지어 모이만 같은 연합주의자조차 받아들인다. 물론 이것이 비고츠키가 연합주의로 되돌아갔다는 것을 의미하는 것은 아니다. 비고츠키는 이 모든 사람들이 감정의 역할이라는 매우 중요한 사실을 잊었음을 지적한다.

비고츠키는 이 절에서 '유년기와 청소년기의 상상에 대한 비교 연구'에 대해 다룰 것이라 말했다. 유년기와 비교할 때 청소년기 상상은 훨씬 덜 이미지적이다. 그러나 이것이 청소년기 상상이 언제나 덜 구체적이라는 것을 의미하는 것은 아니다. 추상화는 언제나 현실로부터의 일탈을 포함하지만, 이러한 일탈은 언제나 집으로 돌아오는 것으로 끝난다. 비고츠키에게 추상화는 실제로 한 형태의 구체적 실천에서 또 다른 형태의 실천으로의 일탈이다.

청소년기의 창조적 상상
정서와 생각의 종합으로서의 창조적 상상

2-6-1] 그러나 상상의 특질 중 하나는 상상이 이 단계에서 발달을 멈추지 않으며, 추상화는 오직 연쇄 속의 이행적 연결이자 그 발달 과정 중 하나의 단계일 뿐이며 구체를 향한 여정에서 경유하는 경로일 뿐이라는 것이다. 우리의 관점에서 볼 때, 상상은 하나의 구체적 형태로부터 또 다른 구체적 형태로 움직이는 창조적 변형 활동이다. 그러나 특정한 구체적 형태로부터 그것의 새롭게 창조된 형태로의 이동과 창조적 구성의 실현 가능성은 오직 추상화의 도움으로만 가능하다. 그래서 추상화는 필수적 구성 요소로서 상상 과정에 통합되지만, 그 과정의 중심이 되지는 않는다. 구체로부터 추상을 경유하여 새로운 형태의 구체적 이미지의 구성으로 이동하는 것은 청소년 연령에서의 상상을 기술하는 경로이다.

2-6-2] 이와 관련하여, 린드보르스키는 환상과 생각을 구분하는 많은 특질을 가리킨다. 그에 따르면, 환상의 특성들의 관점에서 환상을 구분 짓는 것은 창조된 결과물의 상대적 참신함이다. 그러나 우리는 이

과정을 구분 짓는 것이 그 자체의 참신성이 아니라, 환상 활동의 결과로 나타나는 구체적 이미지의 참신성과 그 속에 구현된 생각의 참신성이라고 생각한다. 이러한 의미로 우리는, 환상은 지각되지 않은 대상의 이미지를 창조한다고 한 에르트만의 정의가 진실에 더 가깝다고 생각한다.

*J. 린드보르스키(Johannes Lindworsky, 1875~1939) 독일 심리학자. 뮌헨에서 공부하고 쾰른과 프라하에서 교편을 잡았지만 본질적으로 뷔르츠부르크 학파였다. 그는 순수한, 무無심상적 생각을 믿었으며 내관법과 문답법이 연구 방법으로 타당하다고 생각했다. 아흐와 같이 그는 '의지'의 문제에 깊은 관심이 있었으나, 의지를 관념적·형이상학적인 방식으로 규정하였다. 비고츠키는 『생각과 말』 4장에서 뷜러와 옌쉬에 동의하여 침팬지는 지능이란 것을 전혀 가지고 있지 않다는 그의 주장을 논박한다.

*B. 에르트만(Benno Erdmann, 1851~1921)은 신칸트주의 심리학자로서, 베를린의 훔볼트 대학에서 교편을 잡았고 1921년에 어린이와 학교 심리학에 대한 책을 집필하였다. 반 데 비어와 발시너는 이 문단에서 지칭되는 에르트만이 『낱말의 건축(The building of words)』의 저자인 K. O. Erdmann이라고 주장한다.

2-6-3] 환상을 예증하는 것은 구체적 표현의 창조적 특성과 새로운 이미지의 구성이다. 그것의 최고점은 구체적 형태의 획득이지만, 이 형태는 추상화의 도움으로만 달성될 수 있다. 청소년의 환상은 구체적 시각적 이미지로부터 개념을 거쳐 상상의 이미지로 이동한다. 이런 관점에서 우리는 환상과 생각 간의 특징적 차이가 구체적 과업의 부재에 있다고 생각하는 린드보르스키에 동의하지 않는다. 그러나 그는 바로 구체적 과업의 부재가 환상의 무의식성과 혼동되어서는 안 된다는 보류 조항을 덧붙인다.

2-6-4] 그는 환상의 과정 내부에서 자유의지는 상당한 정도로 개념 발달에 영향을 끼친다는 것을 보여 준다. 우리는 청소년기에 특히 전형적인 것은, 모이만과 다른 사람들이 언급한, 수동적이고 모방적인 유형의 어린애 같은 환상으로부터 청소년 연령을 특징짓는 능동적이고 창조적인 환상으로의 이행이라고 생각한다.

정육점에 갔다가 집으로 돌아와 자기 방에서 베개와 침구류를 이용해 작은 '정육점'을 만드는 어린이를 생각해 보자. 이 기능은 본질적으로 모방적이다. 이와는 반대로, 자리에 앉아서 짧은 이야기를 쓰고 있는 10대 청소년은 자기가 TV에서 본 영화를 모방하고 싶어 할 것이지만, 언어적 기억의 한계로 뜻을 이루지 못한다. 물론 우리는 조형 예술(그리기 등)에서 이와 정확히 반대인 경우를 상상할 수 있다. 자리에 앉아 그림을 그리는 어린이는 대상을 보지 않고 그림을 그리지만, 10대 청소년은 대상을 모방하려고 노력한다. 그러나 우리가 이 예를 좀 더 주의 깊게 고찰한다면, 우리는 여기에서도 청소년기의 창조가 보다 능동적이고 창조적인 측면을 갖는다는 것을 쉽게 알수 있다. 어린이는 다시 한 번 기억에 의존하지만, 청소년의 경우 지각에 대한 의존도보다는 생각에 대한 의존도가 더 높다(더 비슷하게 그리기 위해서는 어떤 요소를 바꾸어야 하는지 고민하고 생각한다). 그러나 이러한 예들 모두에는 수동적 기억과 창조 과정에서의 능동적, 창조적, 재귀적 개입 간의 구분보다더 중요한 구분이 존재한다. 프로이트나 피아제의 관점이 암시하는 것과는 반대로, 어린아이의 예술은 결코 자기중심적이지 않으며 오히려 청소년의 예술이 거의 언제나 자아를 출발점으로 삼는다. 이는 예를 들어 1인칭 화법이나 의식적으로 선택된 관점에서 그림을 그리는 것에서 볼 수 있다. 비고츠키는 다음에 그 차이에 대해 논의한다.

2-6-5] 그러나 우리는 청소년기 환상의 가장 본질적인 특질은 그것이 주관적인 상상과 객관적인 상상으로 갈라지는 것이라고 생각한다. 엄격히 말해, 환상은 청소년기에 비로소 모양을 갖추기 시작한다. 이런

점에서 우리는 어린이에게는 조합적 유형의 환상이 전혀 없다는 분트의 주장에 동의한다. 이는 청소년이 처음으로 이 형태를 특수한 기능으로 선택하고 시각화하기 시작한다는 의미에서 사실이다. 상상과 관련하여 엄격히 선택된 기능은 유년기에는 아직 존재하지 않는다. 그러나 청소년은 자신의 주관적 환상이 주관적이라는 것을 의식하며, 생각과 관련하여 작동하는 자신의 객관적 환상의 실제 경계 또한 인식한다.

2-6-6] 우리가 앞에서 이미 말했던 것처럼, 주관적 특질과 객관적 특질의 분리와 인격과 세계관 내부의 정반대 극의 창조는 청소년 시기의 특징이다. 그리고 주관적 특질과 객관적 특질의 동일한 종류의 분리 또한 청소년기 환상의 전형적 특징이다.

2-6-7] 그것은 마치 환상이 두 개의 분리된 경로로 퍼져 나가는 것 같다. 한편으로 그것은 삶의 정서적 측면, 즉 청소년의 본성을 채우고 있는 모든 욕구, 감정, 느낌을 만족시키는 것을 목적으로 삼기 시작한다. 그것은 개인적인 만족을 주고 어린이의 놀이를 연상시키는 주관적 활동으로 변화한다. 이전에 인용된 심리학자들이 매우 적절하게 말했듯이 "환상에 빠지는 이는 결코 행복한 사람이 아니라 반대로 만족하지 못한 사람이다." 충족되지 않은 욕망은 환상에 대한 자극으로 작용한다. 우리의 환상은 욕망의 실현, 즉 만족스럽지 않은 현실의 수정을 나타낸다.

2-6-8] 이것은 거의 모든 저자들이 청소년기 환상의 하나의 특성에 동의하는 이유이다. 이는 소위, 환상이 보통은 타인에게 비밀로 하는 친숙한 경험의 영역으로 처음으로 주의를 돌리며, 그럼으로써 전적으로 주관적인 생각 형태, 즉 오로지 자신만을 향한 생각이 된다는 것이다. 어린이는 자신의 놀이를 숨기려 하지 않지만, 청소년은 자신의 환상을 비밀로 하고 다른 사람의 눈으로부터 보호한다. 우리의 저자가 청소년

은 환상을 자신의 가장 소중한 비밀처럼 감추고, 자신의 환상을 드러 내기보다 오히려 나쁜 짓을 시인하는 것이 낫다고 여긴다고 말하는 것 은 옳다. 이와 같은 환상의 은밀한 측면은, 환상이 청소년 인격의 내적 욕망, 동기, 충동, 정서와 긴밀히 연결되어 있으며 환상은 청소년 삶의 이런 모든 측면에 기여하기 시작한다는 것을 보여 준다. 이런 점에서 환 상과 정서의 연결은 극도로 중요하다.

2-6-9] 우리는 다양한 감정들이 항상 우리 안에서 어떤 분명한 생각 의 흐름을 활성화시킨다는 것을 알고 있다. 우리의 느낌은 그것이 표현 하고 표출하는 특정한 이미지 유형에 자신을 맞추려고 노력한다. 따라 서 다양한 이미지들은 다양한 감정을 일으키고, 완화시키고, 야기하는 강력한 수단이 된다는 것이 증명될 것으로 기대된다. 이것이 서정시와 서정시를 읽는 사람의 감정 사이에 존재하는 밀접한 연결의 본질이다. 그리고 환상의 주관적 가치 또한 이것으로 구성되어 있다. 괴테가 표현 했듯이, 느낌은 속이지 않으며, 속이는 것은 판단이라는 사실에 우리가 주의를 기울인 것은 이미 오래된 일이다. 환상의 도움으로 어떤 종류의 가공의 이미지를 만들 때, 그 이미지는 실제가 아니지만, 그것이 일으키 는 감정은 실제인 것처럼 경험된다. 시인이 "나는 이 이야기에 하염없이 울 것이다."라고 말할 때, 그는 이 이야기가 가공의 것이라는 것을 알고 있다. 그러나 그의 눈물은 현실의 영역에 속한다. 이런 식으로 청소년은 환상 속에서 자신의 풍부한 내적인 감정생활과 충동을 표현하는 수단 을 발견한다.

2-6-10] 그러나 청소년이 이 정서적 생활의 방향을 찾고 그것을 관리 하는 효과적인 수단을 발견할 수 있는 것 또한 환상 속에서다. 성인이 문학 작품 예컨대 서정시를 읽는 동안 자신의 감정을 극복하는 방법과 유사하게, 청소년은 창조적 이미지 속에서 자신의 감정과 갈망을 분명

히 하고, 자신에게 드러내고, 이들을 통합시킨다. 그의 생활의 표현되지 않은 부분은 창조적 이미지를 통해 표현된다.

2-6-11] 그러므로 우리는 청소년기 환상이 발생시킨 창조적 이미지가 성인에 있어 예술 작품이 수행하는 것과 동일한 기능을 수행한다고 말할 수 있다. 이러한 종류의 창조적 작업은 전적으로 자기 자신에 대한 것이다. 자신에 대한 예술에는 청소년이 마음속에서 짓고 창조한 시와 소설, 연극 공연과 비극 그리고 애가哀歌와 소네트 등도 포함된다. 이런 점에서 슈프랑거는 청소년기 환상과 어린애 같은 환상을 매우 올바르게 대조시킨다. 그는 비록 청소년이 여전히 아직도 절반은 어린이라고 간주될 수 있을지라도, 청소년의 환상은 어린이의 환상과는 완전히 다른 종류의 것이라고 말한다. 그것은 점진적으로 성인의 의식적 환영과 가까워진다. 슈프랑거는 어린애 같은 환상과 청소년기 상상 간의 이러한 차이를 다음과 같은 방식으로 설명한다. 그는 "어린이의 환상은 사물과의 대화인 반면, 청소년기 환상은 사물과의 독백이다."라고 말한다. 청소년은 그의 환상이 주관적 활동이라는 것을 알고 있다. 어린이는 자신이 가지고 노는 사물과 그에 대한 자신의 환상을 아직 구별할 수 없다.

*E. 슈프랑거(Eduard Spranger, 1882~1963)는 빌헬름 딜타이의 제자이자, 중요한 관념론적 독일 철학자였다. 그는 또한 청소년기 생각에 깊은 흥미를 가진 심리학자였으며, 비고츠키가 말했듯이 비록 성공하지는 못했으나 심리학에 역사적 요소를 도입하고자 했던 최초의 심리학자 중 한 명이었다(『역사와 발달 I』 1-73 참조).

슈프랑거는 최초로 성격 유형 체계를 고안했다. 그는 특히 살찐 사람들은 쾌활하고 마른 사람들은 화를 잘 내고 까다로운 경향이 있다고 믿었다. 나치에 크게 공감한 보수적 독일인으로서, 그는 당연하게도 '건강한 독일 청년'을 완벽한 성격 유형으로 간주했으며, 마음의 역사를 이러한 특별한 유형의 역사로 설명하고자 했다. 나치에 공감하기는 했으나, 슈프랑거는 히틀러에 반대했다. 왜냐하면 그는 '진실에 대한 의지'가 '권력에의 의지'보다 강하다고 믿었으며, '시저 숭배'에 반대했기 때문이다. 그는 용감하게 유태인 학살에 반대하는 목소리를 냈다. 그는 전쟁 중에 주로 일본에서 지냈으며, 귀국했을 때 히틀러 암살을 시도한 혐의로 체포되었으나 일본 대사에게 구조되었다.

2-6-12] 주로 청소년의 정서적 영역에 기여하는 환상의 경로와 나란히, 청소년의 환상은 순수하게 객관적인 창조라는 또 다른 경로를 따라 발달한다. 우리는 이해나 실천의 과정을 위해 모종의 새로운 구체적인 구조, 즉 현실에 대한 새로운 그림의 창조와 모종의 생각의 창조적 구현이 필수적인 것이 되는 곳에서, 환상이 기초적 기능으로 전면에 부각됨을 발견한다고 이미 말한 바 있다. 문학 작품뿐만이 아니라 모든 과학적 발명과 기술적 성취는 바로 환상의 도움으로 창조된다. 환상은 인간의 창조적 활동 발현의 하나이다. 이것은 (환상과-K) 개념적 생각과의 긴밀한 관계가 확립되고, 환상이 이 객관적 측면에서 중요한 발달을 겪는 청소년기에 특히 더더욱 그러하다.

2-6-13] 청소년기 환상의 발달이 따라가는 이 두 경로가 실제로 분기한다고 가정하는 것은 옳지 않을 것이다. 반대로 주관적 측면과 객관적 측면은 물론 구체적 측면과 추상적 측면 모두가 종종 서로 복잡하게 얽힌 상태로 발견된다. 객관적 표현이 생생한 정서적 느낌으로 채색될 수도 있지만, 주관적 환상 또한 종종 객관적인 창조성의 영역 내에서 관찰된다. 상상의 발달에서 이 경로 모두의 얽힘을 예증하기 위해, 우리는 청소년이 자신의 삶이 취하게 될 경로를 처음으로 발견할 기회

를 갖는 것이 바로 그의 환상의 영역에서라는 점을 지적하고자 한다. 그의 노력과 불명료한 충동은 구체적 이미지의 조형 틀을 통해 주조된다. 환상 속에서 그는 미래를 예측하고 그에 따라 또한 창조적 구성과 실현에 더 가까워지게 된다.

이 글 맨 앞의 '수업 내용'에서 비고츠키는 끝에서 두 번째인 이 절에서 청소년기 창조적 상상의 내용을 제시하겠다고 밝혔다. 우리가 보았듯이 구체적 이미지는 청소년기 상상의 새로운 내용을 제시할 수 없다. 왜냐하면 그것이 초기 유년기 이래로 계속 존재해 왔기 때문이다. 그러나 추상적 생각으로 청소년기 상상을 정의하는 것은 주지주의적이 될 것이다. 그것은 청소년기 상상의 구체적 특질을 설명하는 데 실패할 것이기 때문이다.

『생각과 말』 5장에서, 비고츠키는 사실 청소년기에는 새로운 지적 기능이 전혀 존재하지 않으며, 새로운 것은 기능들 간에 확립된 의식적 관계라고 말한다. 일반화된 구체적 이미지(복합체)의 서사가 진정한 개념을 벼려 내기 위해 추상적 생각(전 개념)과 융합되는 것은 바로 청소년기이다.

그러나 상상은 순수한 지적 기능이 아니며, 사실 자리에 앉아 짧은 이야기를 쓰거나 실물을 보고 그림을 그리는 청소년에게는 매우 새로운 비非주지주의적 기능이 존재한다. 청소년기가 보다 큰 능동성이라는 특징을 갖는다는 생각은 매우 시사적이지만, 그것은 실제로는 상상이 아니라 창조에 대한 기술이다. 비고츠키는 청소년기 상상의 중심적 신형성은 상상의 사적 영역과 공적 영역 간의 의식적 분화이며, 이것이야말로 최초로 상상을, 객관적 산물인 창조와 구분되는 주관적인 것으로 논의할 수 있도록 해 준다고 결론 내린다.

7절
결론

2-7-1] 이로써 우리는 청소년기 심리학에 대한 우리의 논의 전체의 결론을 내릴 수 있다고 생각한다. 우리는 청소년기에 일어나는 가장 결정적 변화를 조사함으로써 시작하였다. 우리는 사춘기를 따라 새로운 갈망, 노력, 동기, 흥미들의 전체적으로 새롭고 복잡한 세계가 창조되며, 새로운 추동력은 청소년의 생각 과정을 앞으로 전진시키고 새로운 문제들이 우리 앞에 펼쳐지게 됨을 확립했다.

2-7-2] 그 다음 우리는 이러한 새로운 문제들이 어떻게 전체 심리 발달의 중심적이고 선도적인 기능 발달, 즉 개념의 형성을 이끌게 되는지 그리고 개념 형성의 결과로 전체적으로 새로운 수많은 심리 기능들이 어떻게 생기게 되는지, 새로운 지배 원리의 결과로 청소년의 지각, 기억, 주의 집중, 실천적 활동이 어떻게 변형되는지 그리고 가장 중요하게는 그것들이 어떻게 새로운 구조의 일부가 되고, 인격과 세계관의 고등 통합체를 위한 새로운 토대가 점차적으로 어떻게 확립되는지 살펴보았다. 그리고 이제 상상을 분석함으로써, 우리는 다시 한 번 사춘기에 뿌리를

두고 그것과 얽힌 갈망을 지니고 있는 이러한 행동 형태들이 어떻게 청소년의 정서적 노력에 봉사하기 시작하는지, 청소년 행동의 정서적·지적 측면이 창조적 상상 속에서 어떻게 통합되는지, 그리고 갈망과 생각이 창조적 상상과 연결된 활동 속에서 어떻게 복잡한 새로운 방식으로 결합되는지 볼 수 있다.

수업 9-12 시험 문제

다음 문제에 대한 해답을 쓰고, 해답에 대한 근거를 제시하시오.

1 청소년기의 기본 단계들은 무엇이며 각 단계를 특징짓는 흥미는 무엇인가?

2 개념 형성 발달의 기본 단계들은 무엇이며 청소년기에 개념 형성과 관련되어 내용과 생각 형태에서 어떤 기본적 변화가 일어나는가?

3 청소년기에 일어나는 지각, 기억, 주의 집중, 실행 지성 기능의 가장 중요한 변화는 무엇인가? 즉 이러한 변화들과 개념 형성 기능 간의 연결은 무엇으로 이루어져 있는지 그리고 이러한 관계는 히스테리, 실어증, 정신 분열증에 관한 우리의 지식에 비추어 어떻게 설명될 수 있는가?

•청소년의 상상과 창조

『유년기의 상상과 창조』에서 비고츠키는 기억과 상상을 구분하는 것으로 논의를 시작한다. 이 글에서 비고츠키는 그러한 구분이 유년기에 확립되는 것으로 간주하고 이제는 청소년들이 주도적인 정서, 개념적 생각 그리고 행동의 숙달을 토대로 기억과 상상 사이에 어떻게 새로운 연결을 창조하기 시작하는지 보여 준다. 이를 위해서 그는 어린이와 청소년의 상상과 창조를 명확히 구분하는 것은 물론 또한 동시에 이들이 어떻게 연결될 수 있는지 보여야 한다. 이를 위해서 비고츠키는 이례적으로 병리적인 사례로 논의를 시작한다. 먼저 프랑크푸르트 신경학 연구소의 환자를 예로 들면서 상상의 영점을 확립하고, 이로부터 라이프치히에서의 지각적 잔상에 대한 일련의 연구들로 나아가면서, 구체적 심상과 진정한 개념 사이의 이행적 상태로 직관상(시각적 개념)을 소개한다. 아동학자pedologist로서 비고츠키는 어떻게 즉자적 어린이가 대자적 청소년으로 변하는지 설명해야 하며, 교육자로서 그는 부모와 교사들이 어떻게 조력을 제공할 수 있는지 보여야 한다.

「청소년의 상상과 창조」는 1931년에 출간된 교과서인 『청소년 아동학』의 12장에 실려 있다. 『청소년 아동학』은 모스크바 대학교의 통신 강좌를 위한 교과서였으므로 앞부분에는 수업 내용의 요약과 학습 계획이, 말미에는 시험 문제가 제시되어 있는 것을 볼 수 있다. 반 데 비어와 발시너의 지적처럼 비고츠키는 연구 결과를 출판하는 한 방법으로 때때로 통신 강좌를 이용한 것으로 보인다(『생각과 말』5장 역시 이와 같은 이례적인 경로로 출판되었다).

비고츠키가 상상과 창조 분야에 대한 자신의 연구 결과를 반영하기 위해 이 통신 강좌를 이용하고 있기 때문에 이 장의 마지막에 제시되는 시험 문제는 매우 어렵다. 이는 앞에 제시된 내용에 대한 질문이라기보다는 비고츠키가 자신의 연구를 요약하면서 스스로에게 던지는 질문이기 때문이다. 반면에 처음에 제시되는 질문들은 훨씬 쉬우며 우리의 주해를 정리하는 데도 유용한 지침이 되어 준다. 비고츠키는 일련의 소제목들을 제시하면서 이 장을 시작하는데 우리는 이를 이용하여 첫 번째 질문에 답할 수 있다. "수업 교재를 읽고 전체 장을 개관하고 요약하기" 위해서는 예컨대, "1절은 정신 병리학에 비추어 상상과 창조의 문제에 대해 논의하며……"와 같이 바로 앞에 제시되는 소제목을 이용하면 된다.

전체를 7개 절로 나눈 것은 비고츠키 자신의 구분이지만, 주해에서 각 절을 4개의 하위 절로 나눈 것은 역자들의 자의적인 판단이며 이는 비고츠키가 설정한 '학습 계획'을 수행하는 데 유용하다고 생각했기 때문이다.

1절 정신 병리학에 비추어 본 상상과 창조의 문제

1절은 상상과 창조의 문제를 독일과 영국에서 관찰된 정신 병리학에 비추어 논의한다.

I. 자신의 즉각적인 경험으로부터 자유롭지 못한 이의 상상은 어떨까? 비고츠키는 우리가 즉각적인 경험의 굴레에서 벗어나게 해 주는 고등정신기능(자발적 주의, 논리적 기억, 시각적 이미지가 아닌 개념을 통한 생각)을 결여하고 있는 환자들의 사례를 인용한다. 그들은 즉각적 상황이 아니라 낱말에 의해서만 동기화된 행위를 수행하지 못한다. (2-1-1~2-1-5)

II. 예를 들면 환자는 실제로 배가 고프거나 목이 마르지 않으면 먹거나 마실 수 없었으며, 의사의 명령에 따라 사실과 다른 문장을 형성하거나 (헤드의 예에서와 같이 큰 방을 쓸거나 책을 치우는 과업을 제시받은 경우) 과업의 시작 지점을 자의적으로 선택하여 수행하는 일을 할 수 없었다. 이 모든 상황에서 환자는 자신의 행동을 능동적으로 통제할 수 없었고 '내적, 외적 자극'에만 수동적으로 따를 뿐이었다. (2-1-6~2-1-7)

III. 이러한 상상의 영점을 논의의 시작으로 삼아 비고츠키는 상상에 대한 논의를 현실적 생각 대 비현실적 생각의 구도가 아니라(모든 생각 형태는 두 가지 모두를 포함해야 하기 때문이다), 생각이 즉각적인 지각의 지배에 있는 경우 대 주체의 자유로운 선택하에 있는 경우의 구도로 세운다. 물론 주체의 선택에는 타인의 요구에 의해 수행하게 되는 선택, 예컨대 의사의 요구에 따라 사실과 반대되는 문장을 생성하는 일도 포함된다. (2-1-8~2-1-13)

IV. 상상의 영점을 논의의 시작으로 삼음으로써 비고츠키는 상상을 인간의 자유의지의 특별한 사례로 간주할 수 있게 된다. 그러나 이는 또한 바로 이어지는 절에서 옌쉬의 직관상에 대한 연구로 넘어가 직관상을 즉각적 지각과 다른 생각 형태 사이의 이행적 형태로 논의하는 발판이 되어 준다. 지각한 그대로를 기억하는 지각적 '잔상'에 대한 의외의 관심은 『유년기의 상상과 창조』에서와는 달리 비고츠키가 이 연구에서 현실적 생각과 비현실적 생각이 어떻게 연결될 수 있는지에 관해 숙고할 것임을 보여 준다. (2-1-14~2-1-16)

2절 청소년기의 상상과 생각/청소년기의 직관상의 문제

2절에서는 전통적 심리학과 당대의 심리학이 청소년의 상상과 생각을 바라보는 관점을 비교하고 둘 사이의 부당한 대립을 지적하면서 시작한다. 이를 해결하기 위해 비고츠키는 다시 한 번 독일에서의 연구로 눈을 돌려 직관상에 대한 옌쉬와 크로의 연구를 살펴본다.

I. 비고츠키는 청소년기 상상과 생각에 대한 전통적 관점의 두 가지 측면을 부정하면서 시작한다. (2-2-1~2-2-2)

  A. 첫째, 청소년기의 상상은 다른 모든 생각 형태들이 복종하는 지배적 기능이라는 것이다.

  B. 둘째, 청소년의 환상의 삶은 감정으로 물들어 있다는 것이다.

II. 이에 반해 비고츠키는 다음을 주장한다. (2-2-3~2-2-5)

  A. 개념적 생각은 환상을 스스로의 이미지로 형성할 수 있는 능력을 가지고 있다. 즉 환상이 개념적 생각을 형성하는 것이 아니다.

  B. 청소년의 정신적 삶에는, 정서가 명확한 역할을 하지 않으면서도 상상이 중심적인 구성 요소가 되는 경우가 많다.

III. 비고츠키는 전통적 관점과는 달리 청소년의 환상의 삶은 청소년기에 잔존하는 모든 구체적 생각의 요소들이 모이는 저장고라고 주장한 Ch. 뷜러의 관점 역시 부정한다. 그는 이런 관점들 모두가 환상적 생각과 현실적 생각의 대립에 기초를 두고 있으나 그러한 구분은 너무 절대적이고 정언적이라고 지적한다. (2-2-6)

IV. 이러한 관점에 대한 반증으로 비고츠키는 소위 '직관상'(즉각적 지각 자극에 더 이상 의지하지 않으면서도 여전히 지각 대상과 매우 일치하는 지각의 잔상)이 청소년기에 덜 구체적으로 된다는 사실을 발견한 옌쉬와 크로의 연구를 인용한다. 이와는 반대로 청소년은 경험의 '서사시'를 창조한다고 크로는 주장하며 비고츠키는 이러한 과정에 내재적으로 숨어 있는 언어, 낱말의 의미 그리고 개념 형성의 중심성에 동의한다. 옌쉬가 '시각적 개념'이라고 부른 것이 비고츠키가 개념 형성에 대해 기술한 장에서 소개한 '복합체적' 생각과 대단히 유사하다는 것은 주목할 만하다. 즉, 이 생각은 객관적이고 아직 매우 구체적이지만 또한 어린이의 일반화의 결과이며 청소년이 가지는 추상화 능력을 통해 개념으로 변형될 수 있다는 것이다. 똑같은 생각이 『생각과 말』 5장에서도 그대로 반복 기술된다. (2-2-7~2-2-23)

3절 청소년기의 구체적 상상과 추상적 상상

3절은 어린이의 구체적 생각과 청소년의 추상적 생각이 발달적으로 연결되어 있음을 보여 준다. 한편으로 청소년은 놀이터 놀이의 활동을 추상화하여 신체적 활동을 환상 속에서 재현한다. 다른 한편으로 청소년 환상의 본성은 구체적 생각의 명백한 흔적을 품고 있다. 이 장에서 비고츠키는 다소 이례적인 자료(야콥 바서만의 미스터리 소설)를 이용한다.

I. 이 절에서도 비고츠키는 환상이 주로 구체적이고 심상적이라는 전통적인 관점과 청

소년의 시각적 심상의 모든 잔존물들이 그의 상상에 모여든다는 뷜러의 관점을 부정하며 시작한다. 이 관점들이 사실이라면 기억과 상상 사이에는 명확한 차이가 없을 것이다. 이 관점들이 사실이라면 그림이나 시가 대상과 가지는 관계는 사진이 대상과 가지는 관계와 같을 것이다. 모이만이나 심지어 분트조차 성인의 상상은 많은 추상적 생각을 포함한다고 주장한 바 있다. (2-3-1~2-3-4)

II. 비고츠키는 환상과 생각을 동일한 기능으로 환원하려 한 뮐러-프라이엔펠스의 시도도 인정하지 않는다. 대신 비고츠키는 이 두 기능들의 수렴(그러나 병합은 아님)을 본다. 이는 생각과 말의 상호 관계를 머리에 떠오르게 한다. 이는 특정 시기의 환상과 생각 사이의 특정한 관계를 알기 위해서는 반드시 그들을 발생적으로 (예컨대 놀이에서 상상적 생각이 어떻게 물리적 활동을 대체하는지 관찰함으로써) 분석해야 한다는 것을 뜻한다. 어린아이가 역할 놀이에서 장난감이나 인형을 통해 구체적 지지물을 얻듯이 좀 더 나이가 든 어린이들은 환상 속의 시각적 이미지를 통해 구체적 지지물을 얻는다. (2-3-5~2-3-8)

III. 이를 보여 주기 위해 비고츠키는 바서만의 소설 『마우리지우스 사건』을 길게 인용한다. 에첼은 자신의 아버지가 18년간의 징역형을 선고한 사람이 결백하다는 결론을 내린다. 에첼은 그 사람이 이미 감옥에서 보낸 시간을 시각화하려고 노력하지만 이 노력은 에첼 자신이 겨우 15살이며 따라서 18년을 스스로의 구체적 경험으로는 설명할 수 없다는 사실로 좌절된다. 그는 숫자에 눈을 돌리지만 이는 무의미하다는 것을 발견하고 해당하는 수의 성냥, 책의 쪽수 등을 이용하여 이 숫자에 의미를 부여하려 하지만 그만큼의 성냥이나 책을 주변에서 구하지 못한다. 이는 비고츠키가 논의하는 두 가지 지점을 매우 명확히 보여 준다. 한편으로 청소년의 상상은 계산하기와 개념적 생각의 과업과 놀랍도록 유사한 과업을 스스로에게 설정한다. 다른 한편으로 청소년이 이러한 과업을 해결하기 위해 사용하는 수단은 구체적 심상에 놀랍게도 깊게 뿌리박혀 있다. (2-3-9)

IV. 비고츠키는 (피아제가 탈중심화가 단순히 자기중심적 생각을 퇴거시키는 것이라고 생각했듯) 생각이 단순히 시각적 심상을 대신하는 것이 아니라고 결론 맺는다. 그와는 반대로 강력하고 구체적인 심상은 발달의 모든 수준에 존재한다(셰익스피어는 매우 구체적이고 심지어는 거친 이미지의 사용으로 잘 알려져 있다). 비고츠키는 어린이가 스스로를 구체적 경험 속에 완전히 몰입시켜야 하며 추상적 생각이 유용하게 발생하는 것은 오직 구체적 심상을 토대로 했을 때라고 결론 내린다(이는 낱말의 의미가 개체발생적, 사회발생적으로 진화하는 방식에 대한 비고츠키의 설명과 일맥상통한다). (2-3-10~2-3-11)

4절 구체적 생각과 '시각적 개념' 형성의 문제

4절은 잔상에 대한 엔쉬의 작업을 재검토한다. 우리는 2절에서 비고츠키가 청소년의 생각은 어린이의 생각보다 덜 구체적이라는 것을 드러내는 직관상의 급격한 감소를 지적했음을 기억한다. 여기서 그는 엔쉬에 의해 발견된 제한된 '시각적 개념'을 이용하여, 진정한 개념은 시각적으로, 즉 저차적 심리 기능에 의해 형성될 수 있다는 생각을 최종적으로 거부한다. 대신에 그는 청소년의 진정한 개념은 선택적 추상화, 즉 판단적 평가의 결과라고 주장한다. 이는 비고츠키가 1절에서 병리학적 자료에 근거하여 제안했던 상상, 생각 그리고 자유의지 사이의 관련을 뒷받침한다.

I. 비고츠키는 엔쉬가 그의 연구에서 발견한 것은 구체적 이미지의 융합이나 결합이었음을 지적하면서 시작한다. 이 결합된 이미지들은 개념과 유사하다. 즉 그것들은 어린이에게 있어, 성인에서 개념이 수행하는 것과 동일한, 현실의 범주를 창조하는 기능을 수행하며, 종종 성인의 개념과 마찬가지로 '꽃' 같은 낱말에 의해 표상된다. 그러나 이러한 소위 '시각적 개념'조차도 결코 한 이미지 위에 다른 이미지를 올려놓는 단순한 기계적 중첩에 의해 형성되는 것은 아니다. 대신에 비고츠키는 그것들이 나타나는 두 가지 상이한 방식이 존재한다고 말한다. (2-4-1~2-4-2)

II. 첫째, 직관상은 유동적 이미지로 나타난다. 예를 들어 피실험자에게 네 개의 카네이션과 장미 하나를 보여 주면, 처음의 잔상은 장미(마지막에 보여 준 것이 장미라면)일 것이다. 그러나 그 다음에 그것은 카네이션으로 변하고 또다시 장미로 변할 것이다. 만약 어린이에게 가장자리가 둥근 모양의 잎과 톱니 모양의 잎을 보여 주면, 잔상이 둥근 모양에서 톱니 모양으로 그리고 다시 반대로 변할 것이다. 비고츠키는 이 '시각적 개념'이 추상적인 논리 법칙에 따르지 않음을 지적한다. 왜냐하면 만약 피실험자가 단순히 공유되지 않은 특질을 제거하기만 한다면, 그 결과는 유동적 이미지가 아니라 단지 모든 특질을 잃어버린 정적인 얼룩이 될 것이기 때문이다. (2-4-3~2-4-6)

III. 둘째, 직관상은 다양한 특질의 비유동적 합성으로 나타난다. 예를 들어 피실험자에게 닥스훈트(축 처진 귀를 가진 짧은 다리 동물)와 당나귀(곧추선 귀를 가진 긴 다리 동물) 그림을 보여 준다면, 잔상은 사냥개(축 처진 귀를 가진 긴 다리 동물) 같은 모습으로 보일 것이다. 유사하게, 만약 피실험자가 평평한 지붕을 가진 이층집과 경사진 지붕을 가진 단층집을 본다면, 피실험자는 경사진 지붕을 가진 이층집의 직관상을 창조할 것이다. 그렇게 생긴 이미지는 상당히 안정적이다. (2-4-7)

IV. 비고츠키는 이 모든 이미지들이 헤겔이 '지성'이나 '이성'이라 부른 그런 의미가 아니라, 헤겔이 '뜻sense'이라 부른 특별한 종류의 의미의 산물임을 지적한다. 비고츠키는 진정한 개념은 비시각적 특성을 가짐을 지적하며, 그것은 개념이 구체적 이미지가 응축된 것이 아니라 무엇이 경험에 중심적인 것이고 무엇이 부수적인 것인지에 대한 판단과 평가가 응축된 것임을 가리킨다. 이런 이유로 비고츠키는 시각적 생각이 개념을 낳을 수 있다는 생각을 분명히 거부하며, 시각적 생각이 창조할 수 있는 최고점은 '유동'이나 안정된 '합성'(비고츠키가 『생각과 말』 5장에서 복합체라고 부르는 것)이라고 말한다. 그러나 그는 시각적 생각이 단순히 사라지거나 환상의 '저장고'로 추방되는 것이 아님을 지적한다. 시각적·도해적 생각은 환상 속에 잔존하지만, 심지어 여기서도 그것은 낱말 의미에 의해 변형되며, 이러한 이유로 비고츠키는 '낱말 없는' 시각적 생각조차 최종 분석에서 낱말에 의존한다고 결론 내린다. (2-4-8~2-4-10)

5절 유년기와 청소년기 상상에 대한 비교 연구

5절은 연구의 집합이 아니라 주장들을 요약한 것이다. 비고츠키는 유년기 상상이 청소년기 상상에 비해 '빈곤'하다는 분트의 주장에 동의한다. 그가 말하고자 하는 것은 단지 경험 범위가 훨씬 더 좁고 구체적이라는 것이다. 비고츠키는 또한 청소년기 상상이 성인의 상상보다 덜 생산적이라는 뷜러의 주장에 동의한다. 대신 비고츠키는 개념적 사고가 만들어 내는 유년기와 청소년기의 질적인 차이점을 찾는다. 그러나 그는 개념적 사고와 상상을 논리적으로 구분하거나 심지어 경험적으로 구분하는 것을 거부한다. 생각에 대한 환상의 의존성을 보려면, 사람들이 현저하게 말하는 능력을 잃어버렸을 때 어떻게 되는지 보는 것으로 충분하다.

I. 비고츠키는 어린이가 청소년이 될 때 상상이 실제로 어떻게 변하는지 묻고, 우리가 어린이의 놀이가 환상으로 변한다는 것을 지적했을 때 본질적으로 그 질문에 답한 것이라고 대답한다. 이것은 어린이의 상상이 능동적이고 강한 동기를 가질지라도, 청소년의 상상만큼 광범위하지 않다는 것을 의미한다(예를 들어 어린이는 수레를 끄는 말에 대한 몽상만으로도 온종일을 보낸다). 이것은 비고츠키를 추상적 형태의 상상이 구체적 형태의 상상보다 더 풍부하다는 흥미 있는 결론으로 이끈다(왜냐하면 그것이 잠재적으로 훨씬 더 많은 구체적 내용을 담고 있기 때문이다). 비고츠키는 이 관점을 뒷받침해 주는 두 연구자인 분트와 뷜러를 인용한다. 분트는 어린이 생산의 빈곤함을 지적한다(예를 들어 낮은 수준의 그림 기술). 뷜러는 청소년의 생산을 성인과 비교하여 동일한 주장을 한다. (2-5-1~2-5-5)

II. 비고츠키는 뷜러와 분트의 주장이 모순적이라고 생각하지 않는다. 첫째 청소년기의 창조가 유년기의 창조보다는 더 생산적이지만 성인의 창조보다는 덜 생산적이기 때문이며, 둘째 청소년기 상상은 새로운 욕구와 결합되어 있기 때문이다. 이것이 뷜러가 청소년은 오직 성적이거나 낭만적인 환상(그것은 근본적으로 추상적이지 않고 구체적이다)만을 진정으로 창조한다고 말하는 이유이다. 그러나 비고츠키는 새로운 욕구와 함께 말 발달과 개념 발달의 형태 속에 새로운 심리적 원천이 존재함을 지적한다. (2-5-6~2-5-8)

III. 비고츠키는 뷜러의 연구에 함축된 주장, 즉 환상은 비시각적인 생각 형태를 띠지 않으며 생각은 시각적 상상의 색조가 강하지 않다는 주장을 거부한다. 그는 또한 생각은 내용 간의 논리적 관계와 관련이 있고 상상은 내용 자체와 관련된다는, 생각과 환상 간에 일종의 분업을 확립하려는 모이만의 시도를 거부한다. 그런 관점은 실제로는 생각과 환상을 전혀 구분하지 않는다(논리적으로 구성된 환상적 이야기나, 내용에 깊이 몰두한 생각 형태를 상상하기는 매우 쉽다). 비고츠키는 그런 구분이 경험적으로 불가능하다고 결론 내린다. (2-5-9~2-5-10)

IV. 비고츠키는 이 절의 마지막 부분에서 한 번 더 병리학적 자료를 제시한다. 그는 실어증 환자들이 종종 은유적 표현을 해석하는 데 어려움을 보이며, 이는 학교 어린이(예컨대, 피아제의 연구에 따르면)에서도 마찬가지임을 지적한다. 순수한 구체적 생각은 비추상적일 뿐 아니라 비상상적이다. 이것은 말 발달과 개념 사이에는 물론이고 상상과 말 발달 사이에도 실제적인 관찰 가능한 연관이 있음을 암시한다. 상상과 생각은 하나가 다른 하나를 대체하는 대신에 함께 발달한다. 그것들이 서로 밀고 서로 당길지라도, 그것들은 결코 병합되거나 완전히 따로 발달하지 않는다. (2-5-11~2-5-15)

6절 청소년기의 창조적 상상/정서와 생각의 종합으로서의 창조적 상상

6절에서 비고츠키는 '순환을 완성한다.' 여기까지 비고츠키는 유년기 상상 발달과 청소년기 상상 발달 간의 핵심적 차이가 청소년에 있어서 구체적 심상에 대한 추상적 생각의 영향이라고 주장해 왔다. 그러나 여기서 그는 추상적 생각 너머에 다시 한 번 구체적 이미지, 즉 한편으로는 사적 감정과 다른 한편으로는 공적 표현이 놓여 있다고 주장한다.

I. 린드보르스키는 상상을 생각과 구분 짓는 것은 바로 어떤 명확한 문제나 결과의 결핍이라고 주장한다. 그러나 비고츠키는 상상의 결과가 아직 지각되지 않는 것이 그 핵심적 차이라고 말한 에르트만에 동의한다. 청소년의 생각이 추상화를 거치는 것은 오직 다시 한 번 잠재적인 구체적 이미지로 재탄생하기 위해서이다. (2-6-1~2-6-4)

II. 우리는 상상과 생각 사이에는 완전한 수렴도 완전한 분기도 존재하지 않는다는 것을 전제하고 있음을 보았다. 이러한 영향이 생산적으로 지속되기 위해서는 상상과 생각 간의 긴장이 다시 출현해야 한다. 따라서 비고츠키는 청소년기 환상의 가장 중요한 특질은 그것이 별개의 두 유형, 즉 주관적, 객관적 유형으로 갈라지는 것이라고 말한다. (2-6-5~2-6-6)

III. 한편으로 환상은 주관적 목적에 봉사한다. 그것은 더 이상 놀이에 의존하지 않기 때문에(유년기에 그랬던 것처럼), 그것은 자유롭게 자신을 향하게 되고 심지어 매우 비밀스러운 것이 된다. 그러나 이것이 심리학적 현실을 축소시키는 것은 아니다. 괴테가 말하듯이, 소설의 사건은 실제가 아니지만 그것이 야기한 눈물은 실제 눈물인 것이다. (2-6-7~2-6-11)

IV. 다른 한편으로 상상은 객관적 목적에 봉사한다. 소설에 의해 유발된 감정은 허구적 감정이 아니기 때문에, 청소년의 창조적 예술은 사회적 감정을 위해 공유된 도구가 될 수 있다(예컨대 희곡, 문학적 표현, 음악뿐만이 아니라 비고츠키는 과학적 발견과 기술적 혁신도 상기시킨다). 마치면서 비고츠키는 상상의 산물이 청소년기에 취하는 이러한 두 가지 상이한 형태가 결코 완전히 분리될 수 없다는 것을 상기시킨다. 이것은 미래에 대한 청소년의 꿈과 희망에서 가장 명백히 드러난다. (2-6-12~2-6-13)

7절 결론

7절은 이 장(12과)의 결론이면서, 또한 비고츠키의 아동학 교과서 제3부(9-12과)의 결론이기도 하다. 두 개의 짧은 문단에서 비고츠키는 여태까지의 주장 전체를 요약하고, 3개의 시험 문제를 부과한다.

I. 비고츠키는 사춘기를 뒤따라 일어나는 동기의 변화와 이러한 변화가 다른 심리 기능들(예컨대 지각, 기억, 주의 그리고 특히 생각과 상상)에 끼치는 영향들을 다시 언급하며 시작한다. (2-7-1~2-7-2)

II. 비고츠키는 청소년기의 다양한 단계를 고찰하고 서로 다른 계기에 상응하는 여러 가지 흥미에 집중할 것을 요구한다(예를 들어 이 책의 1부 『유년기의 상상과 창조』에서 묘사된 그리기로부터 문학적 창조로 또 연극으로의 이행).

III. 비고츠키는 개념 형성의 기본 단계를 기술하라고 요구한다(이것은 『생각과 말』 5장의 혼합적 더미, 다섯 가지 유형의 복합체, 잠재적 개념 발달과 진개념 단계를 가리킨다).

IV. 마지막으로 비고츠키는 모든 저차적 심리 기능이 고등심리기능(예를 들어 언어화된 기억, 자발적 주의, 말로 하는 생각)의 형상으로 어떻게 재조직되는지 기술하라고 요구한다. 그뿐만이 아니라, 그는 고등 기능들의 '지시'로부터 격려된 저차적 기능들이 어떻게 본래 형태로 돌아가는지 보여 주는 병리학적 증거를 이용하여 우리의 기술을 뒷받침하기를 바란다. 본질적으로 학생들이 비고츠키가 될 것을 요구하는 이 시험 문제는 전체 장을 그 출발점으로 되돌려 놓는다.

3
유년기의 상상과 발달

헤르첸 교육대학교 전경. 1797년에 설립된, 러시아에서 가장 오래된 교육대학 중 하나이
다. '유년기의 상상과 발달'은 비고츠키가 이 학교에서 예비 교사들을 대상으로 강의한
강의 노트 중 하나이다.

3-1] 인간의 정신 활동의 모든 형태를 누적된 인상의 연합적 결합으로 바라본 구舊심리학에서 상상의 문제는 해결할 수 없는 퍼즐이었다. 이 심리학은 상상을 다른 기능으로 환원할 수밖에 없었다. 상상을 다른 정신 활동과 구분 짓는 본질적인 특질은 그것이 이전에 축적된 개별 인상들의 조합을 반복하지 않고 그로부터 일련의 새로운 인상을 만든다는 것이다. 다시 말해서, 우리가 상상이라고 부르는 활동의 핵심에는 우리 인상의 흐름 속에 새로운 무언가를 도입하고 이 인상들을 변형하여 이전에는 존재하지 않았던 새로운 심상을 만드는 것이 놓인다. 따라서 모든 활동을 의식에 이미 존재하고 있는 요소와 심상의 조합으로 나타냈던 연합주의 심리학에서 상상의 문제는 전혀 해결할 수 없는 것이었다.

3-2] 우리는 구심리학이 상상을 다른 정신 기능으로 환원함으로써 이러한 문제를 해결하려 했음을 알고 있다. 사실 이 생각은 상상에 대한 구심리학 연구 전체의 기저에 놓여 있었으며, 상상을 소위 재생산적

상상과 창조적 혹은 조합적 상상의 두 형태로 구분한 T. 리보의 유명한 연구에서 잘 드러났다.

3-3] 재생산적 상상은 기억과 동일하다. 심리학자들은 우리가 이전에 경험한 것의 일련의 이미지들을 마땅한 이유 없이 의식 속에 다시 떠올리는 정신 활동을 재생산적 상상이라는 말을 이용하여 표현하였다. 이러한 기억 활동에서 이전에 경험된 이미지들은 그들이 나타나는 어떠한 직접적인 실제 원인 없이 의식 속에 떠오른다. 구심리학은 이러한 형태의 기억을 상상이라고 불렀다.

3-4] 심리학자들은 이러한 형태의 상상과 진정한 기억을 다음의 방식으로 구분하였다. 만약 어떤 풍경을 보면서 내가 이전에 다른 어떤 나라에서 본 유사한 풍경을 상기한다면 이는 기억의 활동이다. 당장의 심상, 당장의 광경이 이전에 경험된 이미지를 불러일으켰기 때문이다. 이는 기억 기능의 토대가 되는 연합의 일반적 운동이다. 반면에 나는 명상에 잠기거나 꿈을 꾸면서 어떤 풍경을 보지 않음에도 불구하고 이전에 본 적이 있는 풍경을 기억해 낼 수도 있을 것이다. 이 활동은 심상을 불러일으키는 직접적 자극이 인상이 아니라 다른 과정들이라는 점에서 기억의 활동과 다르다.

3-5] 다시 말해, 이 심리학자들은 상상의 활동이 기억과 동일한 심상에 대해 작용하는 경우라 할지라도, 기억과는 상이한 정신적 활동이라는 올바른 생각을 탐색하였다.

3-6] 그러나 여기서 심리학자들은 다음의 상황에 이르게 되었다. 어떤 풍경을 보면서 이전에 보았던 풍경을 기억하는 것과 어떤 낱말, 즉 장소의 지명이 머릿속을 스쳐 지나면서 풍경을 기억하는 것은 본질적으로 차이가 없다. 기억과 상상의 차이는 상상의 '활동'에 있는 것이 아니라 이 활동을 야기하는 동기에 있다. 정신 활동 자체는 두 상황에서

매우 유사하다. 요소를 이용해 복잡한 형태의 활동을 구성하는 원자론적 심리학의 관점을 일단 취하면 상상에 대한 모든 설명은 모든 이미지가 그와 연합되어 있는 이미지에 의해 상기된다는 명제로부터 시작되어야 하기 때문이다. 이러한 접근법과 더불어 재생산적 상상의 문제는 기억의 문제와 완전히 병합되었다. 재생산적 상상은 기억의 많은 기능 중 하나로 간주되었다.

3-7] 심리학자들이 창조적 상상이라고 부르는 활동을 고려하면 이 문제는 더더욱 복잡해진다. 여기서 내가 앞에서 이미 언급했던 차이, 즉 의식이나 과거 경험에 존재한 바 없었던 심상을 생성하는 고유한 창조적 계기가 전면에 부각된다.

3-8] 연합주의 심리학의 구조 틀 내에서 연구한 심리학자들은 새로운 이미지의 출현을 요소들의 우연적인 조합으로 설명하였다. 요소들의 새로운 조합은 창조적 상상에서 나타난다. 그러나 요소들 자체는 새롭지 않다. 이것이 구심리학에서 기본적인 상상의 법칙이었으며 이러한 관점의 대표자인 분트와 리보는 상상이 기존 요소의 무한한 조합을 창조할 수 있으나 단 하나의 새로운 요소도 창조할 수 없다고 주장하였다.

3-9] 이 심리학자들이 수행한 연구가 대체로 성공적이었으며, 그들이 상상 과정의 감각적 조건성을 단계별로 보여 주었음은 인정해야 한다. 이 심리학자들 중 한 명의 말을 인용하면, 그들은 우리의 꿈이 무작위로 아무렇게나 생겨나는 것이 아니고, 꿈을 꾸는 이의 경험과 연관되어 있으며 가장 환상적인 표상이라도 궁극적으로는 개인이 이전 경험에서 조우했던 요소들의 새로운 조합으로 환원될 수 있으므로 꿈에서조차 우리는 깨어 있을 때 모종의 형태로 경험한 것 이외의 것을 볼 수 없다는 것을 보여 주었다. 다시 말해서 그들은 상상의 진정한 토대, 즉 상상

이 기존의 경험과 이미 축적된 심상들과 맺는 관계를 더없이 잘 드러내 주었다. 반면 그들은 문제의 다른 쪽 측면, 즉 상상이 이렇게 누적된 인상들을 어떻게 완전히 새로운 형태로, 새로운 조합으로 보여 주는지의 문제를 해결하는 데 실패하였다. 그들은 이 문제를 해결하려 하지 않고 회피하였다.

3-10] 이 문제에 대한 그들의 대답은 간단하였다. 그들은 이러한 새로운 조합이 순수하게 우연히 생겨난다고 주장하였다. 따라서 구심리학은 상상에서의 새로운 조합은 새로운 자리 배치, 즉, 개별 요소들 사이의 새로운 관계로부터 생겨난다는 법칙을 가지고 있었다. 꿈에 대한 연구에서 분트는 항상 꿈의 모든 요소들이 각성 상태에서 의식이 경험한 인상이며, 꿈에서 나타나는 요소들의 환상적인 조합의 근원은 매우 특이한 자리 배치, 즉 요소들의 특이한 조합이라는 것을 보이고자 한다. 매우 특이한 자리 배치는 우리의 '잠(꿈)' 의식이 매우 특별한 조건하에 놓이기 때문에 일어난다. 이러한 의식의 형태는 외부 세계로부터의 인상에 눈과 귀를 닫고 있다. 잠을 자는 이는 보거나 듣지 못한다. 즉, 그는 지각 기관을 통해 외부 자극을 지각하지 않는다. 이러한 자극은 오직 왜곡된 형태로 의식에 도달한다. '잠' 의식이 정말 지각하는 것은 내적 기관의 자극이다. 마지막으로, 수면 중 뇌에는 고유한 흥분 과정의 분포가 나타나서 이 때문에 이미지의 우연적인 조합이 생성됨에 따라, 연합을 통한 다양한 이미지의 '부활'은 우연적인 방식으로 일어난다.

3-11] 이와 같이 분트에 따르면 꿈은 원래 맥락에서 떨어져 나온 분리된 인상들의 조합으로부터 생겨난 우연적인 자리 배치이다. 분트는 다음과 같이 말한다.

보통, 우리가 한 개인에 대해 무언가를 기억할 때 우리는 그를 특정한 상황과 연결 짓는다. 그러나 꿈에서는 이 개인이 완전히 다른 상황, 즉 상이한 연합적 연쇄와 관련된 상황과 연결된다. 그 결과 우리는 난센스, 즉 일견 터무니없는 것을 보게 되지만 분석적 관점에서 이 난센스는 완전히 규정된 이미지의 체계이며 이것이 꿈의 토대이다.

이 관점을 취한 다른 심리학자들과 같이 분트는 개인의 환상은 연합적 과정을 통해 그가 획득한 이미지의 양에 제한된다고 믿었다. 그는 상상 활동의 과정에서 요소들 사이에 새롭고 경험 외적인 연결이 더해질 수 없고, 상상에는 창조적인 단초가 내재되어 있지 않으며, 상상이 발휘되는 조합의 범위는 제한되어 있다고 믿었다.

3-12] 이러한 관점을 채택한 심리학자들은 꿈이 가지고 있는 반복적인 성질에 주목하였다. 단일한 꿈 혹은 유사한 꿈의 연쇄가 한 개인의 삶에 걸쳐 반복될 수 있다. 그들의 관점에서 이는 새로운 조합의 가능성이 제한되어 있음을 반영한다.

3-13] 따라서 상상이 한정되어 있으며 환상의 비행이 규칙적으로 나타난다는 것을 보이고자 한 심리학자들의 시도는 정당화되었으며 이러한 생각을 확증해 주는 매우 중요한 자료들이 발견되었다. 그러나 그들은 상상에서 새로운 요소가 출현하는 문제를 회피하였다. 분트의 법칙에 따르면 결혼에 대한 인상, 생각 혹은 숙고는 그와 반대되는 표상, 예컨대 영원한 이별 혹은 관棺의 표상을 이끌 수 있다. 따라서 주어진 표상은 한 개인에게 정반대이지만 완전히 무관하지는 않은 것을 연상시킬 수 있다. 결혼의 인상은 그에게 치통을 생각하도록 할 수는 없다. 운명과 치통은 연결되어 있지 않기 때문이다. 다시 말하면, 상상은 기억의 구체적 내용 속에 깊숙이 뿌리박고 있는 것이다.

3-14] 창조적 상상은 비록 어느 정도 재생산적 상상이기는 하지만 활동의 형태상 그것은 기억과 병합되지 않는다. 그것은 고유한 형태의

기억 활동을 보여 주는 특별한 활동으로 간주된다.

3-15] 이와 같이 우리는 지금까지 검토한 문제, 즉 상상의 문제에서 가장 핵심적인 부분이 해결 불가한 채로 남겨져 있는 것을 보게 된다. 원자론적 심리학은 생각, 즉 합리적인 목표 지향적 활동이 어떻게 일어나는지 설명할 수 없었다. 그것은 또한 창조적 상상의 출현을 설명할 수도 없었다. 이 과정들에 대한 구심리학의 이론은 모순을 포함하고 있는데 바로 이 지점으로부터 심리학은 인과적 심리학과 기술적 혹은 직관적 심리학으로 날카롭게 나뉘었다.

3-16] 연합주의 심리학이 상상의 창조적 본성을 설명하지 못하는 것을 출발점으로 삼아 직관적 심리학은 생각의 분야에서 행해진 것을 이 분야에서 반복하였다. 괴테의 말을 인용하면 문제는 공리가 되었다. 창조적 활동이 의식에 어떻게 나타나는지 설명해야 할 때, 관념론자들은 창조적 상상이 의식에 내재되어 있으며, 그것이 의식을 만들어 내며, 의식에 선험적인 형태가 존재하여 이것이 모든 외적 실재의 인상을 창조한다고 대답하였다. 직관주의자들은 연합주의 심리학자들의 근본적인 오류가 인간의 경험으로부터, 즉 인간의 느낌과 감각으로부터 시작하려는 데 있다고 주장한다. 그들의 오류는 느낌과 지각을 정신의 최초 특질로 나타내려는 시도였다. 이러한 토대 위에서 연합주의 심리학자들은 상상의 창조적 활동이 어떻게 생겨날 수 있는지 설명할 수 없었다. 반대로 직관주의자들은 인간의 모든 의식 활동은 창조적 토대를 가진다고 주장하였다. 지각은 외부로부터 지각되는 것에 대해 인간이 자기 스스로의 무언가를 떠올리기 때문에 오직 가능하다. 그리하여 최근 관념론적 이론에서 이 두 가지 심리적 기능들은 위치를 바꾸었다. 연합주의 심리학이 상상을 기억으로 환원시킨 반면 직관적 심리학은 기억이 특별한 형태의 상상일 뿐임을 보이고자 하였다. 이러한 경로를 따라 관념

론자들은 지각을 특별한 형태의 상상으로 보기 시작했다. 그들의 관점에서 지각은 현실의 이미지를 구성하는 상상의 형태이다. 이 현실의 이미지는 그 지지대가 되는 외적 인상에 의지하며, 이 이미지의 기원이나 출현은 인간 인지 자체의 창조적 활동 덕분이다.

3-17] 이와 같이 상상의 문제에 대한 관념론과 유물론 사이의 논쟁은 생각에 대한 논쟁과 유사하다. 상상은 인지의 일차적 특성, 즉 다른 정신적 활동을 발달시키는 인지의 특성인가, 아니면 상상 자체는 발달의 과정에서 더 기본적인 기능들의 토대 위에서 생겨나는 발달된 의식의 복잡한 형태로, 의식 활동의 가장 고차적인 형태로 이해되어야 하는가? 원자론적 관점과 관념론적 관점 모두 이 문제를 해결하지 못한 데에는 공통적인 이유가 있다. 둘 다 문제를 형이상학적으로 접근하여 의식의 활동이 내재적이고 재생산적이라고 간주함으로써 그들은 창조적 활동이 발달의 과정에서 어떻게 나타나는지 설명할 수 있는 길을 차단하였다. 분트는 결혼의 인상이나 그에 대한 생각이 상상에서 치통과 연결되는 것이 얼토당토않다고 생각하였다. 여기서 그는 발달의 과정에서 우리의 상상이 그보다 훨씬 더 대담한 비약을 한다는 사실을, 그것이 훨씬 더 동떨어진 대상들을 연결한다는 사실을 무시하였다. 분트 말년에 그가 수행한, 예술의 토대로서의 환상에 대한 연구에서 그는 이 사실을 깨달을 수밖에 없었다.

3-18] 관념론은 이에 대해 무력하였다. 의식에 기본적인 창조성을 부여하였고, 그렇게 함으로써 의식의 기본적 창조적 활동 중에 상상을 포함시켰기 때문이다. 드리쉬, 베르그송 그리고 다른 생명주의자와 직관주의자들에 따르면 의식의 이러한 측면들은 그 최초 출현 순간부터 그에 내재해 있다고 한다. 베르그송의 잘 알려진 공리에 따르면 상상은 자유의지와 마찬가지로 의식에 내재해 있다. 이러한 자유로운 활동은

물질 세상에서 일어나며 따라서 그와 이런저런 방식으로 얽히게 되지만 그 자체는 자발적이다. 제임스의 관점도 유사했다. 창조적 활동을 지휘하는 의지에 대해 논의하면서 제임스는 모든 의지적 행위가 '명령 фиат(fiat-K)', 즉 신이 세상을 창조하는 도구가 되었던 신성한 낱말을 포함하고 있다고 했다.

* H. 드리쉬(Hans Driesch, 1867~1941)는 A. 바이스만과 E. 헤켈의 제자로, 동물 복제에 최초로 성공한 생물학자로 널리 인용되는 인물이다. 그러나 드리쉬는 또한 생명주의 철학자로서 생명력을 의미하는 '엔텔레케이아entelechy'라는 낱말을 최초로 현대 과학 논문에 사용한 사람이기도 하다. 후에 신비주의와 초超심리학에 몰두한다.

* W. 제임스(William James, 1842~1910)는 유명한 소설가 헨리 제임스의 형제로 의사였지만 환자를 돌보는 대신 심리학과 철학에 심취하였다. 오늘날까지 미국에 강력한 영향력을 미치고 있는 프래그머티즘을 확립하였다. 심리학자로서 그는 공식적인 심리학 교육을 받은 적이 전혀 없지만 연합주의 심리학의 심대한 영향을 받은 것으로 보인다. 드리쉬와 같이 제임스 역시 생명주의자로서 자유의지라는 것은 신이 인간에게 부여한 생명력이라고 믿었고 신비주의와 초超심리학에 큰 관심을 가졌다.

* H. 베르그송(Henri Bergson, 1859~1941) 역시 생명주의 철학자이자 심리학자로서, 『물질과 기억』의 저자이다. 그는 유태인이었지만 그의 '생명력'이라는 개념은 가톨릭교와 밀접하게 연결되어 있다.

3-19] 이 논의는, 이 문제에 대한 최근 관념론적 심리학에 대한 진술을 명확히 하기 위해서 확장되어야 한다. 특히 중요한 것은 이 심리학이 상상의 본성에 대한 문제를 발생적 측면으로 전이시켜 그 기원에 천착하였다는 것이다.

3-20] 이 문제를 해결하려고 추구하기 시작한 것은 아동 심리학이었다. 이제 일반 심리학은 아동 심리학에서 축적되어 온 자료를 무시하면

서 상상의 문제에 실험적으로 접근할 수 없다.

3-21] 우리는 아동 심리학에서 일어난 새로운 변화를 이 문제와 연관 지어 생각해 볼 것이다. 우리는 이 문제의 발달과 관련된 전체 역사를 추적할 수는 없지만 그럼에도 나는 이 문제의 역사에 대해 언급해야 한다.

3-22] 상상이 일차적이라는 생각, 그것이 어린이 의식에 처음부터 존재하는 형태이며 인격의 의식을 탄생시킨다는 생각은 최초에는 정신분석학과 그 창시자인 S. 프로이트에 의해 제안되었다. 프로이트에 따르면 어린이의 정신 활동을 통제하는 두 가지 원칙이 있다. 이는 쾌락 원칙과 현실 원칙이다. 최초에 어린이는 재미나 쾌락을 얻으려고 애쓴다. 영아기에는 이 원칙이 지배한다.

3-23] 어린이는 그 자신의 생물적 욕구가 성인에 의해 충족되는 존재이다. 그는 자신의 음식이나 의복을 스스로 얻지 않는다. 성인이 그를 위해 이를 해 준다. 프로이트의 관점에서 어린이는 현실로부터 완전히 해방되어 있는 유일한 존재이다. 그는 쾌락에 빠져 있다. 그 결과 어린이의 의식은 몽상가의 의식과 같이 발달한다. 이 의식의 기본 기능은 어린이가 살고 있는 현실을 반영하거나 인상을 처리하는 것이 아니라 어린이의 희망과 감각적 성향에 봉사하는 것이다. 그는 현실을 지각하지 못하며, 환각의 의식을 갖고 있다.

3-24] 피아제는 우리가 관심을 가지고 있는 문제와 관련하여 이러한 생각을 발달시켰다. 피아제의 출발점은 상상 혹은 생각 활동의 기초가 현실을 지향하지 않는다는 것이었다. 그는 전혀 현실을 지향하지 않는 영아의 생각과 어른의 현실적 생각 사이에 이행적 혹은 중간적 형태가 있다고 말한다. 이와 같은 상상과 현실적 사고 사이의 이행적 혹은 혼합적 형태가 어린이의 자기중심적 사고이다. 그렇다면 피아제의 관점에

서 어린이의 자기중심주의는 상상과 현실적 생각 사이의 이행적 단계이다. 그것은 공상이나 백일몽과 유사한 생각(피아제는 이것을 비현실적이지만 소망되는 영역에서 떠다니는 일종의 신기루적인 구조라고 비유적으로 지칭한다)과 현실에 적응하고 작용하는 것을 그 과업으로 삼는 생각 사이의 이행적 단계이다.

3-25] 알려진 바와 같이, 우리는 피아제가 영아를 대상으로 실시한 여러 흥미로운 실험의 덕을 입었다. 피아제는 영아가 외부 세계로부터 수용된 인상과 그 기원을 영아 자신에 두고 있는 인상을 적절히 구분하지 못한다는 것을 실험적으로 보여 주었다. 영아의 '나'와 그의 외적 현실은 의식에서 아직 충분히 분화되어 있지 않다. 영아는 흔히 그 둘을 혼동한다. 따라서 영아는 자신의 행위와 외부로부터의 행위를 명확히 구분하지 않는다. 그에게는 일련의 혼합된 연결들이 나타나는데 이러한 연결들은 피아제의 실험을 통해 훌륭하고 설득력 있게 제시되었다.

3-26] 따라서 영아가 쾌락과 동시에 일어나는 어떤 움직임을 했을 경우(어른의 말로 하자면) 그는 그 인상을 움직임의 결과로 간주하는 경향이 있다. 이 인상이 다시 나타나지 않는다면 이 어린이는 특정 움직임을 반복함으로써 그 인상을 이끌어 내려고 한다. 이와 관련해서 피아제는 5개월 된 여아를 대상으로 실험을 하였다. 연필을 가지고 놀고 있던 어린이는 그가 양철 상자 바닥을 연필로 치면 방 안에 종소리가 울리거나 숨어 있던 실험자가 새울음과 비슷한 소리를 들려준다는 것을 알아챘다. 이 어린이는 상자를 다시 쳤다. 그러나 이번에는 상자를 완전히 다른 방식으로 쳤다. 구체적으로는, 이 어린이는 상자를 한 번 치고는 기다렸다. 새소리가 들리자 어린이는 그 움직임을 반복하였다. 이는 분명 앞서의 인상을 도출하기 위함이었다. 그러나 이번에는 울음소리가

제시되지 않았다. 그러자 어린이는 화를 내며 상자를 반복적으로 쳤다. 어린이는 울음을 터뜨리면서 상자의 다른 면을 그치지 않고 치기 시작했다. 이 어린이의 행동은, 어린이가 행동과 우연히 동시에 일어난 것을 그 행동의 직접적인 결과로 해석한다는 것을 보여 주었다.

3-27] J. 피아제는 유아기의 연구에 의지하였지만, 이 연구만으로는 충분치 않다는 것을 인식하고는 또 다른 연구 방법인 내삽법을 통해 자신의 분석을 어린이의 발달 단계에 적용하였다. 그가 볼 때 어린이가 어릴수록 자기중심성은 더 강해진다. 즉, 어린이의 사고가 스스로의 희망을 만족시키는 쪽을 지향하는 것이다. 자기중심성은 10세 어린이보다 7세 어린이에게서 더욱 강하다. 이 방법에 따르면 아동 발달의 초기 단계는 절대적인 자기중심성에 의해 지배된다는 사실이 분명히 확립된다.

3-28] 자기중심성의 본성은 무엇인가? 이에 대한 피아제의 대답은 그것이 순수한 유아주의солипсизм(唯我主義, solipsism-K), 즉 그 자체를 제외하고는 어떠한 현실도 모르는 순수한 의식 상태, 그 스스로의 구조의 세계 속에 사는 의식의 상태라는 것이다. 어린이의 유아주의는 일반적으로 어린이의 의식 발달에서 최초 단계에 존재하는 상태이다. 자기중심주의라는 중간적 형태를 통해 어린이의 의식은 점진적으로 어른의 논리, 즉 현실적 사고로 발달해 간다.

3-29] 여기에서 유년기 상상의 이론으로 나아가기 위해 우리는 어린이 의식 발달의 기본적 특징에 대한 간략한 개요를 초기 유년기로부터 시작해서 그 발달의 과정을 따라 그려야 한다. 이와 관련해서 다른 연구자들과 같이 피아제도 프로이트에 크게 의존한다. 상상의 최초 형태는 잠재의식적이며 이런 점에서 의식적 활동인 현실적 생각과 다르다. 현실적 생각에서 개인은 자신의 생각을 행동으로 옮기도록 하는 목적과 과업 그리고 동기를 고려한다. 반면에 환상에 의해 유도된 생각은

과업, 목적, 동기에 대한 의식적 파악과 관련이 없다. 이 모두는 잠재의식 속에 남아 있다. 따라서 현실적 생각과 환상을 나누는 첫 번째 차이는 전자가 의식적인 반면 후자는 잠재의식적이라는 것이다. 이 과정들 사이의 두 번째 차이는 그들이 현실과 맺는 관계와 연관이 있다. 의식의 현실적 발달은 현실과 관련된 활동을 준비한다. 상상의 기능은 다르다. 이러한 측면에서 상상의 활동은 쾌락의 원칙, 즉 다른 기능을 반영한다.

3-30] 현실적 생각과 상상의 세 번째 차이는 현실적 생각이 언어적으로 보고될 수 있다는 사실에서 반영된다. 그것은 사회적이고 언어적이다. 유사하게 배열된 다른 의식과 동일한 외적 활동을 반영하기 때문에 현실적 생각은 의사소통될 수 있고 전달될 수 있다는 의미에서 이는 사회적이다. 사회적 상호작용이나 전달의 기본 수단은 낱말이므로 현실적 사고는 사회적 사고이며 또한 언어적 사고이다. 성인은 사고의 내용과 경로를 어느 정도 완전히 전달한다. 반대로 자폐적 생각은 사회적이 아니라 개인적이다. 그것은 인간의 사회적 현실과 전혀 공통점이 없는 욕망에 봉사한다. 그것은 이미지와 상징에 토대를 둔 생각의 형태인 비언어적인 생각 형태이다. 그러한 이미지와 상징들은 환상의 구조 속에 침투하며 의사소통될 수 없다.

3-31] 이 두 가지 형태의 생각에 대해 더 많은 차이점을 논의할 수 있겠지만, 현재의 맥락에서는 이로써 충분하다. 이 저자들은 상상과 상상의 최초 형태를 잠재의식적 활동으로, 현실 인지가 아니라 쾌락 획득에 기여하는 활동으로, 비사회적이고 의사소통 불가능한 성격을 갖는 활동으로 간주하였다.

3-32] 이 관점은 인간이 본질상 최초에는 사회적으로 발달하지 않고 사회적 활동은 발달에 외적인 무언가로 유입된다고 본 점에서, 어느 정도 초超생물학적 관점에 지배된 것으로 보인다. 그러나 이러한 관점은

강한 생물학적 경향을 가진 심리학자들에 의해 최초의, 그리고 가장 본질적인 반대를 맞게 되었다.

3-33] 생물학적 경향성을 지닌 심리학자들은 두 가지 기본 사실을 확립하였다. 첫 번째는 동물의 생각과 상상에 관련된 것이다. 네덜란드인 연구자 보이텐다이크가 수행한 매우 정확하고 흥미로운 실험은 진정한 의미에서의 자폐적 생각이나 환상의 요소가 동물의 세계에는 거의 없다는 것을 보여 주었다. 생물학적 관점에서 계통발생적으로 생각이 현실에 대한 인식이 아니라 쾌락이나 만족에 봉사하는 기능으로 처음 생겨난다는 것은 상상하기 어렵다. 블로일러가 주장한 바와 같이 어떠한 동물도 그의 전체 생명 활동과 밀접하게 연결된 정신 활동이 현실로부터 동떨어져 있다면, 즉 주변의 현실에 대한 관념을 제공하지 않는다면, 정신 활동으로 현실의 수준을 반영하지 않는다면 하루도 생존할 수 없을 것이다. 따라서 보이텐다이크의 연구는 이론 생물학의 관점에서는 이미 자명한 것을 경험적으로 증명한다. 계통발생에서 상상과 생각은 쾌락 수용으로 지향될 수 없으며 꿈의 신기루적인 구조는 현실지향적인 생각보다 더욱 원시적일 수 없다.

*F. 보이텐다이크(Frederik Jacobus Johannes Buijtendijk, 1887~1974)는 네덜란드 출신의 철학적 인간학자 philosophical anthropologist이다. 동물의 습관 형성에 관한 논문으로 박사학위를 받았지만 곧 인간 심리학에 관심을 갖게 되었고 1차 세계대전 중 정신의학자로 활동하였다. 그는 자신이 발견한 인간과 동물 심리 사이의 차이를 설명하기 위해 현상학과 실존주의에 몰두하였다. 그는 몬테소리의 지지자였으며 스포츠 심리학에 대한 저술도 출간하였다. 전쟁 중 반나치주의를 소리 높여 외쳤으며, 그 결과 인질로 잡혀 억류되었다.

3-34] 두 번째는 어린이를 관찰한 내용의 분석에 토대를 두고 있다. 연구자들은 아무리 어린 연령의 어린이일지라도 환각적인 쾌락의 수용을 추구하지 않음을 보여 주었다. 어린이의 쾌락 수용은 환각적이 아니라 실제적인 욕구 충족과 관련되어 있다. 블로일러는 이 문제를 명확히 언급하였다. 그의 연구에서 그는 상상의 음식으로부터 환각적인 만족을 경험한 어린이를 하나도 찾을 수 없었다. 그는 어린이들이 실제 음식의 수용으로부터 만족과 쾌락을 얻는 것을 보았다.

*P. 블로일러(Paul Eugen Bleuler, 1857~1939)는 스위스 출신의 정신의학자로서 프로이트의 제자이자 피아제의 스승이었다. 의사였던 블로일러는 생물학적 성향이 강한 심리학자였고 정신분석의 열렬한 지지자로서 '정신분열', '자폐성', '양가감정' 등과 같은 개념의 발달에 기여하였다. 비고츠키가 제시하듯이 그는 '환각적 만족'이라는 개념에 대해 프로이트와 생각을 달리하면서 프로이트 학파와 갈라선다. 프로이트는 블로일러의 비판에 잘 대응하지 못하였고 블로일러는 국제정신분석연합IPA이 과학적 단체보다는 광신적 종교 집단이나 정치 집단에 더 가깝다고 불평하며 1910년에 이 단체를 탈퇴한다.

3-35] 어린이의 만족 수용, 그의 최초 쾌락과 기쁨은 현실 활동에서 충족된 실제의 욕구와 연결되어 있다. 이것이 의식의 최초 형태이다.

3-36] 가장 단순한 형태의 진정한 만족은 욕구 충족과 연결되어 있지만 이 만족은 삶의 가장 근본적인 형태 중에 그리고 의식이 그 최초 출현 시기부터 참여하는, 생명체의 활동 중에 존재한다. 욕구 충족과 쾌락 수용을 지향하는 생각은 (현실과-K) 상반되는 방향으로 나아가지 않는다. 블로일러가 말하듯이, 초기 아동기에서 진정한 쾌락으로의 경로는 현실로부터 멀어지는 것이 아니라 현실을 관통하여 놓인다. 이 계

기들(쾌락과 욕구 충족의 계기들-K)은, 초기 아동기의 기초적 욕구의 충족은 전면으로 부각되어 다른 모든 계기들을 지배하는 강력한 쾌락과 연결된다는 사실에 연결되어 있고 이 사실에서 기인한다.

3-37] 일반적으로 말해서 상상이 일차적 본성을 가지고 있으며 자폐적 생각이라는 주장은 매 지점마다 내가 열거한 사실에 근거한 반론에 직면한다.

3-38] 어린이의 생각이 환각적인 형태라는 입장을 사실적으로 반박하는 이러한 연구들 중에서 가장 앞자리는 어린이의 말 발달과 상상 발달 사이의 관계를 입증한 연구에 주어져야 한다고 우리는 생각한다.

3-39] 프로이트의 관점과 피아제의 관점에서 어린이 환상의 가장 본질적이고 일차적인 특징은 여기서 우리가 비언어적이고, 따라서 비의사소통적인 생각을 다룬다는 것이다.

3-40] 이런 식으로 말로 하는 생각과 자폐적 생각 사이에는 두 가지 생각 유형의 언어적, 비언어적 특성에 기반한 대립이 세워지게 된다.

3-41] 사실 어린이 상상 발달에서 매우 강력한 단계는 말의 습득과 직접적으로 관련하여 일어난다는 것을, 그리고 말 발달이 늦은 어린이들은 상상의 발달에 있어서도 극도로 지체된다는 것을 연구는 보여 주었다. 왜곡된 발달 경로를 따르는 어린이들(예컨대 청각 장애아들은 청각 장애로 인해 완전히 혹은 부분적으로 언어 장애를 겪게 되고, 말로 하는 의사소통을 하지 못한다)은 동시에 극도로 빈곤하고 메마른, 때로는 심지어 기초적인 상상의 형태를 가지는 어린이들이 된다. 반대로, 프로이트와 다른 이들의 입장에 따르면 어린이의 말이 덜 발달되거나 말이 부재하거나 지체된 경우 이것이 일차적, 비의사소통적, 비언어적 상상의 형태에 특히 유리한 조건을 생성한다고 우리는 기대할 수 있다.

3-42] 따라서 상상 발달에 대한 관찰은 이 기능이 말 발달에 의존함

을 드러내었다. 앞에서 말한 바와 같이, 말 발달의 지체는 상상 발달의 지체를 가져온다.

3-43] 우리는 이 문제에 대한 가장 설득력 있고 유려한 데이터를 병리학의 영역에서 발견할 수 있을 것이다. 비교적 최근에 신경 장애에 대한 심층적인 심리학적 분석이 발달되었으며, 독일 구조심리학파의 뇌 연구에서 처음으로 적절하게 해석된, 대단히 흥미로운 사실로 관심이 쏠렸다. 간단히 말하면, 대뇌 장애나 손상으로 인해 말을 이해하거나 발화하는 능력을 상실한 실어증 환자들은 그와 동시에 환상과 상상에서도 급격한 쇠퇴를 나타낸다. 그들의 상상은 영으로 떨어졌다고 말할 수 있다.

3-44] 이러한 이들은 즉각적 경험이나 지각된 현실과 부합하지 않는 것을 말하지 못함은 물론 심지어 따라 말하지 못하는 경우도 흔하다.

3-45] 프랑크푸르트 연구소는 뇌 손상으로 오른쪽 신체가 마비된 환자가(그럼에도 불구하고 들은 말을 반복하고, 이해하며 쓰는 능력은 손상을 입지 않았다) "나는 오른손으로 잘 쓸 수 있다."라는 문장을 따라 말하지 못하는 사례를 보고한 바 있다. 이 환자는 당시 왼손으로만 쓸 수 있었기 때문에 그는 계속해서 '오른손'을 '왼손'으로 바꾸어 말했다. 일반적으로 말해, 그는 현실과 부합하지 않는 것을 따라 말할 수 없었다. 그는 화창한 날씨에 창밖을 바라보면서 "오늘은 비가 온다." 혹은 "오늘 날씨가 나쁘다."와 같은 문장을 따라 말할 수 없었다. 그는 특정 순간에 자신이 보고 있지 않은 것을 상상할 수 없었다. 그는 지각된 현실에 부합하지 않는 낱말을 이용해 자기 스스로 문장을 만들어 보라는 요구에는 더욱 큰 곤란을 겪었다. 예를 들어, 그는 노란 연필을 제시받고 이 연필이 노랗지 않다고 말하기를 요구받았다. 그러나 그에게 연필을 녹색이라고 말하라고 했다면 이는 그에게 더더욱 어려운 일이 되었

을 것이다. 그는 어떤 사물을 그 사물의 실제 특성과 일치하지 않는 방식으로 지칭하는 것도 할 수 없었다. 예컨대 그는 '검은 눈черный снег (black snow-K)'과 같은 말을 할 수 없었다. 그는 이와 같은 유형의 잘못된 낱말의 조합을 포함하고 있는 문장을 말할 수 없었다. 따라서 연구는 언어 기능의 심각한 장애가 환자의 상상의 붕괴와 연결되어 있다는 것을 가리킨다.

3-46] 연구들은 언어적 기능의 심각한 장애는 다음과 연결되어 있음을 보여 준다. 이러한 장애를 겪는 환자의 상상은 영으로 떨어진다.

'유년기의 상상과 발달'의 논의를 마무리 짓는 상상의 0점은 이 장의 앞에 나오는 '청소년의 상상과 창조'의 출발점이 된다. 독자들은 상상의 0점이라는 생각이 과장된 것이라고 생각할 수도 있다. 동물들도 놀이를 하며 언어 장애가 있는 사람들이 지각의 오류를 겪기 때문이다(지각적 오류는 물론 상상의 한 형태이다). 그러나 이 글의 마무리 부분에서 상상에 대한 비고츠키의 관념은 매우 체계적이라는 것이 명백히 드러난다. 비고츠키에게 상상은 창조성을 포함하며, 따라서 의지적, 의도적 비현실적 생각만이 상상이라는 명칭의 자격을 얻게 된다.

3-47] 우리는 E. 블로일러와 그의 학파 덕분에 이 문제를 밝혀 주는 사실에 대한 지식을 얻을 수 있었다. 그들은 말 발달이 어떻게 상상 발달의 강력한 추동력이 되는지 보여 주었다. 말은 대상의 즉각적인 인상으로부터 어린이를 자유롭게 해 준다. 말은 어린이가 한 번도 보거나 생각한 적이 없는 대상을 상상할 수 있는 기회를 준다. 말의 도움으로 어린이는 즉각적인 인상들의 힘으로부터 자신을 해방시키고 그것들을 초월할 수 있게 된다. 어린이는 실제 대상의 조합이나 개별 대상의 표상과 일치하지 않는 것을 언어적으로 표현할 수 있다. 이는 이제는 인상의 영역이 낱말로 지정됨으로써 어린이가 인상의 영역으로부터 최고도

의 자유를 얻도록 해 준다.

여기서 비고츠키는 어떤 것이 어떻게 대상의 표상인 동시에 또한 상상 속에서 완전히 새로운 것이 될 수 있는지에 대한 역설을 해결하는 방법을 제시한다. 이는 과거 인상의 재조합을 통해서 이루어지지 않는다. 그것은 말을 통해 이루어진다. 말은 우리 자신의 경험을 재조합하도록 할 뿐 아니라 타인의 경험이나 심지어 인류 역사의 공통 경험도 발판으로 삼을 수 있게 한다.

바로 이러한 해결책은, 그림을 보고 상기된 풍경에 대한 기억과 지명을 듣고 떠오르는 풍경에 대한 기억의 본질이 사실상 다르지 않다는 애매한 문장이 제시되는 문단 3-6에서 이미 암시되어 있다. 기억은 실제로 같지만 하나는 낱말에 의해 상기되었다는 사실이 어린이로 하여금 기억을 초월하여 자신이 듣기만 하고 가 본 적 없는 장소를 상상하게 하는 것이다.

3-48] 연구들은 말뿐 아니라 어린이의 이어지는 삶의 경험이 상상의 발달에 기여한다는 것을 보여 주었다. 예컨대 학교는 어린이가 행동하기 전에 상황을 상상의 형태로 주의 깊게 숙고할 수 있도록 함으로써 그러한 역할을 수행한다. 이것이 학령기 어린이에게 있어서 진정한 의미의 일차적 몽상 형태, 즉 어느 정도 의식적으로 스스로를 정신적 구성에 맡기고 그것이 현실적 생각과 연결되는 기능은 도외시할 수 있는 잠재력과 능력의 핵심이라는 것이 분명하다. 마지막으로 이행적 연령기(사춘기-K)의 시작을 알리는 개념의 구성은 가장 다양하고 가장 복잡한 조합, 통합, 관계의 발달에서 극도로 중요한 요인이다. 이러한 조합, 통합, 관계는 청소년의 개념적 생각 속에서 그의 경험의 개별 요소들 사이에 이미 존재한다. 다시 말해서 우리는 말 자체의 출현뿐 아니라 말 발달에서 가장 중요한 지점 역시도 동시적으로 어린이 상상 발달의 핵심적 계기라는 것을 알 수 있다.

학교에서의 어린이는 직접적인 경험을 하지 않고서도 온갖 종류의 문제에 대한 해결책을 상상할 수 있으며 또한 그래야 한다. 어린이가 이러한 일을 할 수 있는 것은 오직 낱말을 통해서이다. 물론 비고츠키가 여기서 언급하는 것은 학교 공부이지만 우리는 어린이가 직접 프로 스포츠 선수나 직업 예술가 혹은 범죄자가 되어 본 경험 없이도 스스로를 운동선수나 예술가 혹은 폭력배로 생각하는 경우에도 학교 공부와 동일한 과정이 일어나는 것을 알 수 있다. 각 경우마다 어린이는 말을 통해서 새롭게 알게 된 개인 간적, 개인 내적 자원들을 활용하여 자신의 다양한 경험과 자신이 아직 겪지 못한 것들을 유의미한 방식으로 통합한다.

3-49] 이런 식으로 사실적 연구들은 어린이의 상상이 말없는, 자폐적인, 비방향적인 생각의 한 형태라는 것을 확증하지 않을 뿐 아니라 반대로 어린이 상상의 발달 과정은 다른 고등심리기능의 발달 과정과 마찬가지로 그가 말을 통해 타인과 의사소통할 때 취하는 주요 심리적 형태, 즉 어린이의 집합적인 사회적 활동에 있어서 주요한 의식의 형태와 본질적으로 연결되어 있다는 것을 지속적으로 보여 준다.

이후의 소비에트 교육자들이 주장했던 바와는 달리 비고츠키는 청소년기 의식의 주요 형태는 학교에서의 과업이 아니라 (학급뿐 아니라 패거리나 폭력 집단도 포함하는) 집합적·사회적 활동이라고 명확히 말한다. 물론 여기에는 예외도 있다. 외톨이나 자폐적 청소년들에게는 학교에서의 과업이 주요한 의식의 형태이다. 그러나 비고츠키가 볼 때 이들은 발달의 우회로를 나타낸다. 개념 형성은 청소년의 중심적 신형성이지만 그것이 새로운 형성물이라는 바로 그 사실로 인해 정신생활에서 주요한 형태가 될 수 없다.

3-50] 우리는 블로일러가 사실적 연구에 의해 입증된 또 다른 주장도 제시하였다는 것을 알고 있다. 즉, 우리가 상상 활동의 목적과 추구

하는 목표를 완전히 인지할 수 있다는 의미에서 상상의 활동이 통제될 수 있다는 것이다.

표면적 인상과는 달리 이 문단에서 블로일러가 제시하는 주장은 사뭇 미묘하다. 무엇보다, 피아제와 프로이트가 '자폐적' 생각이라고 불렀던 것들 대부분은 자기중심적이지 않으며 단지 방향성이 스스로를 향할 뿐이다. 생각이 자기 지향적으로 되기 위해서는 반드시 방향 조절이 가능해야 한다. 이와 같이 의도적인 자기 지향적 생각은 청소년기에 명백히 관찰되지만 그 근원은 훨씬 이전부터, 프로이트와 피아제가 '환각적' 생각이라고 불렀던 것 속에 존재하고 있었다(『생각과 말』 2-2-27 참조).

3-51] 예를 들어 일반적으로 유토피아적 구성이라고 불리는 것, 즉 마음속에서 엄밀한 의미로는 현실적 계획과 완벽히 구별되지만 그럼에도 잠재의식적이 아니라 미래나 과거에 대한 특정한 환상적 표상을 의식적으로 세우고자 하는 명백한 의도를 가지고 만들어지는 환상적 전망을 생각해 보자. 나이가 매우 어린 아이에게도 가능한 예술적 창조의 영역을 생각해 본다면 우리는 그림과 이야기에서 상상이 방향적 특성을 가지고 있음을, 즉 잠재의식적 활동이 아님을 알게 된다.

3-52] 마지막으로, 기술-구성적 혹은 건설적 활동과 같이 변형적 과정을 포함하는 활동과 연결되어 있는 소위 어린이의 구성적 상상에 눈을 돌린다면, 우리는 진정한 발명적 상상은 어린이가 사용하는 핵심 기능 중 하나이며, 그의 환상은 항상 극도로 초점이 맞추어져 있음을, 즉 처음부터 끝까지 사람들이 추구하는 특정한 목표에 방향 지어져 있다는 것을 어디서나 볼 수 있다. 이는 미래와 관련하여 어린이가 세우는 행동 계획 등에 대해서도 동일하게 적용된다.

비고츠키가 언급하고 있는 것은 피아제와 인헬더가 '구성적 놀이(블록, 레고, 화학 실험 세트와 같이 새로운 것을 만드는 것을 목적으로 하는 놀이 활동)'라고 부르는 활동이다. 이 놀이에서 비현실주의와 현실주의 모두는 우리가 '발명' 혹은 '창조'라고 부르는 복잡한 심리적 체계의 일부이다.

번슈타인과 할러데이는 노동자 계급 어린이들의 성적이 부진한 이유를 그들이 가정에서 사용하는 '제한된 언어 코드'로 설명하려 하였다. 이 가설의 사실 유무와 무관하게 이 언어 코드는 노동자 계급의 어린이들이 중학교에 들어가면서는 더 이상 자신의 부모들의 언어를 사용하지 않고 자기들 나름의 언어를 사용함에도 불구하고, 어째서 그들의 부진한 성적이 계속해서 이어지는지 설명하지 못한다. 그러나 어린이들이 계급 이동의 기회가 극도로 제한된다는 사회적 사실을 현실적으로 받아들인다는 점을 참작할 때 그들의 미래 계획에 학문적 성취가 포함되지 않는 것을 이해하기는 어렵지 않다.

3-53] 우리는 어린이의 상상을 본래적이고 일차적으로 규정지은 이 모든 계기들이 엄밀한 검증의 결과 비판을 견디지 못하고 오류로 판명났음을 사실의 압력하에 수용해야 한다.

어린이의 상상은 일차적 기능이 아니다. 일차적·본래적 심리 기능은 현실, 자기 보존과 관련되어 있다. 어린이의 상상은 역사적으로 이차적이며 현실주의에 부수적이다. 따라서 상상은 말의 영향, 좀 더 일반적으로는 의식의 사회적 형태의 영향을 받기 쉽다.

3-54] 이제 나는 이 분야와 관련이 있는 것에 대한 질문을 하고자 한다. 즉, 상상의 정서적 측면에 대한 질문이다.

3-55] 유년기 심리학은 환영적 활동의 현실감의 법칙으로 불리는 상상 활동의 중요한 계기를 지적하였다. 본질적으로 이 법칙은 단순하다. 이 법칙은 사실적 관찰에 토대를 두고 있다. 상상의 활동은 감각의 움직임과 밀접하게 연결되어 있다. 어떤 구조들이 그 속의 합리적 계기라

는 관점에서 볼 때는 실제가 아니지만 정서적 의미에서는 실제인 경우가 흔히 있다.

이 문단은 매우 당연한 요점을 풀어놓고 있는 것으로 보인다. 놀이를 하고 있는 어린이의 정서는 실제의 정서이다. 놀이를 하고 있는 어린이들은 거짓으로 웃거나 가상의 눈물을 흘리지 않는다. 그러나 이 속에는 매우 미묘한 논점이 숨어 있다. 예를 들어, 셰익스피어가 살던 시대에는 '복수극revenge plays'이라고 불린 공포 연극이 유행하였다. 햄릿에서 드러난 셰익스피어의 천재성은 무대 위에서 연기되고 있는 끔찍한 일들이 가상의 일이지만 관객들이 겪는 공포감은 사실이라는 것을 인식하는 데서 드러난다. 그가 마지막 장까지 대개 심리적이고, 그 때문에 오늘날의 공포 영화와는 달리 완전히 현실적인 느낌을 주는 드라마를 썼던 것은 바로 이런 이유 때문이었다.

3-56] 오래되고 거친 예시를 사용하여 우리는 다음과 같이 말할 수 있을 것이다. 만일 내가 방 안에 들어가서 벽에 걸린 코트를 강도로 오인했다고 하자. 나는 두려움으로 인한 나의 상상이 오류였음을 곧 알게 되지만 내가 느꼈던 공포감은 실제의 공포감을 오인한 환상이 아니라 실제의 경험이다. 이것은 유년기 상상의 발달과 성인기 환상의 다양한 형태의 상당 부분을 설명하는 근원적 계기 중 하나이다. 핵심은 상상이 극도로 풍부한 정서적 계기를 가진 활동이라는 사실에 있다.

3-57] 이러한 사실을 이용하고 토대로 삼아 상상의 기초적인 본성을 밝혔던 심리학자들은 이러한 생각을 바탕으로 나아가 상상의 주요한 추동자가 정서라고 주장하였다.

3-58] 알다시피 자폐적 생각은 관찰의 방법을 통해 임상적으로 연구되었다. 이 연구에서 지배적인 생각은, 현실적 생각에서 정서의 역할이 미미하며 현실적 생각은 주관적인 희망과는 독립적으로 움직이는 반면 자폐적 혹은 환상적 생각은 정서의 영향하에 움직인다는 것이다. 물

론 상상의 심상, 자폐적 사고의 결과로 나타나는 환상적 구성은 정서적 과정 발달의 중요한 특성임에는 의문의 여지가 없다. 따라서 정서적 과정과 어린이 생각 사이에 고유한 관계가 나타나는 것은 당연하다. 가능하다면 이는 다음과 같이 표현될 수 있다. 즉, 자폐적 사고에서 어린이의 생각은 자신의 정서적 이끌림에 봉사한다. 이는 현실이 어떤 면에서 어린이의 능력이나 욕구와 날카롭게 상충되거나, 주로 양육 조건과 관련된 여러 조건으로 인해 어린이가 현실에 대해 허구의, 왜곡된 심리적 구성을 발달시키는 경우 일어난다. 여기서 나타나는 것은 발달된 성인이나 정상적으로 발달하고 있는 어린이와는 다소간 다른 형태로 나타나는 고유한 생각의 형태이다. 이러한 생각 형태의 본질은 그것이 정서적 흥미에 종속된다는 것이다. 이러한 활동의 형태는 주로 그로부터 도출되는 즉각적인 만족 때문에 수행된다. 이는 여러 가지 즐거운 경험이 그와 더불어 유발되기 때문이며, 정서적 흥미와 이끌림이 정서적 과정의 진정한 만족을 대체하는 표면상의 혹은 가상의 만족을 얻기 때문이다.

3-59] 이와 같이, 자폐적 생각에서 생각은 감성의 노예가 된다. 그것은 정서적 충동과 흥미에 대해 종속적인 위치를 취한다. 그렇다면 우리가 여기서 보는 것은 정서와 생각 과정 사이의 고유한 관계로 특징지어지는 정신 활동의 형태이다. 그 결과로 상상의 몽상적 형태라 일컬을 수 있는 합금合金이 만들어진다.

3-60] 그러나 여기서 두 가지 다른 계기를 고려하는 것이 중요하다. 이제 보게 될 바와 같이 정서적 계기들의 조합은 상상의 유일한 토대가 아니며, 상상은 이러한 형태에만 제한되지 않는다.

3-61] 현실적 생각이 인간 인격의 근원과 연결된 중요한 과업에 관여하는 경우, 현실적 생각은 상상과 백일몽보다 훨씬 더 중대하고 진정

한 본성의 정서적 경험을 불러일으킨다. 예를 들어, 혁명의 계획이나 복잡한 정치적 상황에 대한 연구와 같은 현실적 생각을 고려해 보자. 인격에 핵심적인 중요성을 가지는 과업의 해결과 관련된 생각 작용을 고려할 때 흔히 현실적 생각과 정서 사이의 연결은 정서와 백일몽 사이의 연결보다 무한히 깊어지고 강해지며, 더욱 추동력을 가지고 더욱 의미를 가진다. 여기서 본질적인 것은 정서적 과정과 인지적 과정이 연결되는 방식이다.

3-62] 백일몽의 상상에서 생각은 정서적 관심에 봉사하지만 현실적 생각은 단순히 감정의 논리에 지배당하지 않는다. 여기서 기능들 간의 관계는 더 복잡하다. 그러나 '발명'을 비롯해 현실에 작용하는 다른 형태의 행위와 연관되어 있는 상상의 형태를 생각해 보면 우리는 상상이 정서적 논리의 주관적인 변덕에 종속되지 않는다는 것을 발견하게 된다.

3-63] 발명품의 밑그림이나 계획을 구상하기 위해 상상력을 사용하는 발명가는 정서의 주관적인 논리에 종속된 생각을 하는 사람과는 근본적으로 다르다. 이 두 경우에 우리는 상이한 체계와 상이한 복잡한 활동 형태를 발견한다.

3-64] 이 문제를 분류의 관점에서 접근하면 우리가 상상을 여러 가지 다른 기능들 중에서 특별한 기능으로, 뇌 활동에 있어서 동질적이고 반복적인 형태로 간주하는 것은 잘못이다. 상상은 여러 가지 기능들이 독특한 방식으로 통합된, 더욱 복합적인 정신적 활동으로 간주되어야 한다.

3-65] 우리가 습관적으로 기능이라고 부르는 과정들의 경계를 넘어서는 이러한 유형의 복합적 활동은 심리적 체계라고 불릴 수 있을 것이다. 상상은 복합 기능적 체계이다. 이러한 유형의 체계가 가지는 본질적

특성은 이 체계를 지배하는 기능 간 연결과 관계이다.

3-66] 상상 활동의 다양한 형태와 생각 활동에 대한 분석은 이러한 형태의 활동을 오직 체계로 접근함으로써만 우리는 그들 안에서 일어나는 가장 중요한 변화들을 기술하기 시작할 수 있으며, 그들에게서 나타나는 의존성과 연결을 기술하기 시작할 수 있다는 것을 보여 준다.

3-67] 이제, 지금까지 논의한 것을 토대로 몇 가지 결론을 도출하고자 한다. 무엇보다 먼저 이 결론은 현실 사고와 백일몽, 환상 혹은 자폐적 사고의 목적 사이에 화해할 수 없는 적대와 대립의 실제 존재 여부를 명확히 해야 하는 것으로 보인다. 사고의 언어적 특성을 고려해 보면 우리는 그것이 상상과 현실적 생각 모두에 내재한다는 것을 알 수 있다. 사고의 방향성 혹은 의식성, 즉 동기와 목적을 고려해 보면 자폐적 생각과 현실적 생각 모두 동일하게 방향적 과정이 될 수 있음을 알 수 있다. 물론 그 반대의 경우도 증명할 수 있다. 즉, 현실적 생각이 그 진정한 동기, 목적, 과업을 완전히 의식적으로 파악하지 못하는 경우도 흔히 있다.

3-68] 마지막으로 두 과정, 즉 상상과 (현실적-K) 생각이 정서적 계기와 맺는 연결을, 생각 과정에 정서적 과정의 참여를 고려해 보면 상상과 현실적 생각 모두 고도의 정서성으로 특징지어질 수 있으며 이 둘 사이에는 대립이 없다는 것을 알 수 있다. 이와 반대도 마찬가지이다. 우리는 정서와 감정의 논리에 종속되지 않는 상상의 형태도 볼 수 있다. 요약하면 현실적 생각과 자폐적 생각 사이에 확립된 외양적, 형이상학적, 기초적 대립은 허구이며 거짓이다. 현실적 생각과 자폐적 생각 사이의 차이는 결코 절대적이 아니며 오직 상대적일 뿐이다.

3-69] 동시에 우리는 부정적 측면이 아닌 긍정적 측면에서 생각과 상상이 맺는 흥미로운 관계를 특징짓는, 극도로 중요한 두 가지 부가적

지점을 관찰한다.

3-70] 이 두 계기는 다음과 같다. 첫째 우리는 생각 과정과 상상 과정 사이의 특별한 관계, 그 둘의 근접성을 주목한다. 이 둘의 기본적 성취는 동일한 발생적 계기로 나타난다. 어린이 생각의 발달과 마찬가지로, 상상 발달의 핵심적인 전환점은 모두 말의 출현과 일치한다. 학령기는 어린이의 자폐적 생각은 물론 현실적 생각의 발달에 있어 결정적인 지점이다. 다시 말해서 논리적 생각과 자폐적 생각의 발달은 극도로 밀접한 내적 관계를 갖고 있다는 것을 알게 된다. 주의 깊게 분석한다면 이 진술을 좀 더 과감하게 공식화할 수 있을 것이다. 우리는 이 두 과정들은 하나의 통합체로 발달하며, 일반적으로 말해서 이 둘의 발달이 서로 독립적으로 일어나는 일은 결코 관찰되지 않는다고 말할 수 있다. 더욱이 현실을 지향하는 창조와 연결된 상상의 형태를 관찰함으로써 우리는 현실적 생각과 상상 사이의 경계선이 사라짐을, 상상은 현실적 생각에 필요한 필수적 측면임을 알게 된다.

3-71] 여기서 문제에 내재적인 모순이 나타난다. 모종의 상상적 요소 없이는, 현실로부터의 비행 없이는, 이 현실이 우리의 의식에 제공하는 직접적, 구체적, 고유한 인상들로부터의 탈피 없이는 현실을 정확히 인식할 수 없다. 발명이나 예술적 창조의 과정은 현실적 생각과 상상 모두의 상당한 참여를 요구한다. 이 둘은 통합체로 작용한다.

3-72] 그러나 그렇다고 하더라도 현실적 생각과 상상을 동일시하거나 혹은 그 둘 사이에 실제 존재하는 대립을 간과하는 것은 완전한 오류일 것이다. 상상의 특성은 정서적으로 풍부한 연결도 아니고, 의식 참여 정도의 적음도 아니며 구체성의 많고 적음과도 상관없다는 것이며, 이러한 특성들은 생각 발달의 여러 단계에서도 나타난다.

3-73] 상상의 본질적 특성은, 현실의 직접적 경험과는 상이한, 비교

적 자율적인 의식의 활동에서 의식의 방향이 현실로부터 멀어진다는 것이다.

3-74] 현실의 즉각적 인식에서 구성된 이미지들과 더불어, 인간은 자신이 상상의 영역의 일부로 인식하는 이미지들을 구성한다. 생각 발달의 고등한 수준에서 우리는 현실에서는 완성된 형태로 발견되지 않는 이미지의 구성을 본다. 이를 인식함으로써 현실적 생각의 활동과 상상 발달의 모든 단계 및 최고 단계의 활동 사이에 존재하는 복잡한 관계가 명백해진다. 어린이는 단계적으로 현실에 더욱 깊게 침투하는 것과 동시에 이전에 알고 있었던 더욱 원시적인 현실 인식으로부터 어느 정도 해방된다는 것이 명백해진다.

3-75] 현실에 대한 더욱 심도 깊은 침투를 위해서 의식은 그 현실의 요소와 더욱 자유로운 관계를 획득하고, 지각에 직접적으로 주어지는 현실의 외적·피상적 측면으로부터 떠날 것을 요구하며, 현실 인식을 더욱 복잡하고 풍부해지도록 해 주는 더욱 복잡한 과정의 실현을 요구한다.

3-76] 마지막으로 나는 상상과 현실적 생각 사이에 존재하는 내적 연결이 인간 활동, 인간 의식의 활동에서 의지 혹은 자유와 연결되어 있는 새로운 문제를 제기한다는 것을 덧붙이고자 한다. 인간 의식에 나타나는 자유 행위의 가능성은 상상과 매우 밀접하게 연결되어 있다. 즉, 상상의 활동으로 인해 일어나는, 현실에 대한 독특한 의식의 배치와 연결되어 있는 것이다.

3-77] 따라서 이 단일한 매듭에 현대 심리학 특히 현대 아동 심리학의 가장 큰 세 가지 문제인 생각의 문제, 상상의 문제, 의지의 문제가 얽혀 있음을 보게 된다. 마지막이 될 다음 강좌에서는 의지의 문제에 대해 천착할 것이다.

이 강의는 러시아어판 비고츠키 전집 2권에 포함되어 있는 여섯 개의 강의 노트 중 하나이다. 영문판 전집에는 1권에(Volume One, pp. 339~349) 포함되어 있다. 이 여섯 강의들은 1932년 3월과 4월에 레닌그라드의 헤르첸 교육학교에서 아동 발달 강좌의 일부로 이루어진 것으로 보인다. 소비에트 편집자들에 따르면 이 원고는 헤르첸 학교의 문서고에 보관된 타자 원고들 중에서 발견되었다. 비고츠키 자신이 이 타자 원고를 작성하였는지 혹은 누군가의 수기 기록이 타자 원고로 옮겨졌는지 등의 여부는 알려져 있지 않다. 당시 비고츠키는 수사를 받고 있었기 때문에 원고가 정부 관리들의 손을 탔을 가능성도 배제할 수 없다. 물론 비고츠키의 강의를 들은 학생의 노트 필기를 토대로 이 원고가 만들어졌을 수도 있다. 우리는 비고츠키의 제자들이 그의 강의에 열정적으로 매료되어 때때로 스터디 그룹을 짜서 세밀한 강의 필기 노트를 작성하고 그것을 널리 돌려 읽기도 했음을 알고 있다. 다음의 주해는 여전히 그러한 열정을 지니고 있는 독자들이 스터디 그룹을 짜서 공부할 때 도움이 되도록 하고자 작성되었다. 따라서 본문을 네 개의 절로 나눈 것은 윤독과 그룹 학습의 용이성을 위한 자의적인 구분이며 텍스트 자체에는 그러한 구분이 없음에 유의해 주기를 다시 한 번 바란다.

I. 우리는 리보가 상상을 재생적 상상과 조합적 상상의 두 가지 유형으로 나누었던 것을 기억한다. 그러나 이 둘 모두는 기존의 경험에 의존한다. 문제는 이전에 전혀 경험한 바가 없는 것이 어떻게 마음속에 생겨나는가 하는 것이다. 비고츠키는 이 문제를 수업이 끝나기 전에 해결하지만, 그전에 이 문제를 풀려고 시도했으나 실패했던 사례를 우리에게 소개한다. 먼저 엄격한 현실주의, 경험주의, 객관주의적 시도들이 소개되고 그런 후 관념적, 직관적, 주관적 시도들이 소개된다. (3-1~3-20)

A. 구심리학(연합주의 심리학을 거슬러 올라가면 로크, 흄 그리고 아리스토텔레스까지 만나게 된다)은 모든 생각이 (유사, 대조, 시공간적 근접성과 같이) 매우 제한된 법칙에 따라 일어나는 심상의 회상 또는 재조합이라고 가정한다. 이러한 관점은 해결 불가한 수수께끼를 만들어 낸다. 즉, 상상은 완전히 새로운 심상을 만들어 낼 뿐 아니라 심상 생성 방식도 이전과는 전혀 새로운 방식을 이용하는 것이다. 더욱 최근의 원자론적 연합주의 심리학(분트, 제임스, 티치너와 같은)은 새로운 심상을 분할하여 사실 그 구성 요소들에는 새로운 것이 없다는 것을 밝히고자 노력하였다. 이를 위해 그들은 상상을 다른 기능들, 즉 지각, 주의, 기억, 감각적 쾌락 등으로 환원하였다. 피실험자들이 수면 중인 것과 같은 특정한 조건하에서 이러한 심상들은 무작위적인 방식으로 결합되었으며 연구자들은 이것이 상상이라고 착각하였

다. 이러한 가능성에 대해 논의하면서 비고츠키는 해결의 실마리를 비춘다. 우리가 경치를 기억하는 방식은 우리가 그것을 그림을 통해서 기억하든 스스로의 몽상을 통해 기억하든 동일하지만 경치는 또한 이전에 들어 보기만 했을 뿐 가 본 적이 없는 장소의 이름을 듣는 것만으로도 기억될 수 있다는 것이다. (3-1~3-15)

B. 관념주의 심리학자들은 정반대의 접근법을 갖는다. 상상이 경험을 통한 심상-생성으로 환원될 수 있다는 것을 보이고자 노력하는 대신 그들은 경험으로부터의 심상-생성은 재생산적인 작업이 아니라 본질적으로 창조적인 작업이라고 주장한다. 인간이 보는 것은 자신의 의식에 주어진 선험적 범주에 환경이 비추어진 심상이다. 그렇다면 상상은 발달하지 않는다. 유물론적 심리학자들이 비경험적 창조를 설명하지 못함으로써 상상의 설명에 관념론적 요인이 필요함을 보여 준 것과 같이 관념론적 심리학자들은 발달에 대한 설명에 실패함으로써 상상의 문제를 발생적 측면으로 고양시키는 데 기여하였다. 이러한 상상의 발생적 문제는 아동 심리학에서 다루어지고 있었다. (3-16~3-20)

II. 비고츠키는 피아제의 연구에 대해 논의한다. 그러나 프로이트의 영향을 받은 피아제의 이론은 객관주의적 접근법의 속류 유물론과 주관주의적 접근법의 반-현실주의를 결합한 것으로 보인다. 피아제는 현실적 생각과 상상적 생각이 모두 자기중심주의라는 공통 근원으로부터 파생된 것으로 본다. 피아제에게 상상은 어린이의 쾌락 추구와 자기중심주의로부터 야기된 자폐적 기능이다. (3-21~3-40)

A. 프로이트는 현실의 요구들로부터 자유로운 어린이가 감각 자극으로부터 자유로운 꿈 의식과 같은 의식을 가지고 있다고 주장한다. 예컨대 성性과 같은 어린이의 감각적 만족조차 환각적인 것이다. 어린이의 세계는 쾌락으로 가득하다. 피아제는 이 생각을 자기중심주의라는 형태를 통해 수용하였고 특정한 행위가 특정한 결과와 동시에 일어날 경우 5개월 된 아기가 사실상 이 둘 사이의 인과 관계를 형성한다는 것을 보여 주었다. 그러나 피아제는 이러한 관찰을 발달적 원칙으로 확장한다. 성숙은 대체로 자기중심성으로부터 벗어나는 것이므로 아기는 완전히 자기중심적이어야 한다는 것이다. (3-21~3-28)

B. 프로이트와 피아제에 따르면 현실적 생각과 환상 사이에는 세 가지 중요한 차이가 있다.
  i. 생각은 의식적인 반면 환상은 잠재의식적이다. (3-29~3-31)
  ii. 현실적 생각은 물질적 세계의 활동을 향하는 반면 환상은 욕구의 충족을 지향한다.
  iii. 현실적 생각은 언어적이지만 환상은 자아를 향하는 꿈-이미지에 토대를 두고 있으며 따라서 의사소통이 불가능하다.

C. 비고츠키는 이러한 세 가지 차이점이 어린이에 대한 반사회적, 개인주의적 관점을 강하게 내포하고 있다고 지적한다. 따라서 그는 피아제나 프로이트의 관점을 가장 강력하게 거부하는 이들이 생물학적 지향을 띤 아동 심리학자들이라는 사실은 매우 아이러니하다고 말한다. (3-32~3-42)

i. 보이텐다이크는 잠재의식적 환상은 동물들에게 존재하지 않는다는 것을 보여 준다(이것은 아기들에게도 잠재의식적 환상이 존재하지 않으리라는 의구심을 던진다).

ii. 블로일러는 어린이들이 사과를 상상함으로써 허기를 만족시키지 못한다는 사실을 지적한다. 어린이는 음식을 얻게 될 때까지 결코 배고픔을 잊지 못한다(어린아이들이 욕구 충족을 지향하고 있다면 환상은 효과적인 수단이 아니며 기본적 욕구 충족을 이러한 수단에 의지하는 생물체는 곧 사멸하게 될 것이다).

iii. 농아 어린이와 같이 언어 장애가 있는 어린이들은 그 결과 풍부한 상상을 발달시키지 못하는 것으로 나타난다(따라서 상상의 발달은 언어적 요인의 영향을 받는 것으로 나타난다).

III. 이 부분에서 비고츠키는 아동 심리학을 벗어나 병리학적 데이터와 청소년의 심리학을 다룬다. 비고츠키는 이 책의 두 번째 텍스트인 '청소년의 상상과 창조'에서와 같이, 프랑크푸르트의 신경학 연구소에서 카시러가 관찰한 환자들이 반反사실적 문장들을 전혀 따라 하지 못하는 무능력, 즉 상상의 '영점'으로 시작한다. 그리고 나서 비고츠키는 '지시된' 자폐적 생각이라는 블로일러의 생각을 발전시키고 청소년기에 이 생각은 말과 같이 자신을 향한다고 지적한다. 그리고 청소년기 정서의 세계는 관찰자에게 환각처럼 보이지만, 사실 환상 속에서 실제적인 것은 바로 감정이라고 비고츠키는 주장한다. (3-43~3-59)

A. 이 부분에서 비고츠키는 강의를 시작할 때 제기했던 문제, 즉 비경험적 생각이 어떻게 마음속에서 일어나는가를 해결하는 데 있어서 말이 중심적인 역할을 한다는 주장을 한다. 비고츠키는 비사실적 문장을 창조할 수 없는(예컨대 실제로는 날씨가 좋은데 날씨가 나쁘다고 말하지 못하는) 독일 환자에 대한 설명으로 시작한다. 반대로 블로일러는 말이 대상의 속박으로부터 어린이들을 자유롭게 해 주는 것으로 보인다고 말한다(어린이들은 이야기 만들기나 거짓말에 완전히 능숙해질 수 있다). 비고츠키는 학교 공부가 낱말을 사용하여 실제로 존재하지 않는 문제를 해결하는 능력을 발달시키는 듯하며, 이 발달은 청소년기 개념 형성에서 완성된다고 덧붙인다. 상상이 말 발달과 무관하다는 것은 전혀 사실이 아닌 듯할 뿐 아니라, 비고츠키에게 상상의 발달은 그 가장 중요한 계기에 있어서 말 발달과 매우 밀접하게 연계되어 있는 것처럼 보인다. 그러나 상상에 대한 프로이트-피아제 이론을 반박하는 가장 설득력 있는 증거는 블로일러가 목표 지향적 상상이라 부른 것이다. 예를 들어 '유토피아적 구성(미래나 과거의 가상 사회)'과 어린이의 예술적 창조가 있다. 목표 지향적 상상은 (잠재의식적이지 않고) 의식적이면서 의도적이고, (환각적이지 않고) 실제적이면서 구체적이고, 빈번히 말을 통해 표현된다. (3-43~3-52)

B. 앞선 내용으로부터 상상의 발달을 사회적-의사소통적 말이 낳은 심리적 결과로 환원할 수 있다는 결론이 도출되지는 않는다. 오히려 이 부분에서 비고츠키는 상상이 실제로 매우 중요한, 말 이전의, 심지어 문화 이전의 근원을 갖는다는 주장을 편다. 그러나 그것은 (객관주의자들이 믿었던 것처럼) 지각 속이나 (주관주의자들이 믿었던 것처럼) 의식의 선험적 범주 속에 또는 심지어 (프로이트와 피아제가 믿었던 것처럼) 쾌락 원리 속에 위치하는 것이 아니다. 대신에 비고츠키는 상상의 심리적 근원을 감정에 둔다. 그러나 프로이트와 피아제가 그랬듯이 감정의 환각적 성질을 강조하는 대신, 비고츠키는 감정의 현실성을 강조한다. 비고츠키는 '거친' 예(방에 걸린 코트를 순간적으로 강도로 오인하는)를 이용하지만, 우리는 예술 작품에서 학교 어린이들이 성취하는 것은 바로 블로일러가 매우 어린 아이들에게서는 불가능하다고 간주했던 것임을 쉽게 알 수 있다. 즉 가상의 경험으로부터 실제 만족을 얻는 것이다. 물론 이는 가상의 사과를 먹는 것이 아니라, 가상의 사건에서 실제 감정을 창조함으로써 이루어진다. (3-53~3-59)

IV. 비고츠키는 상상을 다른 기능들로 환원하는 객관주의자의 주장과 다른 기능들을 상상으로 환원하려는 주관주의자의 시도를 거부하면서 시작한다. 비고츠키는 두 관점의 요소들을 창조적으로 재종합함으로써 결론을 얻는다. 한편으로 상상은 복잡한 기능들의 체계이다(메타 기능 또는 심리적 체계). 따라서 상상은 지각, 주의, 기억 그리고 심지어 감각적 쾌락과 그리고 그것들 사이의 상호 연결을 포함한다. 그러나 상상은 결코 어느 하나 또는 심지어 그것들의 조합으로 환원될 수 없다. 다른 한편으로 청소년의 상상은 단순히 또는 심지어 본질적으로도 결코 개별적인 심리 기능이 아니다. 상상은 낱말 의미 속에 따라서 사회적 의식 속에 근원을 둔다. 그러나 상상은 생물학적인 따라서 문화 이전의 감정 속에 근원을 둔다. (3-60~3-77)

A. 비고츠키는 한편으로 감정은 비상상적 형태의 생각에도 연결되어 있으며, 또 한편으로 감정은 상상의 유일한 근원이 아님(우리는 지각, 경험 그리고 의식 자체에 더하여 초개인적인 언어 의식이 상상에 개입하고 있음을 앞에서 보았다)을 강조하면서 시작한다. 예를 들어 혁명적 생각은 '유토피아적 생각'뿐 아니라 엄밀히 객관적이고 현실적인 생각을 필요로 하며, 발명가는 영감과 자극뿐 아니라 고도의 기술과 추상적 계산을 필요로 한다. (3-60~3-65)

B. 비고츠키는 우선 세 가지의 부정적 결론을 이끌어 낸다. (3-66~3-67)
 i. 언어적 생각은 상상과 현실적 생각을 분리시키지 않는다(왜냐하면 그것은 마찬가지로 상상의 일부이기 때문이다).
 ii. 또한 객관적 목적과 과업은 그 두 가지를 분리하는 좋은 척도가 아니다(왜냐하면 현실적 생각이 언제나 명백히 의식적인 것은 아니며, 창조에서 상상은 고도로 목표-지향적이기 때문이다).
 iii. 또한 현실주의와 상상을 감정의 존재나 부재로 구분하는 것은 불가능하다.

C. 비고츠키는 현실적 생각과 상상 간의 차이는 상대적이며 결코 절대적이지 않다고 말한다. 모든 현실적 생각 속에는 상상의 요소가 존재하며, 모든 상상 속에는 어떤 현실주의적 흔적이 존재한다. 그러고 나서 비고츠키는 두 개의 긍정적 결론을 내린다. (3-68~3-75)

i. 현실적 생각과 상상은 연결되어 있다(발생적으로, 말을 통해). 예를 들어 과학적 발견은 예술적 창조가 그러하듯이 이 두 사고의 복잡한 통일을 요구한다.

ii. 현실적 생각과 상상은 또한 구분된다(기능적으로, 그들의 지향을 통해). 현실주의는 현실에 대한 직접적 인식에 다가가지만, 그것은 홀로 이러한 인식에 도달할 수 없다. 겉모습(주관주의자들이 강조한 사물이 우리 의식의 범주에 나타나는 방식)을 넘어서 사물을 꿰뚫어보려면, 우리는 이야기 만들기나 거짓말을 배우는 어린이처럼 대상과 외관 세계의 즉각적 영향에서 벗어나야만 하며, 이것은 상상을 통해 이루어진다.

D. 비고츠키는 청소년기에 대한 글을 시작할 때처럼 상상 속의 자유로운 행위가 실제 생활에서 의지의 원천이라는 생각으로 마무리한다. 왜냐하면 예를 들어 우리가 어떤 주어진 상황에서 진정한 선택을 생각해 낼 수 있는 것은 오직 상상을 통해서이기 때문이다. 따라서 비고츠키는 우리가 생각의 문제, 상상의 문제, 의지의 문제 모두가 하나의 매듭으로 엮여 있음을 발견하게 된다고 말한다. 이 세 문제는 인간 삶의 위대한 문제이자 인간 심리학의 위대한 문제이기도 하다.'(3-76~3-77)

| 비고츠키 연구회 |

교육의 본질을 고민하고 진정한 교육적 혁신을 위해 비고츠키를 연구하는 교사들의 모임. 비고츠키 원전을 번역하고 현장 연구를 통한 논문을 지속적으로 발표해 오고 있다. 진지하고 성실한 학문적 접근을 통해 비고츠키 사상을 이해하고자 하는 교사라면 누구나 함께할 수 있다. 『어린이의 상상과 창조』의 번역에 참여한 회원은 다음과 같다.

김용호 서울교육대학교와 교육대학원을 졸업하고 한국교원대학교에서 교육학 박사 학위를 받았습니다. 현재 서울 녹번초등학교에서 어린이들을 가르치고 있습니다. 켈로그 교수님과 함께 영어 교수법 책을 쓰기도 하고(『얽힌 실타래 풀기-초등 영어수업의 문제』, 2011) 잘 알려진 국제 학술지(Applied Linguistics, 2006; Journal of Applied Lingustics, 2006)에 논문을 게재하는가 하면 미국 대학 교재(IGI, 2010)의 한 챕터를 맡아 저술하기도 하였습니다.

데이비드 켈로그 David Kellogg 부산교육대학교, 서울교육대학교 영어교육과 교수를 역임하고 현재는 한국외국어대학교 테솔대학원 영어교육학과 학과장을 맡고 있습니다. 『생각과 말』, 『도구와 기호』의 공동 번역 작업에 참여하였습니다. 다수의 저서를 저술하였으며 Applied Linguistics, Modern Language Journal, Language Teaching Research 등의 해외 유수 학술지에 지속적으로 논문을 기재해 오고 있습니다. 비고츠키 연구의 권위자로 인정받고 있습니다.

이두표 서울대학교 물리교육과와 대학원 과학교육과를 졸업하였습니다. 현재 서울에 있는 개웅중학교에서 과학 교사로 근무하고 있습니다. 2010년 여름 비고츠키를 처음 만난 후 그 매력에 푹 빠져 꾸준히 비고츠키를 공부하고 있습니다. 『어린이 자기행동숙달의 역사와 발달』의 공동 번역 작업에 참여하였습니다.

＊비고츠키 연구회와 함께 번역, 연구 작업에 동참하고 싶으신 분들은 iron_lung@hanmail.net으로 문의해 주시기 바랍니다.

삶의 행복을 꿈꾸는 교육은
어디에서 오는가? 미래 100년을 향한 새로운 교육

혁신교육을
실천하는
교사들의 필독서

▶ **비고츠키 선집 시리즈**

발달과 협력의 교육학 어떻게 읽을 것인가?

생각과 말
레프 세묘노비치 비고츠키 지음
배희철·김용호·D. 켈로그 옮김
690쪽 | 값 33,000원

어린이의 상상과 창조
L.S.비고츠키 지음 | 비고츠키연구회 옮김
280쪽 | 값 15,000원

도구와 기호
비고츠키·루리야 지음 | 비고츠키연구회 옮김
336쪽 | 값 16,000원

비고츠키 생각과 말 쉽게 읽기
비고츠키 교육학 실천연구모임 지음
316쪽 | 값 15,000원

어린이 자기행동숙달의 역사와 발달
L.S.비고츠키 지음 | 비고츠키연구회 옮김
564쪽 | 값 28,000원

비고츠키와 인지 발달의 비밀
A.R.루리야 지음 | 배희철 옮김
280쪽 | 값 15,000원

▶ **평화샘 프로젝트 매뉴얼 시리즈**

학교 폭력에 대한 근본적인 예방과 대책을 찾는다

학교 폭력 어떻게 만들어지는가
문재현 외 지음 | 300쪽 | 값 14,000원

아이들을 살리는 동네
문재현·신동명·김수동 지음 | 204쪽 | 값 10,000원

학교 폭력, 멈춰!
문재현 외 지음 | 328쪽 | 값 15,000원

평화! 행복한 학교의 시작
문재현 외 지음 | 252쪽 | 값 12,000원

왕따, 이렇게 해결할 수 있다
문재현 외 지음 | 236쪽 | 값 12,000원

아이들과 절대 흥정하지 마라
로널드 모리쉬 지음 | 김복기 옮김
188쪽 | 값 10,000원

▶ 살림터 참교육 문예 시리즈

영혼이 있는 삶을 가르치는 온 선생님을 만나다!

 꽃보다 귀한 우리 아이는
조재도 지음 | 244쪽 | 값 12,000원

 선생님이 먼저 때렸는데요
강병철 지음 | 248쪽 | 값 12,000원

 성깔 있는 나무들
최은숙 지음 | 244쪽 | 값 12,000원

 서울 여자, 시골 선생님 되다
조경선 지음 | 252쪽 | 값 12,000원

 아이들에게 세상을 배웠네
명혜정 지음 | 240쪽 | 값 12,000원

▶ 교과서 밖에서 만나는 역사 교실

상식이 통하는 살아 있는 역사를 만나다

 통하는 공부
김태호·김형우·이경석·심우근·허진만 지음
324쪽 | 값 15,000원

 빨래판도 잘 보면 팔만대장경이다
전병철 지음 | 360쪽 | 값 16,000원

 즐거운 국사수업
김은석 지음 | 352쪽 | 값 13,000원

 남도의 기억을 걷다
노성태 지음 | 344쪽 | 값 14,000원

 즐거운 국사수업 32강
김남선 지음 | 280쪽 | 값 11,000원

 소통하는 우리역사
조광환 지음 | 304쪽 | 값 12,000원

 즐거운 세계사 수업
김은석 지음 | 328쪽 | 값 13,000원

 김창환 교수의 DMZ 지리 이야기
김창환 지음 | 264쪽 | 값 15,000원

 한국 고대사의 비밀
김은석 지음 | 304쪽 | 값 13,000원

 영화는 역사다
강성률 지음 | 288쪽 | 값 13,000원

 팔만대장경도 모르면 빨래판이다
전병철 지음 | 360쪽 | 값 16,000원

 친일 영화의 해부학
강성률 지음 | 264쪽 | 값 15,000원

▶ 창의적인 협력수업을 지향하는 삶이 있는 국어 교실
우리말 글을 배우며 세상을 배운다

중학교 국어 수업 어떻게 할 것인가?
김미경 지음 | 332쪽 | 값 15,000원

이야기 꽃 1
박용성 엮어 지음 | 276쪽 | 값 9,800원

토론의 숲에서 나를 만나다
명혜정 엮음 | 312쪽 | 값 15,000원

이야기 꽃 2
박용성 엮어 지음 | 294쪽 | 값 13,000원

▶ 정의로운 세상을 여는 인문사회 과학
사람의 존엄과 평등의 가치를 배운다

밥상혁명
강양구·강이현 지음 | 298쪽 | 값 13,800원

교장제도 혁명
한국교육연구네트워크 총서 04
268쪽 | 값 14,000원

도덕 교과서 무엇이 문제인가?
김대용 지음 | 272쪽 | 값 14,000원

좌우지간 인권이다
안경환 지음 | 288쪽 | 값 13,000원

▶ 남북이 하나 되는 두물머리 평화교육
분단 극복을 위한 치열한 배움과 실천을 만나다!

10년 후 통일
정동영·지승호 지음 | 328쪽 | 값 15,000원

선생님, 통일이 뭐예요?
정경호 지음 | 252쪽 | 값 13,000원

▶ 출간 예정

아이들의 배움은 어떻게 깊어지는가
이시이 쥰지 지음 | 방지현·이창희 옮김
204쪽 | 값 11,000원

근간
갈등을 넘어 협력 사회로
이창언·오수길·유문종·신윤관 지음 (근간)

근간
행복한 창의 교육
최창의 지음 (근간)